MOBILITY

MATERIALITY

モビリティと
物質性の
人類学

ANTHROPOLOGY

古川不可知 ——→ 編
FUKACHI
FURUKAWA

春風社

モビリティと物質性の人類学

目次

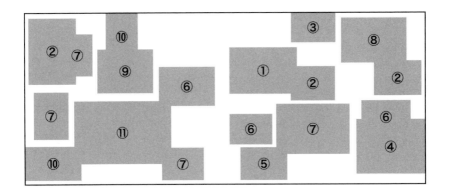

カバーに掲載されている写真の該当する章

* 　本書掲載の写真のうち、特に記載のないものは当該章執筆者の撮影による

序章　物質の世界をかきわけて

古川不可知

1　はじめに

　いわゆるグローバル化の進展にともなって、人々の移動はますますその速度を増し続けている。ビジネスや観光のために、あるいは移民や難民として無数の人々が地球上を動きまわり、生業活動や巡礼といった既存の「伝統的な」移動様式もまたグローバルな移動のフローとの接続や、新たな輸送技術の導入によって変容していく。

　だがマクロな現象としての移動や、移動する人間主体についてはこれまで様々な観点から論じられてきたものの、人々がいかにその身体を用いて移動していくのか、どのようなモノ（object）や構造がそれを可能とするのか、また移動することが身体や環境にいかなる痕跡を残すのかといった、動くことの過程にともなって生じる人と事物（thing）や環境との関わりという側面については十分に考究されてきたとは言いがたい。多くの研究において移動する人々は、観察者からは遠目に眺められる対象であり、大地の起伏や事物の質感を感じ、乗り物に揺さぶられ、汗をかきながら移動していく彼／彼女らの、そして「私」の経験は、その記述からしばしば抜け落ちてきた。

　本書の目的は、世界各地の移動実践とそれを可能にしてきた身体やインフラ、事物のありようについて、「物質性」をキーワードに考察することである。移動をめぐる日々の営みを追い、それがグローバルな文脈と接続することによって変容していく様子を比較しつつ考察することで、移動することのうちに生起する個別具体的な実践と経験を描き出していく。

＊　＊　＊

移動を研究することの重要性は近年つとに指摘されるようになった。移動研究を主導してきた社会学者のジョン・アーリは、移動が社会活動の基礎となる現在の状況と、それを捉える学術的観点の同時的な転換を、「移動論的転回／モビリティーズ・ターン（mobilities turn）」と名付けている［アーリ 2015］。

　もちろんそれ以前から、移動は様々な分野において論じられてきた。モビリティという主題はそうした研究を取りまとめて一望するためのフレームワークと考えることもできる。だが同時に人類学がこれまで明らかにしてきたのは、世界各地の人々は多かれ少なかれ移動のなかに生き続けてきたということでもあった。たとえばトロブリアンド諸島の人々は島々をカヌーで往来し［マリノフスキ 2010］、ヌアーの人々は牛とともにサバンナを移動する［エヴァンズ＝プリチャード 2023］。「モビリティという主題は、先住民の人々にとって新しくはない」［Whyte et al. 2019: 325］ということである。なにしろ人類は、そもそもアフリカから世界各地へと移動することによって現在の形質的かつ文化的な多様性を獲得したのだ［海部 2022］。

　すると移動の卓越を現代の例外的な状態とみなす観点の裏には、定住民中心的な思考のバイアスが存在することになろう。そうであるならばむしろなされるべき作業は、様々な地域の具体的な移動実践を私たち自身のものも含めて比較することによって、モビリティを「転回」と捉える発想の背後に横たわる文化社会的状況を相対化していくことであろう。後段で詳しく見ていくように、移動を地として社会的なものを捉え直す分野横断的な思考のあり方を、アーリはモビリティーズ・パラダイムと呼んでいる。人間／非－人間を含むあらゆる移動を分析の射程に収めようとするこの図式は、総花的ながらその包括性の点で際立った有用性を備えたものだ。[*1] したがって文化人類学に課されたタスクとは、アーリの議論そのものの批判を試みるというよりも、様々な地域から民族誌的事実を積み重ねることによってこの枠組みに内側から重みをかけていくことだと考えられる。

　本書は国立民族学博物館において2019年10月から2023年3月にかけて行われた若手共同研究、「モビリティと物質性の人類学」の成果論集である。私たちは移動をめぐる現地の概念に着目しつつ、人々が移動するその実践へと実

＊1　アーリらも自ら「新しいモビリティーズ・パラダイムは、問い、理論、方法論の一式を提案するものであって、現代世界の総合的な記述を提案するものではない」［Sheller & Urry 2006: 210］と述べている。

序章　物質の世界をかきわけて

際に参与することを基本的な方法論と定め、議論を重ねてきた。各章では、^{*2}世界各地の人々が様々な事物に満ちた多様な環境のなかをそれぞれのやり方で移動していく様子が報告される。本書では移動することの物質的側面を前景化することで、北西インドの遊動民やインドネシアの漁撈民といった人々の「伝統的な移動」とその変容から、ガイドアプリが導入されたサンティアゴ「巡礼」や車道建設の進むヒマラヤ「観光」、書類に媒介されながら移動／滞留するチベット「難民」まで、これまでは別個の文脈のもとで論じられきた様々な移動のあり方を、流動する物質の世界をかきわけて進む営みとして同一平面上に描き直していく。このことは、地球規模で確かに接続しつつある世界の移動を連続性のもとに捉えると同時に、グローバル化の過程で均質化していくように見える移動のやり方のうちに絶えず新たな意味と実践が生じる様子を明らかにすることでもある。

2　モビリティと物質性の概念をめぐって

　移動は人間にとって不可欠の営みである。また移動することは、人間の身体が諸物とかかわりながら環境のなかで位置を変えるという本源的に物質的な営みでもある。ここでは紙幅の関係上、モビリティ概念についてアーリの議論を中心に確認したのち、移動をめぐる人類学の先行研究を瞥見し、物質性を焦点化することの意義について考えていきたい。

2-1　モビリティーズ・パラダイム

　モビリティの語は近年、学問に限らずビジネスや行政など様々な分野においてキータームとして用いられている。^{*3}人文社会科学においては、アーリらが2006年に発表した一連の論文［Hannam et al. 2006; Sheller & Urry 2006］、および2007年の著作『モビリティーズ』［アーリ 2015］において提起した「移動論

＊2　モビリティを研究する者は、「ネイティブに向かって旅をするだけでなく、ネイティブのように旅をしなければならない」［D'andrea 2006: 114］のである。

＊3　「モビリティ（モビリティー）」というカタカナ語は、「朝日新聞記事データベース」の検索結果としては本章執筆の2024年1月時点で総件数1,300件である。初出は1988年であり、この年の記事6件のうち4件はサーキット場の固有名詞であり、2件は転職をより自由にという意味での「モビリティ」であった。2000年代に入るころより「モビリティ」をめぐる記事は増加し、2023年は126件を数える。

的転回」によって多くの研究が触発され、英文誌 *Mobilities* などを中心に知見が蓄積されてきた。

アーリは、「移動が多種多様な「社会」に見られ、そうした「社会」の構成に与していること（中略）そのことがとりわけあてはまるのが、現下のグローバルな時代なのである」［アーリ 2015: 31］と述べ、「これまでの社会科学は概して「非動的」であった」［アーリ 2015: 34］ことを指摘する。すなわちアーリの言う「移動論的転回」とは、世界と社会理論の同時的な変容を指すものである[*4]。

吉原直樹によれば、それまでの社会学的な移動研究は階層移動に焦点を合わせていた。また空間移動の研究も、合理的選択を行う個人によってなされるものと捉えられていた［吉原 2022: 2–3, 2023］。モビリティーズ・パラダイムは、そのような「線形的な」移動には還元しきれない、人やモノや情報が複合した予期せぬ流動性を捉えるために展開してきたものであるという。ここにはインフラや情報通信技術の発展、グローバル化の進展などにともなって、静的な空間という前提が揺らいできたことが背景のひとつとなっている[*5]。

移動論的転回を経ることによって「「社会的世界」を幾多の経済的、社会的、政治的な営為、インフラ、イデオロギーの集列……として理論化することが可能になる」［2015: 32］とアーリは述べている。彼にとって「移動論的転回」とは、土地に根付く静的で境界を備えた「社会」が形をなさなくなった現代の世界において「社会的なるもの」を位置づけなおすことを目的としていたと言えよう［アーリ 2003, 2006 も参照][*7]。

---

* 4　アーリ自身も「社会学における「新しいモビリティーズ・パラダイム」と、世界における「新しいモビリティーズ・パラダイム」とは切り分けることができる」［Sheller & Urry 2016: 19］と述べていた。他方でマルセル・エンダースらは、むしろモビリティーズ・パラダイムの言説が社会的現実を構成する側面を指摘している［Endres et al. 2016］。
* 5　「移動論的転回」の前段階に位置づけらる「空間論的転回」は、社会認識が「社会的なるもの」を「境界付けられたもの」、「仕切られたもの」とみることから離脱することにはじまっていると吉原は述べる［吉原 2022: 129］。「移動論的転回」では、さらに空間の安定性という前提も問い直されているわけである。
* 6　アーリは、モビリティの語に 4 つの意味があることを指摘し、そのすべてがモビリティ研究の対象になるという［アーリ 2015: 18–19］。すなわち、①移動しているか、移動可能なもの (e.g. モバイルフォン、モバイルパーソン……)、②暴徒、野次馬、野放図な群衆といった、追跡と統制の必要な無秩序、③上方ないし下方への社会的移動、④より長期的な、移民や半永久的な地理的移動、である。
* 7　こうした観点は数多くの議論を喚起し、徒歩から飛行機にいたる多様な移動手段が分析され、ジェンダーや人種、権力と資本、エネルギー、モノや情報のモビリティなど、様々な

アクターネットワーク理論からも大きな影響を受けて形成されたこのような関心［小川（西荻）ほか（編）2020 も参照］に沿ってアーリが指摘するのは、従来の社会科学においては移動がブラックボックス化されてきたことであり、また主体の相互作用に関心が集中するあまり、社会生活の基盤を支えているシステムが看過されてきたことであった［アーリ 2015: 24–25］。こうした観点は、西洋近代の思考に根深い人間中心主義を乗り越えようとする近年の人類学とも方向性を共有している。[8]

その一方でモビリティ研究の関心は、主に西洋近代の都市部あるいはそのグローバルな延長部分を焦点化するものである。例えばインフラは世界を均質化し、世界を旅するビジネスマンは、地球上のどの地点においても類似した経験を被るかのように描写される［エリオット＆アーリ 2016］。アーリやシェラーの提示するいくつかの未来も、予測不可能であるにせよ世界を覆いつくすものとして描かれている［アーリ 2015: 398–427; Sheller 2021: 99–120］。しかしながら地球上の大部分は（ある程度まで）平滑で均質化された近代的な都市空間とは異なり、様々に異なった起伏や質感、気候などを伴うものである。異なる環境のもとでは、同一の機械であってもその意味や物理的形状さえ変化し［森田2012］、車道建設に際しては普遍的とみなされる工学的知識もまた固有の物理的／文化的環境に対して調整されねばならない［Harvey & Knox 2015］。こうした事実からは、少なくとも傾向としては一般化を志向するモビリティーズ・パラダイムの視点に抗して、微細な差異を絶えず生み出していく身体・事物・環境と文化の布置を捉えるミクロな観点もまた要請されることになろう。[9]

2-2　人類学と移動研究

冒頭でも述べた通り、人類学においても移動は様々に論じられてきた。[10] た

トピックが議論の俎上にのぼった。整理とレビューについては各種の解説書［e.g. Adey 2017; Sheller 2021］などに譲りたい。

＊8　なお自然と文化という二分法の乗り越えはアーリ自身によってもより直接的な形で試みられてもいる［Macnaghten & Urry 1998］

＊9　実際のところアーリは、身体やインフラといった移動の物質的側面には幾度となく注意を促している［e.g. アーリ 2015: 137–271］。だが結局のところ彼の関心は「社会」にあり、移動の要因が社会的な説明へと還元され、移動のうちに社会的なるものを見出しなおしていく過程において、その物質的な側面は捨象されてしまうように見えるのである［アーリ 2015: 275–427］。

＊10　モビリティ研究に対する人類学の影響についてはピーター・アデイ［Adey 2017: 32–33］などを参照。

とえば古典的なものとしては、季節に応じた社会の動態［モース 1981］や、家畜とともに移動を繰り返す牧畜民［エヴァンズ＝プリチャード 2023］の研究などが挙げられるだろう。またナヴィゲーションの研究は人々が環境中を移動する多様かつ洗練された術を明らかにしてきた［e.g. 野中（編）2004］。こうした研究は人々の「伝統的な」移動を論じるものと言えよう。ただしゲワーツが指摘するように、マーガレッド・ミードが調査を行った1930年代には、調査地からの移民は考慮の外におくのが当時の人類学としては当然であった［Brettell 2003: ix; Gewertz & Errington 1991］。つまりかつての人類学では、研究者が措定する「伝統」や「文化」の領域を超えた「グローバルな」移動は視野の外に追いやられていたとも言える。

　だが1986年の「ライティング・カルチャー・ショック」は、閉じた不変の「文化」という前提に冷や水を浴びせた［クリフォード＆マーカス（編）1996］。[*11]1995年の論文においてジョージ・マーカスは、境界で区切られた小共同体を前提するのではなく、移動する人々を複数の地点で追うマルチサイテッド・エスノグラフィを提唱し［Marcus 1995］、ジェイムズ・クリフォードは「旅する文化」によって、研究者と同様に移動する対象者の双方の出会いから起こる相互的な経験と変容を論じた［Clifford 1992］。さらにクリフォードは『ルーツ』［クリフォード 2002（1997）］において、人類学者は社会文化的な形態とアイデンティティのルーツ（roots）を発見するかわりに、それらが（再）生産される経路（routes）にもっと目を向けるべきことを主張していた。

　またこのころには、いわゆるグローバル化を背景に顕著となった新たな移動の形も論じられるようになる。なかでもアルジュン・アパデュライはグローバル化を5つのフローとして説明し、地球上を行き交う人や事物を人類学的に理解するための有力な枠組みを示した［アパデュライ 2004（1996）］。現代世界の主たる移動の一方には娯楽のために地球上を行き交う観光とその人類学［e.g. スミス（編）2018（1989）］があり、他方には生活や生存のために国境を越える移民や難民を扱う研究［e.g. カースルズ＆ミラー 2011（2009）］がある。移動をめぐる近年の人類学的研究の多くも、それらを対象としたものである。[*12]

　ただしこうした研究の大部分では、移動そのものというよりはグローバルな

＊11　そこには移動する文化人類学者という特権性と、それに対する不動の現地人という暗黙の
　　　前提に対する疑義も含まれていた。
＊12　たとえば「岩波講座 文化人類学」の『第7巻　移動の民族誌』［青木ほか（編）1996］が
　　　取る3部構成は、それぞれ「観光」「移民」および《はざま》（ディアスポラ）である。

移動がもたらす言説や文化変容に焦点が当てられてきた。たとえば「文化のモビリティに向けて」と題した論文でノエル・サラザール［Salazar 2010］が論じていたのは、移民としての転出および観光客の来訪が常態となったタンザニアにおいて生じた新たな想像力と文化の変化であった。移民研究の文脈では「ホスト社会とその中に形成される移民社会との関係、とくにコンフリクト」が注目されてきたと指摘されるように［栗田 2018: 3］、倫理的・方法論的な制約は理解できるものの、ここでは「実際に動いていく」ことの現場はしばしば見落とされてきた。いわゆる難民の人々の強制移動や非正規移動を論じるヤニス・ハミラキスは、「〔移動という〕現象の物質性や、感覚的で記憶的な次元についてはほとんど理解も分析もされて」こなかったと述べており［ハミラキス 2018］、類似した事態は観光研究についても多かれ少なかれ指摘できるだろう。

　しかしながらとりわけ2000年代以降は、モビリティ研究との相互の影響および次節で述べる物質性への再注目のもとで、インフラストラクチャーなど移動の物理的構造に着目する人類学的研究も増えつつある［e.g. Harvey & Knox 2015］。またマルチサイテッド・エスノグラフィの方法論を援用しながら、人と事物と情報のグローバルな移動と絡まり合いを論じるアナ・ツィンの『マツタケ』のような研究は、絶えざる移動の過程で各地に生じる不確実で異種混交的な帰結に着目する点において本書とも関心を共有している［チン 2019］。各章ではこうした潮流を背景としつつ、移動することそのものと、それを促す事物に焦点を当て、各地に固有の「伝統的な」移動を捉えると同時に、移動それ自体の変容を見据えていく。

2-3　物質性

　人間の移動が物質的な営みであることは明らかであろう。私たちが移動するとき、どのような手段を用いるにせよ私たちの物理的身体はなんらかの事物を媒介に環境中でその位置を変化させる。それはただある場所から別の場所へと移るのではない。再びハミラキスを引けば、移動と滞留は周囲に足跡や野営の跡といった物質的な痕跡を残す一方、人々に個別の記憶と感情を喚起し、身体には疲労やときに指紋を隠すために焼かれた指先といった変化を残すように、身体と環境の双方に作用していく［ハミラキス 2018］。とはいえ物質性とはなにかをひとことで定義するのは困難でもある。ここでは人類学におけるモノや[*13]

＊13　ダニエル・ミラーは物質性（materiality）について、人工物を指すとともに、それを超え

物質性をめぐる議論を概観することで、その発見的な観点としての有用性を確かめることとしたい。

博物学の後裔たる人類学は、そもそも物質文化の研究として産声を上げたのであった。だが20世紀初頭から1980年代までのあいだ、その主たる関心は人間によって生み出される観念や構造へと向けられ、モノは文化によって意味づけられるだけの客体として後景に退くことになる［吉田2021］。

80年代後半になると再びモノそのものへの関心が高まり、やがて脱人間中心主義的な観点から世界の把握を目指す議論とも結びついていく［床呂・河合（編）2011; 吉田2021］[*14]。たとえばアパデュライらは、社会的文脈のなかで事物が意味づけを変化させながら流通していく「事物の社会的生活」について論じていた［Appadurai 1986］。またブルーノ・ラトゥールらによって展開されたアクターネットワーク理論が記述するのは、事物が人間や他の存在者たちと同等のエージェンシーを発揮しながら、ネットワークとして事実や世界を作り上げる様子であった［ラトゥール2007］。

こうした議論がとりわけ本書にとって重要であるのは、しばしば主体的な意志によって行われるとみなされがちな人間の移動を、周囲の事物とのかかわりのなかでなされる実践として捉え直すことができるからだ。たとえばラトゥールは、「〔飛行機で〕「人が飛ぶ」……といった類の見出しは、誤りか不公正によるものである」と指摘していた。そして「飛ぶということは、空港と飛行機、滑走路、チケットカウンターを含む様々な実体の連関全体が持つ特質」であり、「行為は、単なる人間の特質ではなく、アクタントの連環の特質」［ラトゥール2007: 233］だと述べる。ここでは主体と客体は画然と分かたれるものではなく、移動することの行為性はむしろ人間身体も含めた事物のあいだに分有されている。

このように移動を捉え直したとき、個物としてのモノと同時に、周囲に広がる環境やその質感といった要素も重要な役割を果たすことになる[*15]。人類学者

る包括的な概念であると述べている［Miller (ed) 2005: 4］。これは物質性の概念が備える射程の広さを示す反面、曖昧性や多義性の吐露でもある。

* 14　人文諸学における物質性については優れたレビュー論文が日本語でもすでに複数存在する［e.g. 森2009; 太田2019］。
* 15　古谷嘉章は物質性について、物性、感覚性、および存在論という3つの問題系を指摘していた［古谷2017］。物性とはモノ自体の特性である一方、感覚性は人間とのかかわりにおけるモノのあり方を指し、存在論とはそもそもあるとはどのようなことかをめぐる議論である。明示的な形では区別しないが、本書もこれら3つの側面すべてに関わっている。

ティム・インゴルドは物質性（materiality）という言葉の曖昧さを批判しつつ、むしろ流動的かつ一回的な物質（material）に着目するべきことを主張していた［Ingold 2011: 24］。現実の環境は個物で設えられた静的なものではなく流動する物質（媒質）の世界であり、「開かれた世界には、それ自体としてのモノは存在しない」［インゴルド 2017: 179］とインゴルドは言う。「私の環境とは、実在するそのままの世界であり、私との関係において意味を帯びる」［Ingold 2000: 20］のである。[*16]

　同様の観点から地理学者のサラ・ワットモアは、「物質主義者の帰還」と題した論文のなかで、「いまここ」で人間存在を含み込みながら紡がれる物質（性）に再着目することが4つの移行をもたらすと指摘していた。すなわち言説から実践へ、意味から情動（affect）へ、人間から人間以上（more-than-human）へ、そしてアイデンティティの政治から知の政治へである［Whatmore 2006: 603–604］。4点目のみ少し言葉を補うと、知識が生産され社会に組み込まれていくやり方への関心のことを指している。これらの点はまさに、実際に移動することのリアリティを把握するうえで不可欠であろう。

　たとえば私たちが歩くとき、地面は天候に応じて質感を変える。私は靴底を介して足の裏に一歩一歩その質感を感じて身体を調整し、思わず躓いたときには名付けえぬ心の揺らぎを感じる。これは機械を介していても同様であろう。アルゴノヴァ＝ロウによればシベリアのトラック運転手は、道を注視するとともにエンジンの音を聴き、背中で地面の感触を感じながら五感を動員して環境中を走行し、「少しタイヤの空気を抜いた車で雪を広く押し付け、長持ちする道を作る」［Argounova-Low 2012: 75］のだという。私たちはたとえ飛行機に乗っていようとも、乱気流の中で不意に空気の流れを感じるように、個々の身体は機械を介して常に周囲と物質的な接続を保つ［Adey 2010 も参照］。移動にはその都度、個別の物質的な相互作用とそれによってもたらされる経験が存在し、私たちの移動は世界へと痕跡を残していくことになる。

＊16　こうした発想は、いわゆる「存在論的転回」の議論とも結びつく。アミリア・ヘナレらが『事物を通して考える』で論じていたのは、事物に対して意味が付与される、換言すると普遍の自然に対して文化ごとに異なった認識がなされるのではなく、事物とは概念であり、認識とは存在であるということであった［Henare et al. (eds) 2007］

3 移動することと滞留すること

3-1 公正な移動をめぐって

　ただし移動の可能性は、万人に対して平等にもたらされるわけではない。ある者は世界中を飛び回る一方、別の者はその意図に反して滞留を余儀なくされる[17]。国家は遊動する人々に定着を強制し、移民や難民の経路を制約して移動を管理しようとするだろう。また複雑にネットワーク化された輸送インフラは、一点のほころびによって思わぬ場所に人々を留めおくことにもなろう。「いわゆる移動論的転回はまた、そうしたモビリティが不動（immobility）や滞留（mooring）と取り結ぶ関係を強調する」[Sheller 2021: 5] のである。

　このことはミミ・シェラーが言うように、「モビリティ正義（mobility justice）」[Sheller 2018a, 2018b] について考えることでもある。それは身体レベルから惑星レベルまで不平等に分配された移動の能力を精査し、そのあるべき姿について考えることである。「モビリティ正義とは、いかに移動の統治や制御のうちに権力と不平等が溢れており、それが人々や資源、情報の循環における移動性や不動性の不均衡を形成しているかを考えるための包括的な概念」[Sheller 2018b: 30] となる。

　物質性に着目することは、こうした不公正を実際に移動する現場から捉えることである。たとえばウィリアム・ウォルターズは従来の移民研究には乗り物や道といった固有の物質性が抜け落ちていることを指摘し、移動を媒介するモノに着目することで、移民を国家の視点からではなくその過程から見ることが可能になると論じた [Walters 2015: 470]。そしてミシェル・フーコーの生政治（bio-politics）をもじった経由政治（via-politics）なる言葉を案出し、移動経路こそ強く生政治の働く場であることを主張している [Walters 2015]。物質性の観点から移動を考えることで、人々に移動を促し、またそれを停止させる物理的な構造と、そこに介入する政治経済的な力に対して私たちの目を向けさせるのである（cf. 第3章片論文、第11章村橋論文）[18]。

　本書では、移動の実践を観察すると同時に、移動とは図と地の関係にある滞

＊17　グローバルなビジネスエリートと切実なディアスポラの体験を「越境性」の語のもとに包摂することは問題含みでもある [古谷 2001: 78; Clifford 1994] という指摘は、「モビリティ」に対しても該当するだろう。本書の目的はむしろ、「モビリティ」の枠組みに包含されつつ、西洋近代の移動の制度からは周縁化された人々に焦点を当てることである。

＊18　モビリティと政治については、クレスウェル [Cresswell 2010] なども参照。

留にも目配りをすることで、移動という実践の周縁におかれた人々の声もすくい上げていく（cf. **第6章西尾論文**）。加えて移動をめぐる各地の概念を検討することからは、そもそも移動と滞留という二分的な認識自体が私たちの「常識」に基づく仮構に過ぎない可能性にも思いいたる（cf. **第4章左地論文、第7章橋爪論文、第10章中野（歩）論文**）。

3-2　人新世のモビリティ

　移動を身体と事物と世界の関わり合いとして考えていくことは、アンドリュー・ボールドウィンらが「人新世のモビリティ（anthropocene mobilities）」という概念を提示しながら論じるように［Baldwin et al. 2019］、地球規模で直面する喫緊の課題について考えるための切り口ともなる。

　人新世のモビリティの議論が批判的に論じる点のひとつは、「自然」や「環境」がモビリティにとって二次的なものと捉えられてきたことである。だが気候変動は人々に移動を余儀なくさせ、人々の移動はまた気候へと影響を与える。人々の動きとともに種子やウイルスといった「自然物」も移動するのみならず、地球そのものも流動している（cf.**第8章古川論文、第9章中野(真)論文**）。人新世のモビリティという観点は、移動をめぐるそうした一連のつながりを明らかにするとともに、いかに人々のあいだや人間と非－人間のあいだで移動の能力が不平等に分配されてきたのかを、歴史－地質学的に構築されてきた過程から明らかにしていく［Baldwin et al. 2019］。たとえばそれは、ステファニ・フィシェルが人と動物の異なった、だが重なりあう動きとそこに生じるロードキルを取り上げながら論じるように、非－人間も考慮に入れたよりよいインフラとモビリティのあり方を模索することでもある［Fishel 2019］。

　人間を中心に世界を捉えてきたことが環境危機をはじめとする目下の窮状の要因として指摘される現在、物質性という観点から移動を考察することによって、環境中で様々な事物と相互に結びつきながら移動し、かつ移動させられていく一存在として人間のあり方を捉え直すことが可能となる。またここには、グローバルな移動のネットワークに接続しながらも破壊的な近代には回収されないオルタナティブな移動のあり方を考察することの可能性も見出せよう（cf. **第5章難波論文**）。人間中心主義の周縁から、また西洋近代の周縁から移動を見ることは、支配的なモビリティのあり方に抗して、より良き移動の未来を考えることでもある。

───────────────

＊19　車両との接触による野生動物の死亡事故のこと。

4 本書の構成

　本書は3部構成を取っており、それぞれ「ともに行く／変容する」、「作り出す／反転する」、「探る／流動する」と名付けられている。

　第一部「ともに行く／変容する」では、移動する身体に焦点が当てられる。**第1章**で土井が論じるのは、スペイン・サンティアゴ巡礼と徒歩移動の実践である。繰り返される日々の歩行を通して立ち上がる儀礼の時空を分析する土井は、近年になって浸透した巡礼ガイドアプリが周囲の事物との驚きに満ちた出会いの機会を失わせる一方、巡礼者に反復を促すことによってその儀礼的側面を強化していることを指摘する。

　ケニアの自転車競技選手を取り上げる**第2章**もまた反復される移動実践を主題化する。萩原は自ら選手として過ごした経験にもとづいて、移動のあとに疲労や故障といったかたちで身体へと残されるものを描き出していく。反復される移動と滞留の日々を通して選手たちがそうした残余とうまく付き合う方法を身につけると、そこには「ラウンドな世界」が立ち現れるのだと萩原は論じる。

　他方で**第3章**の片はチベット難民と身分証の事例を通して、移動と滞留の政治的な側面を論じていく。紙切れに過ぎない物質を伴うことが持ち主の移動を可能とする一方、それを所持せぬものには単なる地上の線を越えがたい障壁へと変える。そうした書類は情動を喚起し、持ち主とは誰であるかさえも決定するのである。さらに近年は身体測定技術の発展とともに、そうした書類が「身体化」していることも指摘される。

　第4章で左地が扱う動く住まいの事例では、移動と滞留の区別はもはやさほど意味をなさない。左地は身体図式という観点からマヌーシュとアメリカの「ノマド」および日本のバンライファーの比較を試みる。キャンピングカーのように類似した「動く住まい」とともに行くときも、それは個々の身体履歴やインフラ、社会制度によって異なった「組立＝構成」を取り、別様の意味と主体を生み出しているのである。

　第二部「作り出す／反転する」において主題となるのはインフラストラクチャーである。**第5章**で難波が論じるラオスの流れ橋は、近代都市の通念的なインフラとは異なり、それ自体が不安定で流動的である。「自然物」と「人工物」が組み合わされ、季節に応じて定期的に流失し、変化する環境に応答して適切な場所にかけ直される流れ橋は、自然とそこを横断する人工的なインフラ

というモビリティの前提を転覆させる。

　第6章で取り上げられるのは、フィリピンのジープニーである。西尾は人間の関係そのものをインフラとして捉える議論に依拠しながら、都市インフラがいかに人々のケアによって支えられているのかを指摘するとともに、「インフラに対するケア」のインフラを構成するものとしての社会関係が論じられていく。人々のケアによって駆動し、走行とともに摩滅するジープニーという移動インフラは、人々の関係を含み込むことで走り続けることが可能となっている。

　第7章で橋爪が論じるのは、ソロモン諸島の道路建設である。キリスト教化によって内陸にある祖先の土地との関係を一度切り離された人々は、車道という近代的なインフラの建設によってふたたび故地への帰還を目指す。だが真の祖先の土地はあらかじめ確定されえず、むしろ土地がもたらす兆候によってそのつど移動の是非をめぐる判断がなされる。ここでは動くのは土地であり、むしろ人々はそれに突き動かされているのだ。

　第三部「探る／流動する」では、揺れ動く環境が前景化される。第8章では古川によってヒマラヤ山間部の移動と車道建設が論じられる。山間部の斜面は天候変化や地殻変動によって常に変化し続けている。人々は車道として平らな空間を作り出そうとする一方、山間部を運転することもまた歩くことと同様に、事物を介して大地の質感に応答しつつなされる実践と捉えられていることが指摘される。

　第9章で中野真備が論じるのは、インドネシア・バンガイ諸島における海上移動である。大海原でも浅海でもない多島海で、漁師たちは既存の環境知と新たな装置を組み合わせながら漁場へと向かう。高山以上に流動し続ける洋上の環境において、漁師たちは櫂を通して海中の音を聞き、海底の「手触り」を確かめることで見えない地形を知る。揺れ動く海によって景観が変化すると、人々は新たな名をつけて再び景観を意味づけていく。揺れ動く環境はまた豊かな意味を含み持っているのである。

　第10章で中野歩美が論じるインド・タール砂漠の移動民ジョーギーは、住まいとともに動くのではなく、行く先々で住まいを建てる。彼らもまた第4章に登場するマヌーシュと同様に定住化が進み、固定的な家に住むようになったものの、そこには環境中に潜在する豊かな素材に応答しながら即興的に住まう－建てる、「野営的な住まい方」があると指摘される。

　第11章で村橋は、難民となった南スーダンの人々の移動過程を過去と現在

を比較しつつ描き出す。村橋は「経由政治」の概念を用いながら、「南」の国家を往来する人々のエージェンシーを捨象することなく、だが様々な事物や制度あるいは野生動物といった存在によって促されては阻まれつつ移動を繰り返す様子を分析する。ここでは環境はむしろ危険に満ちており、それを生き抜くための資源も不平等に分配されていることが浮き彫りにされる。

5　おわりに

　前節で述べた本書の構成はあくまでも編者らが便宜的に定めた道筋であり、各章のあいだには無数の小径がリゾーム状に張り巡らされている。たとえばラオスの流れ橋とマヌーシュのキャラバンは同様に周囲のモノや環境を寄せ集める。また熟練したケニアの自転車選手に「ラウンドな世界」が現れることとは対照的に、バンガイ諸島のベテラン漁師が触れ分けるのは、はた目には茫洋とした海の細かな質感である。あるいはいささか不謹慎な比較かもしれないが、サンティアゴ巡礼者やヒマラヤのトレッキング客が辛い徒歩旅行を真の経験とみなすように、南スーダンの難民も移動手段によって「真の難民」かどうかを判断していた。一見するとまったく異なった移動の様態がどこか類似した効果をもたらす一方、よく似た移動手段が地域によって異なった意味と形をもって存在してもいる。

　読者は、本章で示した大通りを一直線に進むように通読されてもよいし、脇道をすり抜けるように関心のある章を拾い読みされても結構である。インゴルド［Ingold 2010］が区別する、経路の定まった目的地への輸送（transport）と気ままなぶらぶら歩き（wayfaring）は、良し悪しの判断ではなく、同じ事物の配置に対して異なった眺望をもたらすためのやり方だと考えたい。

　他方で本書には数多くの制約もある。2点だけ弁解がましく述べておくならば、1つ目は執筆者が文化人類学者に限られていることである。これは共同研究期間がコロナ禍と重なり、ゲスト講師を招いて議論する機会をほとんど持てなかったことが大きい。もう1つはジェンダーやエネルギーの問題、あるいは航空機による移動や自動運転など、現代の移動を論ずるにあたって重要なトピックのいくつかを取り上げられなかったことである。とはいえ移動をめぐる議論の領野は限りなく広がっており、とても1冊の書物による網羅を許すものではないことも確かである。本書の目的はむしろ、さらに遠くへと旅をするた

めのささやかな足場を作ることだと考えている。脆そうな足場であれば読者諸賢に叩いて確かめていただき、さらにその先の足掛かりを拵えるための素材のひとつとなるようであれば幸いである。

参照文献

アーリ, J. 2003『場所を消費する』吉原直樹・大澤善信監訳 法政大学出版局.

—— 2006『社会を越える社会学——移動・環境・シチズンシップ』吉原直樹監訳 法政大学出版局.

—— 2015『モビリティーズ——移動の社会学』吉原直樹・伊藤嘉高訳 作品社.

青木保ほか編 1996『岩波講座　文化人類学——第7巻　移動の民族誌』岩波書店.

アパデュライ, A. 2004『さまよえる近代——グローバル化の文化研究』門田健一訳 平凡社.

インゴルド, T. 2017「大地、空、風、そして天候」古川不可知訳『現代思想』45(4): 170–191.

エヴァンズ=プリチャード, E.E. 2023『［新版］ヌアー族——ナイル系一民族の生業形態と政治制度の調査記録』向井元子訳 平凡社.

エリオット, A. & J. アーリ 2016『モバイル・ライブズ——「移動」が社会を変える』遠藤英樹監訳 ミネルヴァ書房.

太田茂徳 2019「〈マテリアリティ〉という視点の諸相——「これは論文ではない」」『空間・社会・地理思想』22: 45–62.

小川（西荻）葉子・是永論・太田邦史編 2020『モビリティーズのまなざし——ジョン・アーリの思想と実践』丸善出版.

海部陽介 2022『人間らしさとは何か——生きる意味をさぐる人類学講義』河出書房新社.

カースルズ, S. & M. J. ミラー 2011『国際移民の時代［第4版］』関根政美・関根薫訳 名古屋大学出版会.

栗田和明 2018「人の移動の普遍性——定住者の視点を離れて」栗田和明編『移動と移民——複数社会を結ぶ人びとの動態』昭和堂 pp. 3–26.

クリフォード, J. 2002『ルーツ——20世紀後期の旅と翻訳』毛利嘉孝ほか訳 月曜社.

クリフォード, J. & G.マーカス 編 1996『文化を書く』春日直樹ほか訳 紀伊國屋書店.

スミス, V. L. 編 2018『ホスト・アンド・ゲスト——観光人類学とはなにか』市野澤潤

平・東賢太郎・橋本和也監訳 ミネルヴァ書房.

チン, A. 2019『マツタケ――不確定な時代を生きる術』赤嶺淳訳 みすず書房.

床呂郁哉・河合香吏編 2011『ものの人類学』京都大学学術出版会.

野中健一編 2004『野生のナヴィゲーション――民族誌から空間認知の科学へ』古今書院.

ハミラキス, Y. 2018「強制移動と非正規移動の考古学」村橋勲・古川不可知訳、『現代思想』46(13): 81–100.

古谷嘉章 2001『異種混淆の近代と人類学――ラテンアメリカのコンタクト・ゾーンから』人文書院.

――― 2017「プロローグ　物質性を人類学する」古谷嘉章・関雄二・佐々木重洋編『「物質性」の人類学――世界は物質の流れの中にある』同成社 pp. 3–32.

マリノフスキ, B. 2010『西太平洋の遠洋航海者――メラネシアのニュー・ギニア諸島における、住民たちの事業と冒険の報告』増田義郎訳 講談社.

モース, M. 1981『エスキモー社会――その季節的変異に関する社会形態学的研究』宮本卓也訳 未來社.

森正人 2009 「言葉と物――英語圏人文地理学における文化論的転回以降の展開」『人文地理』61(1): 1–22.

森田敦郎 2012『野生のエンジニアリング――タイ中小工業における人とモノの人類学』世界思想社.

吉田ゆか子 2021 「序文：〈特集：上演を紡ぐ人とモノ：マテリアリティの人類学と上演芸術の研究の交差点〉」『国立民族学博物館研究報告』46(2): 223–251.

吉原直樹　2022『モビリティーズ・スタディーズ――体系的理解のために』ミネルヴァ書房.

―― 2023「モビリティーズ」友枝敏雄・浜日出夫・山田真茂留編『社会学の力――最重要概念・命題集（改訂版）』有斐閣 pp. 286–289.

ラトゥール, B. 2007『科学論の実在――パンドラの希望』川崎勝・平川秀幸訳 産業図書

Adey, P. 2010. *Aerial Life: Spaces, Mobilities, Affects*. Wiley-Blackwell.

―― 2017. *Mobility (second edition)*. Routledge.

Appadurai, A. (ed) 1986. T*he Social Life of Things: Commodities in Cultural Perspective*. Cambridge University Press.

Argounova-low, T. 2012. Roads and Roadlessness: Driving Trucks in Siberia. *Journal of Ethnology and Folkloristics* 6(1): 71-88.

Baldwin, A., C. Fröhlich & D. Rothe 2019 From Climate Migration to Anthropocene

Mobilities: Shifting the Debate. *Mobilities* 14(3): 289–297.

Brettell, C. 2003. *Anthropology and Migration: Essays on Transnationalism, Ethnicity, and Identity.* Alta Mira Press.

Clifford, J. 1992 Traveling Cultures. In L. Grossberg, C. Nels & P. Treichler (eds) *Cultural Studies,* pp. 96–116. Routledge.

—— 1994. Diaspora. *Cultural Anthropology* 9(3): 302–338.

Cresswell, T. 2010. Toward a Politics of Mobility. *Environment and Planning D* 28: 17–31.

D'Andrea, A. 2006. Neo-Nomadism: A Theory of Post-Identitarian Mobility in the Global Age. *Mobilities* 1(1): 95–119.

Endres, M., K. Manderscheid & C. Mincke 2016. Discourses and Ideologies of Mobility: An Introduction. In M. Enderse, K. Manderscheid & C. Mincke (eds) *The Mobilities Paradigm: Discourse and Ideologies,* pp. 1–7. Routledge.

Fishel, S. R. 2019. Of Other Movements: Nonhuman Mobility in the Anthropocene. *Mobilities* 14(3): 351–362.

Gewertz, D., & F. Errington 1991. We Think, Therefore They Are?. *On Occidentalizing the World. Anthropological Quarterly* 64: 80–91.

Hannam, K., M. Sheller & J. Urry 2006. Editorial: Mobilities, Immobilities and Moorings. *Mobilities* 1(1): 1–22.

Henare, A., M. Holbraad & S. Wastell (eds) 2006. *Thinking Through Things: Theorising Artefacts Ethnographically.* Routledge.

Harvey, P. & H. Knox 2015. *Roads: An Anthropology of Infrastructure and Expertise.* Cornell University Press.

Ingold, T. 2000. *Perceptions of the Environment: Essays on Livelihood, Dwelling and Skill.* Routledge.

—— 2010. Footprints through the Weather-world: Walking, Breathing, Knowing. *Journal of the Royal Anthropological Institute* (N.S.): S121–S139.

—— 2011. *Being Alive: Essays on Movement, Knowledge and Description.* Routledge.

Macnaghten, P. & J. Urry 1998. *Contested Nature.* Sage.

Marcus, G. E. 1995. Ethnography in/of the World System: The Emergence of Multi-Sited Ethnography. *Annual Review of Anthropology* 24: 95–117.

Miller, D. (ed) 2005 *Materiality.* Duke University Press.

Salazar, N. B. 2010. Towards an Anthropology of Cultural Mobilities. *Crossings:*

Journal of Migration and Culture 1: 53–68.

Sheller, M. 2021. *Advanced Introduction to Mobilities.* Elgar.

—— 2018a. *Mobility Justice: The Politics of Movement in an Age of Extremes.* Verso.

—— 2018b. Theorising Mobility Justice. *Tempo Social* 30(2):17–34.

Sheller, M. & J. Urry 2006. The New Mobilities Paradigm. *Environment and Planning A* 38: 207–226.

—— 2016 Mobilizing the New Mobilities Paradigm. *Applied Mobilities* 1(1): 10–25.

Walters, W. 2015. Migration, Vehicles, and Politics: Three Theses on Viapolitics. *European Journal of Social Theory.* 18(4): 469–488.

Whatmore, S. 2006. Materialist Returns: Practicing Cultural Geography in and for a More-than-human World. *Cultural Geographies* 13: 600–609.

Whyte, K., J. L. Talley & J. D. Gibson 2019. Indigenous Mobility Traditions, Colonialism, and the Anthropocene. *Mobilities* 14(3): 319–335.

第一部

ともに行く／変容する──身体

第1章 「儀礼化」する現代徒歩巡礼
——反復の氾濫による連続性とその時空

土井清美

1 はじめに

　スペインのサンティアゴ・デ・コンポステラへの巡礼では、移動手段に階梯がある。サンティアゴ巡礼を知る人にとって望ましきは目的地の大聖堂まで歩くことであり、自動車や飛行機で向かう人々は徒歩巡礼への憧れを隠さない。自転車は自動車よりも「上位」だが、徒歩には及ばない。800km以上の道のりを歩く旅程がいかに充実したものであるかは、古くはテレビ番組や映画、巡礼記、最近ではSNSなどを通じて広く知られている。

　カトリックの巡礼地は西欧に数多あるが、この巡礼の最大の特徴は、目的地に至るまでの「道」が重要であるという点にある。サンティアゴ巡礼に関する研究のほとんどは目的地サンティアゴ・デ・コンポステラではなく、「道（El Camino de Santiago）」に関するものである［Sánchez y Sánchez & Hesp 2015］。道を徒歩や自転車、車椅子など、モーターを使わずにサンティアゴを目指す者は「巡礼者（peregrinos）」とよばれ、また当人たちもそのように自認している。他方、定められた道を辿ることなく飛行機やバス、鉄道などでサンティアゴに直行する者は、信仰心の有無にかかわらず「観光客（turistas）」とよばれる。

　世界各地から訪れる巡礼者は様々な言語を話し、必ずしも宗教的な動機ではないものの、道を歩いて行くことがサンティアゴ徒歩巡礼であるという認識は巡礼者の間で共有されている。[*1] 徒歩巡礼者は任意の場所から数百kmの道を数日間あるいは数週間、左右の足を交互に繰り出して進んでいく。誰に強いられ

---

*1　徒歩の記述分析に関しては、本書第11章村橋論文や第8章古川論文も参照のこと。

るわけでもなく、起床し、荷物をザックに詰め、靴擦れ予防のケアを施し、宿を出て歩き、途中のバルで軽食を取り、次の宿で荷を下ろして洗濯し、昼食をとり、その日の出来事を記録し、バルに立ち寄ってから宿に戻り就寝する。最終目的地に到達するまで、あるいは途上で切り上げるまで、規則正しく、しつこいほどまでに同じリズムの動作を繰り返す。これまでの巡礼研究ではあまり注目されてこなかったが、一歩一歩の、そしてその毎日の徹底的な反復こそ、サンティアゴ巡礼を強く特徴づけている（**cf.第2章萩原論文**）。

　ところで、サンティアゴ巡礼ではここ十年の間に、オーバーツーリズムとパンデミックと「聖年」、さらにはスマートフォン向けの複数の巡礼ガイドアプリの登場があり、それらが絡み合い、反復性の質に変化がもたらされた。

　本章ではこの変化にも着目しつつ、ある種の現代的巡礼が、儀礼的規則というよりもハビトゥスにおいて、継続性というよりも差異が微少化された反復において儀礼であることを示す。また、儀礼を考えるうえで、それ以外の時空と区別された枠についても考えねばならない。儀礼を特別な時空たらしめる枠がいかに立ち上がり、それがいかに特徴づけられるかについても論じる。

2　巡礼はもはや儀礼ではないのか

　巡礼（pilgrimage）の語源は、ラテン語の per ager（野原を経巡る）であり、元来、宗教的なコノテーションはなかった。だが次第に聖性を擁した目的地への旅と結びつけられ、なかば当然のごとく宗教と一続きに論じられるようになった [Coleman & Eade 2004]。イスラームやローマ・カトリック、ヒンドゥー教などいくつもの組織宗教において宗教的中心地への旅行が推奨され、現代では、植民地支配を受けた地域や体制転換を経験した国々でも慣習的に山岳や宗教的施設に赴く動きが出てきている [たとえばBingenheimer 2017]。

　今世紀に入ると、今度は巡礼の定義が拡張され、映画の舞台や故地といった「憧れ、惹きつけられる目的地へ出向くこと」が巡礼として扱われるようになった [Badone & Roseman 2004; 山中 2012]。そうした潮流においては、ヴィクター・ターナー [Turner 1969, 1973] などの儀礼論を土台とした巡礼理論を参照する研究は少なくなり[*2] [Coleman 2002]、代わりに必ずしも信仰心と同一

＊2　この点について、国内と海外における研究動向の間には大きな乖離があることを指摘せね

ではないものの、日常ならざる場所の聖性がいかに人々の言説の中で構築され、消費され、新たな社会関係を生み出すのかといった、巡礼地の内外の力学と社会的営為に関する議論が活発になった。実際、フィールドで調査者が耳を傾けると、巡礼者が強調するのは、出立に至る宗教的・個人的・社会的背景、旅の過程で遭遇する奇妙な出来事、自己変容などの「ものがたり」である。巡礼のプロセスを焦点化する民族誌的研究でも、巡礼することがある種の政治的意思表示となったり、景観を再秩序化したり、過去との関係性を身体化したりする［たとえばLokesh 2021; Coleman 2021］など、「巡礼という移動プロセスが創出する意味」の解釈がなお盛んになされている。

　ここに、巡礼研究と儀礼研究の乖離がある。巡礼には何かしらの物語や読み解かれるべき意味があるという考察が巡礼研究のなかで強く支持される一方、儀礼研究[*3]では、集合的に共有された意味を問う認知主義的立場が大きな批判にさらされ、儀礼をコミュニケーションの一種としメッセージが込められたものとする意味論的前提に強い疑義が呈された［たとえばスペルベル 1971; 福島 1993］。またクロード・レヴィ＝ストロースは『神話論理』の「終曲」のなかで、儀礼とは、器楽曲と同様に、意味や象徴などの言語的性質が剥奪されたものであり、反復の氾濫によって差異が微小になり、連続性が生み出されると述べている［レヴィ＝ストロース2010］。これらを踏まえると、旅を通じて生み出される物語や意味や背景こそが探究の対象となる巡礼研究は、人類学的儀礼研究とは相容れないものになったと言わざるをえない。

　しかしながら、サンティアゴ徒歩巡礼には、動作の反復という点においてまだ儀礼論と照らして問うべきことがあるように思われる。本章では、サンティアゴ徒歩巡礼を事例として、巡礼の過程で経験される物語の豊かな意味や解釈を問う代わりに、身体や場所といった物質性の相に光を当て、枠づけられた時空間における反復的動作を行う「儀礼」の諸相を考えてみたい。

　ところで、よく知られているようにターナーは、儀礼や巡礼の過程における特徴的な社会関係や身分を論じ［Turner 1969, 1973］、巡礼を巡礼団の準備、社会規範や静的なしくみが融解する巡礼中の境界的（リミナル）な状況[*4]における

　　　　ばならない。日本では巡礼者の旅の過程よりも、巡礼の目的地とその聖地化に関与する言説やアクターによる意味作用を焦点化した研究が多く、巡礼の過程を捉える研究が少ないため、相対的に巡礼を儀礼として捉える研究が少ないとも言える。
＊3　　人類学的儀礼研究のレビューについては、福島［1993, 2020］に詳しい。
＊4　　シェマンは、リミナリティはどこから見ても（リミナリティの反意語である）「構造」か

第一部　ともに行く／変容する——身体

連帯性（コミュニタス）、巡礼の中心地への到着、帰還からなる社会過程を儀礼として論じた。「境界的な状態のとき、儀礼の主体は過去未来のどちらの文化的領域の狭間の曖昧な状態にあり」「力によって維持され制限される社会構造から脱する」［Turner & Turner 1978: 249］。ターナーらの主な関心はたしかに社会的事象であったが、今日でもなおその理論が効力をもつのはそれよりもむしろ、動きや経験の相においてである。エドゥアルド・シェマンは、ターナーの「境界的状況（リミナリティ）」および産業社会における「疑似境界的状況（リミノイド）」概念を鍛え直し、サンティアゴ徒歩巡礼とは、むしろ社会的身分が曖昧な「反構造」の日常世界から抜け出し、統制され秩序が定まった「構造」へと引き込まれる営為だとした。「毎年、あるいは転居してまで巡礼路に身をおくという永続性への希求、そして同じ時間に起床し、毎日決めた距離を歩き、ルーティンをこなし、サンティアゴに着くと決まったようにミサに参加し、巡礼証明書を受け取りに行くこと。これらを規範や固定的秩序からの自由であるとか、リミノイドという境界性への志向とは言いがたい」［Chemin 2018: 219］。筆者もかつて、リミノイドという概念は境界的な社会状況というよりもむしろ、見知らぬ場所で道に迷う混沌とした経験として読み替え可能だと指摘した［土井 2015］。巡礼と儀礼は、集合表象や象徴性の解読可能性においてではなく、経験の様式において接点があり、ターナーの巡礼理論もその相において今日でも有効なのではないだろうか。[*5]

　たしかに、ターナーらがキリスト教巡礼に関する研究の中で描き出したように、リミノイドが産業社会における義務ではない形で現れる［Turner & Tuner 1978］というのは、あらかじめ「これは日常生活ではなく巡礼である」というカッコつきの仮の時空が余暇の制度やメディアなどによって外挿的かつ再帰的に設定されることに他ならない。[*6] ただしサンティアゴ徒歩巡礼では、外側か

らの逃避とも、その反対とも読み取れ、いわば反論不能な概念だと述べている［Chemin 2018: 217］。

＊5　同様のことは福島［2020］でも主張されている。

＊6　観光における枠については、箭内［2018］や門田［2021］の議論を参照のこと。前者は近代における身体と不可分にある制度的な枠について言及し、後者は観光としての「仮り」の時空が再帰的に設定されることを論じている。また、市野澤［2023］は、ツーリストにとっての刹那的な時空間が、プーケットの人々からみれば恒常的に存在することを指摘している。「ほとんどのツーリストがほんの数日訪れるだけのビーチ盛り場だが、プーケットにはそれが恒常的に存在することになる。プーケット社会から見ればそこは特筆すべき『境界』ではない」［市野澤 2023: 239 註23］。

らの枠に加えて、何日も歩くうちに内側から立ち上がる枠も見られる。この点については後に述べる。

　巡礼経験の「物語」に焦点を合わせるかぎり、巡礼研究は儀礼研究との溝を越えることはできない。しかし見知らぬ場所を毎日同じリズムで歩き進む身体性や物質性に着目するならば、儀礼論との接点が見つかるのではないか。次節ではまず、サンティアゴ徒歩巡礼を素材に、規則正しく同じ動作を繰り返す実践が儀礼としてどのように特徴づけられるか、現代のサンティアゴ徒歩巡礼の民族誌的記述分析［Frey1998; 土井2015］を参照しつつ示し、次に、それを踏まえて2022年との状況的差異を述べる。

3　現代のサンティアゴ徒歩巡礼：人気の増大からコロナ禍、巡礼ガイドアプリの普及まで

3-1　道の誘引力

　サンティアゴ・デ・コンポステラへ向かう道は紀元前からあり、道沿いには固有の薬草が自生し、その上を沿うように天の川銀河が視覚的に位置している。中世のレコンキスタ運動の時期には橋や教会堂や施療院など巡礼のためのインフラが整備され、現代では道に沿って黄色くペイントされた矢印や道標が[*7]、スペイン国内外にいくつもある巡礼路愛好会（Asociaciones de Amigos del Camino de Santiago）や道沿いの市町村に該当する行政（municipio）によって維持管理されている。サンティアゴ巡礼路を歩き始めると「通るべき道、進むべき方向」への誘引力の強さを実感させられることは、数多刊行されてきた巡礼記やSNSへの投稿などからもうかがい知ることができる。三大キリスト教巡礼地のなかでもサンティアゴ巡礼ほど「通るべき道」にこだわるものはない[*8]。もちろんローマにもエルサレムにもそれぞれ、ヴィア・フランチジェナやエルサレムの道などとよばれる巡礼路があるが、双方とも「聖地」の成立過程で都市中心部へ向かって敷かれた無数の道が、近年になってサンティアゴ巡礼に倣い選び取られ整備されたものである。また、徒歩以外の移動の選択肢がなかっ

＊7　1970年代、スペインの司祭で歴史学者のエリアス・バリーニャ（Elías Valiña）が、ピレネー山脈付近からサンティアゴまでの道のりに黄色い矢印をペイントしたのがサンティアゴ巡礼路の道標の始まりとされる。

＊8　サンティアゴ巡礼財団（Fundación Jacobea）のマネージャーであるロサ・バスケスによる。

た中世とは異なり、現代ではサンティアゴ・デ・コンポステラまで歩いたら、帰路は飛行機や鉄道、車を利用するなどの一方向的であることも特筆すべき点である。

とはいえ、巡礼の興隆とともに整備された無数の村や都市では今日、体調や余暇の都合などに応じて、いつでも途中で徒歩移動を切り上げタクシーや列車に乗ることができる。道から出るよう誘い出す力もまたそこかしこにある。

道に迷うこともある。不意に巡礼路から逸れるのは、同行者と会話に夢中になっていたり、一人考え事をして矢印や道標を見落とすなどした時である。道に迷ったと巡礼者が気づく時、後景化した周囲の世界との連続な推移が断たれ、周囲の事物の形象や地形、天候など物質的世界から直接手がかりを得ようとする契機となる [土井 2015][9]。歩くリズムに馴染んでくると、折にふれて建物の形状、雨粒や柵、荷物や足の重さ、斜面や地面の質感、辺りの匂いなど、自らの身体が事物との間にあること、景色の圧倒的な遠さを感得するようになる (Doi 2020)。

レヴィ＝ストロースは、儀礼とは生きられた経験に立ち戻るものであるという。「世界に直接に反応するわけではなく、また世界に関する経験に対する反応でもない。それは人間が世界について考える仕方への反応である。結局、儀礼が克服しようとしているのは、世界が人間に対して行う抵抗ではなく、人間に対する人間の思考の抵抗なのであ」り［レヴィ＝ストロース 2010: 855］、「生きることの束縛によってもたらされた思考の衰退を表わしている」［レヴィ＝ストロース 2010: 847］。このアイデアに引きつけるなら徒歩巡礼とは、左右や上下、何分など記号に還元され効率よく環境と関わろうとする「日常生活における人間の思考」が、道に迷う経験などによって覆される契機を用意するものであり、場所との直接的かつ具体的な邂逅を促したり、道中の物質的特性が発する機微や迫力を身体で受け止める機会を与えるものであるといいうる。ただし巡礼は、定まった目的地めがけての移動であり、いわゆる漂泊や流浪ではない点は重要である。だから徒歩巡礼者は道を見失わぬよう、何かしらの土地の目印（ランドマーク）を手がかりとしながら前進することになる[10]。

＊9　道に迷った際の場所との関わり方の変化に関する民族誌的分析の詳細は、土井［2012］を参照。

＊10　ケヴィン・リンチやミハイル・バフチンのアイデアを引きつつ論じた徒歩巡礼者の進路の取り方については、土井［2015］を参照。

見るべきものは何もない。立ち止まるべきところもない。何もかもがずっと同じだ。上り坂になって自分が地面ばかりを見ていたことに気づく。道に飽きた。顔を上げて辺りを見回しても、枯れた穀物と土と小石と空だけ。（中略）後ろから、（道中でときどき顔を合わせる）セバスティアンが近づいてくる。遠くにレオンの大聖堂が見える。橋の前で荷物を投げ出し、靴を脱ぎ棄て、水を飲み、奴をやり過ごそうか、話しながら行こうか。自分はいったい何しにここに来たのだと 100 回目の後悔をする。セバスティアンはもう一度この道を歩きたいなどとばかげたことを言った。

（2012 年 3 月 巡礼者 A（30 代・男性）の日記　レオン近辺）

　この日記に登場するレオンの大聖堂や小石などは、歩き進む巡礼者にとってのランドマークである。ケヴィン・リンチによれば大聖堂やビルといった「傑出したランドマーク」は、近づく者に町の特徴や方角を視覚的に知らせる作用がある。先を行く巡礼者によって置かれた小石や落とし物、足跡といったあまり目立たぬ「局地的なランドマーク」は、次にするべき行為を歩く身体に直接的に示唆する［cf.リンチ 2007］。そして「傑出したランドマーク」と「局地的なランドマーク」の特徴はそれぞれ、ミハイル・バフチン［バフチン 1982］が芸術の形象として特徴づけた「叙事詩」と「小説」と類比的である点は興味深い。「叙事詩」には傑出したランドマークと同様に、規範的な様式美があり、過去の崇高さが強調され現在との距離が保持されている。反対に「小説」には、「局地的なランドマーク」と同様に、様式的規範がなく、過去が現在に畳み込まれている。私たちは普段慣れ親しんだ場所を歩くときには事物の形状ひとつひとつに気を留めることはない。しかし不慣れな場所を歩き進む巡礼では、大聖堂や橋など様式美のある形象や、枯れた穀物や小石など行為に作用する大小の土地の目印が、現在と過去を複雑かつ複層的に交ぜ込み配置する時間性を伴って巡礼者の歩みを促す。これは目的地をもたぬ漂泊や流浪にはない、巡礼ならではの特徴である。

　また、同じ方向へ何日も歩いていると、似た歩調や体力の者同士は次第に顔見知りになり、時には日常生活ではめずらしいほどまでに深い関係が生じる。歩調が違ったりなどして一緒に歩かずとも、次の宿で偶然いつもの面々と再会できるかもしれぬ期待もまた、徒歩の中断を先延ばしさせる。道の誘引力が巡礼者を歩かせる。

3-2 毎日を繰り返す

　冒頭でもふれたように、徒歩巡礼者はきわめて規則正しく同じ動作を繰り返す。本節では、徒歩移動のルーティンに儀礼の観点から分け入ってみたい。

　スペイン国内にはいくつものサンティアゴへの巡礼路があり、総延長は3,000km以上におよぶ。その道沿いでは、春から秋までほぼ同じような動作が、世界各地からの徒歩巡礼者によって毎日繰り返されている。

　朝、日の出前後[*11]に起床し、荷造りしてザックを背負い、靴をはき、防寒着を羽織り、似たような身なりで巡礼宿から同じ方向へ歩き出す。左右の足を交互に出すこと数万回。途中、バルなどで休憩したり教会堂に入ったり巡礼手帳にスタンプを押してもらい、他の巡礼者や地元の人と目が合えば、「ブエン・カミーノ」（Buen Camino スペイン語で良い道をお過ごしくださいの意）や「ウルトゥレイヤ」（Ultreia その先へ、という意のラテン語由来の合言葉）といったサンティアゴ巡礼路ではお決まりの挨拶を交わす。そしてさらに数時間歩き、午後2時過ぎには次の巡礼宿に到着する。宿泊代を払い、携行する巡礼手帳に今日の日付のスタンプを押してもらうと、サンダルに履き替え、自分のベッドを確保する。荷物を広げ、シャワーを浴び、脱いだ服を洗濯し、食材を買って料理したりレストランに行くなどして昼食をとる。その後はベッドで体を横たえたり、明日の行程を考えたり、バルで他の巡礼者と飲み交わしたり、日記を付けたり、村や街を散策するなどして思い思いに過ごす。その後、乾いた洗濯物を取り込み、軽く夕食をとり、夜の礼拝に出かけたり、靴擦れの処置や脚をマッサージしたりするなどして自分の身体をケアし、夜9時ごろには寝袋に入って眠る。このルーティンを、各々の徒歩巡礼が終了するまで毎日繰り返す。

　見知らぬ土地を徒歩で移動する際のこうした反復的動作は、たとえば野営を重ねて続けられるヒンドゥー教の聖地マハラシュトラへの徒歩巡礼でも見られる。延々と続く巡礼の過程で、トランペットの嚠々たる響きの後に開始される行進が儀礼として活写されている［Karve 1962］。毎日の、そして他の徒歩巡礼者との同じ行動の繰り返しは、次第に信仰も国籍も年齢も言語も異なる人々をまとめあげるハビトゥスとなる。ハビトゥスとは自発的とも強制的ともいえない力の作用によって立ち上る集合的な行動傾向であるが、ハビトゥスへと向かわせるうえで重要なことは、「予見不可能でたえず更新される状況に立ち向

---

* 11　スペインは中央ヨーロッパ時間 CET を取るため、夏至ですら日の出時刻が午前6時45分と遅い。

第1章　「儀礼化」する現代徒歩巡礼——反復の氾濫による連続性とその時空

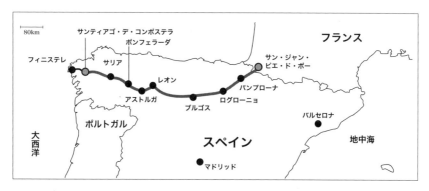

図1　サンティアゴ徒歩巡礼路のなかで最も主要な道カミーノ・フランセス
（放送大学大学院講座「人類学の最前線」第9回のパターンをもとに作成）

かうことを可能にする戦略」［ブルデュ1988: 98］である。サンティアゴ巡礼路
はよく整備されているが、日頃歩き慣れない人が一日20〜30kmの道のりを
行くことは、予見できない状況に立ち向かい続ける実践でもある。今日目標と
する巡礼宿が満室や閉鎖になっているかもしれない。怪我や病気で中断を余儀
なくされるかもしれない。工事などでルートが変更になっているかもしれない。
道を間違えたり、何かの理由でサンティアゴ・デ・コンポステラまで到達でき
ないかもしれない。隣のベッドになった人の鼾がうるさく眠れないかもしれな
い。人々はつねに不確実な時空を歩く。
　儀礼と不安の関連はよく言われてきたことであるが、ここでは心の内側から、
儀礼が行われる時空へと目を転じたい。アルノルト・ファン・ヘネップは特定
の対象への儀礼のみならず、時間と空間に内在する、対象が不明瞭な非人格的
な「力」への儀礼を読み解いた。そこでは、いわゆる人生儀礼のみならず、地
理的に馴染みのない領域に侵入したり通過したりする際に行われる手続きにつ
いても論じられている。「両断されたものの間を通ったり、2本の枝の間を通っ
たり、または何かの下を通ったりする儀礼は、かなり多くの場合、ある一つの
世界を離れ、別の世界に入るという考えからくる直接的通過儀礼であると解
釈すべきである」［ファン・ヘネップ2012: 31］。徒歩巡礼という通過儀礼は、善
行を積めども悪行に手を染めようとも無差別に禍福が降りかかる「非人格的」

＊12　直接的儀礼とはファン・ヘネップによれば、人格化された存在や事物などの媒介物を介在
　　　させない呪詛などの儀礼をさしている。

［ファン・ヘネップ 2012: 26］で不確かな時空間のなかで執拗に続けられる。そしてこの通過儀礼はサンティアゴ大聖堂到達という輪郭が明瞭な対象の出現によって強制的に終了となる。そこから徒歩巡礼者は他の「観光客」に倣い、大聖堂内の聖ヤコブ像に後ろから抱きつき、主祭壇地下で聖ヤコブの聖櫃を見、ミサに参加して巨大香炉を撮影するという一連の定式的行為をした後、帰途につく。

3-3　2022年

　ここまで、1990年代の民族誌［Frey 1998］や2010年代の民族誌［土井 2015］に描かれた記述を中心に、現代徒歩巡礼の儀礼的特徴を述べた。しかしながら、筆者が再度フィールドに赴いた2022年は、そうした状況からは大きく変化していた。その間徒歩巡礼者は主に3つの事を経験した。1つは、当巡礼の過剰な人気により道が混雑し、毎日押し寄せる巡礼者を地元住民が避けたり、巡礼者が宿に宿泊できず野宿を強いられたりする、いわゆるオーバーツーリズムである。もう1つは2020年の新型コロナウイルス感染症のパンデミックによる行動規制、そして、スマートフォン上に現在位置と巡礼の道筋が表示される巡礼ガイドアプリの普及である。それらは疑いなく、上述した「現代における徒歩巡礼」の特徴を根底から変化させることとなった。

　これらの出来事を経て、現代徒歩巡礼はどのように変化したのだろうか。結論を先取りするなら、道に迷うなどのさすらいの要素が減衰し、より規則正しい動きの反復が目立つ「儀礼化」が強化された、ということである。

　今世紀に入るとサンティアゴ徒歩巡礼の国際的な人気は破竹の勢いとなった。サンティアゴに到達した者が申請して授与された巡礼証明書の発行数が1年に10万件、2010年以降は18万件から毎年1、2万件ずつ増加し、2018年、2019年は30万件を突破した。[14]スペイン国外から来る巡礼者数は国内のそれ

＊13　現代のサンティアゴ徒歩巡礼では、信仰心に関わらず、徒歩や馬、自転車等、伝統的または肉体を犠牲にするような移動手段で巡礼する人を「巡礼者（peregrinos）」と呼び、自動車や飛行機、鉄道などで大聖堂に直行する人たちを「観光客（turistas）」と呼びわける慣習がある。実際は、熱心なカトリックの信者ほど、列車やバス、飛行機などで大聖堂に直行すると言われている。

＊14　サンティアゴ巡礼証明事務所の統計による。巡礼証明書授与の条件は、サンティアゴ・デ・コンポステラまでの最後の100km以上を、動力を用いない「伝統的」な手段（徒歩、馬、自転車、車椅子など）で来たことを巡礼手帳に押された日付入りスタンプなどで証明し、信仰や精神的動機、文化的動機など、事務所が認める動機を申請した者に与えられる。

よりも多く、国籍は180か国を超える。聖ヤコブの日である7月25日が日曜日にあたる年は、ローマ・カトリック教会より「聖年」に指定されており、例年の2倍近くの巡礼証明書が発行される。体調や休暇などの都合により道の途中で切り上げる人や、区切りながら歩く人、証明書を受け取らない人も多数いるため、実際に巡礼路を歩いている人は、筆者の推測ではその何倍もいるだろう。

　2020年は、新型コロナウイルス感染症のパンデミックが始まった年にもかかわらず、年間5万人以上が巡礼路を歩いた。「聖年」にあたる2021年はローマ・カトリック教会が、パンデミックが続く状況を鑑みて聖年を翌2022年まで延長することを宣言し、2021年の巡礼証明書発行数は17万件以上[15]、2022年は国内を中心に43万件を超え、過去最大の巡礼者が訪れた[16]。

　筆者が調査をした2022年は「聖年」の2年目だった。コロナ禍を機に、"Camino Ninja"や"Buen Camino"など複数のサンティアゴ巡礼ガイドアプリケーションが普及し[17]、ガイドブックや紙媒体の地図を手にした人を見かけることはほとんどなくなった。かつて「今晩のベッド確保のための競歩」とまで言われた巡礼宿は「早い者順」ではもはやなく、電話やオンライン予約が一般的になり[18]、巡礼証明書もQRコードを読み込んでの申請となった。もはや必携なのはトレッキングシューズや寝袋ではなく、電源コードやスペインの田舎道でも電波の入るスマートフォンとなった。スマートフォンは、それ1台でガイドブック、カメラ、ビデオカメラ、電話、日記帳、時計、地図などを搭載し、荷物の軽量化に大きく貢献した［Lomborg 2015］。スマートフォン向け巡礼ガイドアプリケーション[19]を用いれば、現在地や目的地までの距離、町はずれにある巡礼宿の位置や宿泊経験者による評価、道から外れた場合に手がかりとなる「正しい」巡礼路と現在地の位置関係もわかり、荷運びサービスの呼び出しも可能である。あらかじめダウンロードしておけば、電波を使わずGPS

＊15　サンティアゴ巡礼証明事務所の統計による。https://catedral.df-server.info/est/peregrinaciones2021.pdf

＊16　Redacción "The Camino de Santiago in 2022: How many pilgrims walked it?" https://vivecamino.com/en/the-camino-de-santiago-in-2022-how-may-pilgrims-walked-it-no-812/

＊17　実際にモバイル端末を用いたガイドアプリの利用は2015年以前からあった。

＊18　公営（municipal）や教区営（parroquial）はいまだ予約制ではないが、2020年代において巡礼宿の過半数を占める私営巡礼宿では予約するのが一般的である。

＊19　巡礼ガイドアプリのなかでも、実際何度もサンティアゴ巡礼路を歩いたデンマーク人プログラマーが開発したCamino Ninjaがスペイン国内外で最も広く普及している。

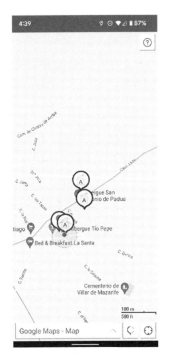

図2　ガイドアプリ "Buen Camino" の
スクリーンショット　ウェブマッピング
サービスには掲載されないサンティアゴ
徒歩巡礼路が黄色く示されている。「A」
は巡礼宿（albergue）のマーク

図3　巡礼ガイドアプリ" Camino Ninja" に表
示される高低差と現在位置（緑点）（出典：
Camino Ninja https://camino.ninja/）

　機能を用いて位置情報を得ることができる（**図2**）。設定した今日のゴールまで
の距離のほか、高低差が数字や図で示される（**図3**）。一般的な観光宿泊施設で
あれば部屋の予約は当然だが、どこまで歩き進められるかがその日の体力や体
調、天候に大きく左右されてきた徒歩巡礼においては、今晩の宿を到着前に押
さえておくことは革命的なことであった（**図4**）。

　巡礼ガイドアプリが普及すると、徒歩巡礼者は現実世界がアプリの情報通り
に現われないことに対する不安や不満を口にするようになる。たとえば、アプ
リでは家族経営の小さな巡礼宿との情報があったため宿泊したが、実際はその
日、村の祝い事の会場となって、騒音と煙草の煙に参った、という語りなどが
ある。

　また、新型コロナウイルス感染症の流行により、ドミトリー形式の巡礼宿が

敬遠された結果、共同寝室を
ツインルームの個室へと改築
する私営の巡礼宿が急増した。
宿泊の仕方の変化は巡礼の様
式的変化を誘引する。1泊（1
床）[20]10€前後のドミトリー式
巡礼宿に40日間泊まっても
400€だが、1泊（1室）30€前
後の個室のある宿（巡礼宿、オ
スタル）に400€の予算で泊ま
ると12日間しか歩き進むこ
とができない。共同寝室では
ない宿泊施設への志向ととも
に、一度に数百キロを歩くの
ではなく、短い距離で切り上
げて帰宅したり、最後の

図4　巡礼ガイドアプリ" Camino Ninja" では冬季に営業し
ている巡礼宿は黄・緑で示され、アプリからそのまま予約で
きる宿もある（出典: Camino Ninja https://camino.ninja/）

100kmだけを歩く人が増加した。フランスから来た男性は数年前の様子を現
状と比べながら次のように語った。

　　巡礼が毎年だんだん「優しく」[21]なっている。6年前は今みたいにデイパック
　　で歩く人なんていなかった。自分の荷物は自分で持つものだ。だからビリャ
　　フランカ（巡礼路上の村の名前）で諦めざるを得なかった。しかしそこで若い
　　アジア人が旅のお守りをくれ、一緒に歩き始めた。そのおかげで無理だと
　　思ったセブレイロ峠を越えることができた。5年前は、4人でバルに入って
　　酔っ払って宿に泊まることになった。しかし誰かが、出発だと真夜中に声を
　　あげて、酒が抜けきれないまま4人で宿をでて、懐中電灯も点けずにふらふ
　　ら歩きだした。1人があれを見ろよと空を指さしたので見上げると、視界一
　　杯に天の川が道を沿うように流れていた。忘れられない思い出だった。今年
　　はそういう驚くべき経験というのはまだないし、この先もきっとないだろう。
　　そういうのを期待して歩くものでもないけれど。[22]

重いザックを背負い、足をいため、道に迷い、道中で出会った人と肩を並べて歩き、不思議な出来事に遭遇し、巡礼宿で再会した人と一緒に料理をしたり食事したりする。徒歩でサンティアゴを目指す人が増え始めた20世紀末の民族誌［Frey 1998］においても、よりグローバル化した2000年初頃の民族誌［土井 2015］にも観察された現代徒歩巡礼の特徴とは、徒歩が巡礼者や周囲の環境と直接的かつ物質的な関係をとり結び、巡礼者間の連帯を形成し、視野に入る世界の果てまでの圧倒的な遠さを堪能させるものであった。しかし、荷運びサービスの登場によって背負う荷物は大幅に軽量化され、評価の良くない巡礼宿や話し相手のいない孤独感はモバイル端末を通じた情報交換で避けられ、巡礼者同士で助け合わなくてもほぼ確実に次の宿に到達でき、「遠さ」はアプリ上の距離の数値に変換され把握されるようになった（**図3**）。興味深いのは、分岐点などで道すがら出会った巡礼者同士で交わされる会話が、アプリごとに表示が異なる距離数や地図情報の確認や、それらの情報とサンティアゴ巡礼路では多くいる巡礼のリピーターによる経験との突き合わせが中心となったことである。マラガから来た70代の男性は「アプリを使うことで、正しい方へ進んでいること、ゴールに近づいていることがいつも意識できる。すばらしいアプリに感謝している。そのうちに慣れてしまってこのアプリへの感謝もなくなってしまうかもしれないけれども」と語る。

　新型コロナウイルス感染症のパンデミックを契機に、期間が短く、道に迷わず、身体的苦痛の少ない、スピードアップしたサンティアゴへの歩き方が、少しずつ浸透しつつある［土井 2023］。

　情報通信技術が新たなルートへと人々を誘引し、また「新たな人々」をも誘引してもいる。カンタブリア州政府の教育文化スポーツ局は2017年、サンティアゴ巡礼路からサント・トリビオ・デ・リエバナ修道院へと迂回するレバニエゴの道（El Camino de Lebaniego ）を新しく整備した。プロジェクトではハイキングルートだけでなく情報通信インフラも整備し、道沿いのどこにおいてもWi-Fiの利用を可能にし、独自の巡礼ガイドアプリと巡礼手帳を作成、配布した。道の整備をした初年[*23]で12,000人［Campos et al. 2022］が歩く盛況ぶりだったという。

　スマートフォンの普及がサンティアゴ巡礼路へ向かう女性の数を増大させて

＊23　この年は、サント・トルビソ・レバニエゴの聖年にあたり、4月に（仏寺でいうところの秘仏開帳と類似した位置づけとなる）「赦しの門」が開く。次の聖年は2023年。

第1章　「儀礼化」する現代徒歩巡礼──反復の氾濫による連続性とその時空

もいる［Jorge 2023］。筆者と
同宿になったケベックから
来た60代の女性は、スマー
トフォンを指さしながら次
のように語った。

図5　路上で現在の状況を SNS にアップロードする徒歩巡礼者
（Paschinger 2019: 118 より転載）

　　キヨミ（筆者）と出会っ
　　たことはもう、カミーノ
　　仲間（オンライン上に多
　　数存在する、サンティアゴ
　　徒歩巡礼に関する情報交換
　　仲間）に伝えたのよ。な
んとキヨミのことを知っている人もいたの！（中略）10 年間介護していた母
が 2020 年に新型コロナウイルスに感染して死んだ。それから自分の人生は
何だったんだろうって一度家を出てみようって考えた。カミーノ（巡礼路）
のことは自分には無理だろうと思っていたけれど、オンラインの仲間が背中
を押してくれて、何かあってもリアルタイムで相談できるから安心だなって。
もしスマートフォンがなかったら、ここに来ようとも思わなかった。[24]

　実際に、2022 年のサンティアゴ巡礼証明書の授与件数では統計を取り始め
て以来初めて、男性よりも女性のほうが多くなったのだった。このように、最
近のサンティアゴ巡礼路では、情報通信インフラもまた人々を道へと誘引し、
道案内し、新たなルートや新たな人口を生成している。筆者の印象では、音楽
を聴きながら 1 人で歩く巡礼者の数は 10 年前よりも明らかに増えた。バッテ
リの保持時間が長くなったスマートフォンの使用が、長時間にわたる徒歩の退
屈を紛らわし、結果的に道に留まることを可能にしている。筆者はロンドンと
バンガロールから来た30代の兄弟が、彼らの母語と思しき言葉をスマートフォ
ンのスピーカーから流しながら歩いているのを見かけた。聞けば、退屈がしの
げるので、インドにいる母やいろいろな親戚と連日電話で話しながら歩いてい
るのだという。[25]

＊ 24　2022 年 9 月 22 日フィールドノートより
＊ 25　2023 年 9 月 11 日フィールドノートより

サンティアゴ巡礼路における情報インフラを研究するアナ・ジョージは、[*26]スマートフォンというモノとの輻輳的で濃密な関わりが巡礼経験を脱身体化させているという［Jorge 2023］。明記されてはいないが、ジョージの言う「身体化される巡礼経験」とはおそらく、本章の**3-1**と**3-2**で述べた、周囲の世界との直接的で物質的な関係の立ち上げや、ランドマークとなる事物の形象との邂逅、身体を介した他者との実存的な関わり合いなどを指していると思われる。確かに、思惑外れや発見をもつ旅の要素が減衰した2022年の徒歩巡礼のありようにフォーカスすれば、ジョージの指摘は正しい。また、そうして情動を強く揺さぶられる機会の少なくなった徒歩巡礼では、歩行速度が上がり、一日の反復的動作が強化されている。[*27]巡礼者が携行する荷物の軽量化と総歩行距離の短縮を考えれば、徒歩巡礼者の歩行ピッチが上がったか、立ち止まる時間が減ったか、違う道へ入り込む時間が減ったことは容易に推測できよう。より単調に毎日を反復する要素は確実に増えた。

　ところで、反復について箭内匡［1995］は興味深い分析を行っている。彼によれば反復には、身体的＝物質的反復と、精神的反復と、存在論的反復の3つの相があるという。身体的＝物質的反復とは、実用的かつ快感の獲得が目的とされ、結果として同一になるよう行為するものである。快ゆえにもう一度繰り返す道理である。精神的反復は、同一性を志向するが実用性や快感は目的とされないために、むしろ別の動作が生じ結果としての差異を経験することになる。目的や手段としての徒歩がいつのまにか、やることになっていることを今日もやるという事態になるような反復である。もうひとつの存在論的反復とは、

＊26　人類学的インフラ研究では、インフラとは関係的なものであることを指摘してきた［古川 2022］。インターネット環境や情報端末が徒歩巡礼のインフラであり、徒歩巡礼は、巡礼宿や州政府にとってのインフラである。古川が指摘するように、そうしたインフラは決して通常不可視なものではなく、半透過的である［古川 2018］。そのことは等閑視するようになることを懸念する徒歩巡礼者の語り（p. 37）にも表れている。

＊27　地理的条件や年齢、個人差のある徒歩速度の平均を正確に測れるものではないが、筆者の記録によれば、荷運びサービスが現在ほどに普及していなかった2008年にほぼ平坦な道で調査した際は1kmあたり平均14分で歩行していた。調査日2008年6月12日快晴。ホンタナスからカストロヘリスまでの約8kmを、巡礼者男7名女4名（20代2名、30代3名、40代3名、60代3名）、合計11名に協力を依頼し、約8km歩く時間（分）を計測、申告してもらった。総数11、平均値115.91、分散28.81、標準偏差5.37。2022年の調査では1kmあたり平均12分であった。調査日2022年9月14日快晴。サアグンからベルシアノスまでの約10kmを、巡礼者男5名女4名（20代1名、30代2名、40代1名、50代2名、60代3名）、合計9名に協力を依頼し、約10km歩く時間（分）を計測、申告してもらった。総数9、平均値123.44、分散139.36、標準偏差11.8。

第1章　「儀礼化」する現代徒歩巡礼——反復の氾濫による連続性とその時空

「生成的現実とのむき出しの直接性における出会いの中で生起するところの、存在の本質的なものへの『飛躍』」であり「驚きや眩暈を伴わざるをえないような、どこか衝撃的な経験」である［箭内 1995: 343–344］。これに倣えば、かつての現代的徒歩巡礼では、知らぬ間に道に迷いこんで呆然とし、周囲の具体物の形象からの働きかけを待つ反復、誰一人いない平原で足を挫き、身体の物質性に気づかされる反復、幼い頃に生き別れた兄弟と街で偶然再会する反復など、諸々の存在論的反復が経験されていた。それに対し、コロナ禍と巡礼ガイドアプリが普及した2022年の徒歩巡礼では、身体的＝物質的反復と精神的反復が顕著であると言える。情報インフラの整備により道に迷いにくく立ち止まることの少ない身体は、同じ動作の繰り返しによる訓練的な効果によって、あたかも体操のような儀礼固有の身体になっていく［福島 2020: 362, 370］。「むき出しの直接性」「驚き」「眩暈」への回路を剥奪されながら、儀礼的要素が強化された今日の徒歩は、ますます、人間的思考の外へ［レヴィ＝ストロース 2010］とめがけて行われている。

　レヴィ＝ストロースはまた、儀礼とは「現実を概念化するために不連続の思考が現実に行った細分化が、（中略）生きられた経験の連続性にもどることができなくなるかもしれないという恐れに由来している」［レヴィ＝ストロース 2010: 854］と述べている。「現実を概念化するために不連続の思考が現実に行った細分化」とは、日常で経験する出来事が都度初めての遭遇とならぬよう周囲の世界を学習や慣習にもとづいて抽象化する思考である。すなわち、直接経験したことを真正面から受け止めなくなることへの恐れとして私たちは儀礼を行う。アプリを用いて度量衡や図で示された場所を追認するという「現実を概念化するための不連続な思考」は、直接かつ具体的な「生きられた経験」への憧れを伴いながら、より規則正しい同じ動作の反復、より強度のある儀礼の遂行となっていく。

　　儀礼は、操作の細分化——これは限りなくこまやかに、飽きることなく繰り返される——によって、小さなところに継ぎをあて、間隙を埋め、神話と逆の方向にさかのぼり、非連続から連続に戻ることができるような幻想を育む。細分化によってもっとも小さい経験の単位を見つけ出し、それらを反復によって増やそうとする偏執的な欲求は、生きられた経験の連続性を危ぶませるような切除や中断を防ぐための保証を得ようとする必要性をしめしている。［レヴィ＝ストロース 2010: 847］

第一部　ともに行く／変容する——身体

彼の考えに引き寄せるなら、巡礼ガイドアプリを媒介とした、道に迷わず立ち止まらず身体的苦痛の少ない今日の徒歩巡礼スタイルは、観念や表象といった記号的理解と、直接経験される現実の往還を補うようにして、儀礼的動作が強化されていると言える。区別が難しいほどの同一性を伴って左右の足を繰り出し、あたかも極めて似通った複数の写真のコマが一続きの映像として認識されるのに似た連続性がうみだされる。この考えが見当違いでなければ、サンティアゴ・デ・コンポステラへの到達が、巡礼の完遂どころか多くの徒歩巡礼者によってクライマックスの欠落した中断として経験されるのは必然と言える。

4 枠づけられたその徒歩移動は、「緊張状態のプラトー」か「弛緩の宙づり」か

　前節ではいくつかの儀礼論を参考に、現代的徒歩巡礼の特徴と、2022年の調査から明らかになった変化について考察した。翻ってこの節では、筆者が調査したこの15年間変わっていない、おそらく現代の徒歩巡礼に一貫した特徴といいうる、枠づけられた儀礼の時空について考えてみたい。

　長期の休暇を取って、必要な持ち物を調べ買いそろえて荷造りをし、旅行の計画など準備に何日も費やし、一日20kmから30kmの道のりを何週間も歩いて移動することに、徒歩巡礼の民族誌を読んだことのない人であればおそらく意志の強さや挑戦を連想するかもしれない。國分功一郎が述べるように、それはあたかも熱中することがないと疼きだす記憶から逃れるために打ち込む余暇活動のようである［國分 2015］。あるいはグレゴリー・ベイトソンが論じたバリの演劇儀礼のように、エネルギーを発散しながら、一定の強度で続く緊張状態のようでもある。[*28]

　徒歩巡礼中ではない立場から巡礼者の歩く姿を観察すると、その速度は通常の歩行よりもかなり速い印象を受ける。巡礼者の靴擦れの治療をした巡礼宿のボランティアは「巡礼者はみな、どうしてそんなに早く歩くのかしら。だから足に汗をかいて、柔らかくなった皮膚がこすれて破けるのよ」[*29]と歩く速さに

＊28　ベイトソン［2000］は儀礼における発散を「弛緩振動」とよぶ。
＊29　筆者が巡礼宿のボランティア（hospitalera）をしていた際のフィールドノートより（2009年9月）

呆れる。筆者もまた、足首を捻挫してある村に逗留していた時、ウォーキングポールを交互に差し出しながら次々と筆者の目の前を通過していく巡礼者たちのスピードに驚いた一人である。サンティアゴを歩いてめざすわけではない身からすれば、その歩き方は取り憑かれているかのような力強さや懸命さとして映る。終点までの距離を徐々に縮めて、到達と同時にクライマックスが消尽する「緊張状態のプラトー」[ベイトソン 2000: 178] そのものである。

　しかし別の視点からこの徒歩巡礼を見ると、記述分析の仕方は大きく異なる。別の視点とは、徒歩巡礼に馴染んだ身体が捉えた周囲の世界である。歩き始めてから早くて5、6日、遅くとも半月もすると、次第に変わり映えのしない弛緩したペースに馴染むようになる。たとえば、街に出たときに閉まった店の連なりを目にして初めて今日が日曜日であることに気づく巡礼者もいれば、街での人々の往来の慌ただしさに眩暈がしたと語る巡礼者も少なくない。「終わりのない同じ景色の中をもう何年も歩いている気がしている」と巡礼中にSNSに書きこむなど、平原をひたすら進むときの時間感覚は、スローモーションの体を帯びてくる。顔見知りの巡礼者を数日ぶりに見かければ数年ぶりの再会と感じるようになる。身体が時間の所有者となり、町を通過するたびに「歩く世界」とせわしい外の世界との隔たりに気づかされる[Frey 1998: 72–74]。

　単調な反復行為が作りだすある種の拘束性と目的地までの隔たりに挟まれた宙づりのような状態、気づけば日常生活とは異なるリズムをもつ時空が内側から生成されていく。

　ハマドゥシャの儀礼・巡礼を大団円を欠いたものと特徴づけるクラパンザーノは、巡礼の過程を、曖昧で満たされることのない弛緩した宙吊りの状態である[Crapanzano1973: 115–118] と述べている。それはベイトソンが、同じくクライマックスを欠くバリ島民の儀礼などで特徴づけた独特の「緊張状態のプラトー」とは対照をなしている。サンティアゴ徒歩巡礼路では、巡礼をしていない歩行者からすれば、徒歩巡礼は緊張感を伴いながら前進しているように見え、同じように巡礼中の視点からすれば、徒歩巡礼者の徒歩は「反復の氾濫」による「スローモーション」[レヴィ=ストロース 2010: 845] として経験される。論文によって対立する同じ研究対象への観察から立ち現れる記述分析は、単純化して言えばその調査者が実際にどのような参与観察をしているかが大きな要因になりうる。しかしもう少し丁寧にいえばそれは、儀礼の過程で反復によって

---

*30　2023年3月1日徒歩巡礼中の巡礼者による投稿。原文スペイン語。

立ち上ってくる「枠」の内側からの視点か外側からの視点かの差異である。

　サンティアゴ徒歩巡礼における重要な点は、余暇という時間的有限性、目的地までの道のりという地理的有限性の外側から客体的に枠づけられているだけではない。その客体的枠づけにおける執拗な徒歩移動の繰り返しが日常生活とは異なる時空を内側から生成するということである。これらのことは、儀礼の枠があるからこそ、神秘や不気味なものといった衝撃的な出来事を受け止めることができるというクラパンザーノの指摘［クラパンザーノ 2020］や、運動を継続する限りにおいて枠が保持されるという結界張りの儀礼［垂水 1990］を想起させる。[*31]

　本章は徒歩で巡礼することについて、徒歩移動の反復性に光をあて、いくつかの人類学的儀礼論との接点を探りつつ論じてきた。一歩ずつの歩み、シンプルな日課の繰り返し、出発から終点までの途上、これらの動きは、調査者が徒歩の繰り返しによって立ち上がる「枠」の内外どちらにいるかによって「緊張状態のプラトー」にも「弛緩の宙づり」にも見える、儀礼の時空である。

参照文献

市野澤潤平 2023『被災した楽園――2004年インド洋津波とプーケットの観光人類学』ナカニシヤ出版.

門田岳久 2021「観光経験――旅がわたしに現れるとき」市野澤潤平編『基本概念から学ぶ観光人類学』ナカニシヤ出版 pp. 95–108.

クラパンザーノ, V. 2020「光景――現実に陰影をつける」池田昭光ほか訳 西井涼子・箭内匡編『アフェクトゥス――生の外側に触れる』京都大学学術出版会 pp. 95–123.

國分功一郎 2015『暇と退屈の倫理学　増補新版』太田出版.

スペルベル, D. 1979『象徴表現とはなにか――一般象徴表現論の試み』菅野盾樹訳 紀伊國屋書店.

ターナー, V. 2020『儀礼の過程』富倉光雄訳 筑摩書房.

垂水稔 1990『結界の構造――一つの歴史民俗学的領域論』名著出版.

＊31　かつてアービング・ゴッフマンが個々人の運動の中に連続する出来事をひとつのユニットにカテゴライズして認識する「枠」について述べている［Goffman 1974］が、上記から明らかなのは、そうした個々人の相互行為に伴う認識的変化や、多様な視点の間で共有される社会的・認識的枠組みとは異なる。

土井清美 2012「移動する身体の〈ランドスケープ〉——相互応答性・偶発性・歴史」
『コンタクト・ゾーン』5: 62–89.

—— 2015『途上と目的地——スペイン・サンティアゴ徒歩巡礼路 旅の民族誌』春風社.

—— 2023「「備え」から「手直し」へ——コロナ禍における民族誌的諸研究とツーリズ
ム」『観光学評論』11(1): 113–125.

バフチン, M. 1982『叙事詩と小説——ミハイル・バフチン著作集7』川端香男里ほか訳
新時代社

ファン・ヘネップ, A. 2012『通過儀礼』綾部恒雄・綾部裕子訳 岩波書店.

福島真人 1993「儀礼とその釈義——形式的行動と解釈の生成」第一民俗芸能学会編『課
題としての民俗芸能研究』ひつじ書房.

—— 2020「解説『象徴の森』の内と外——テクノサイエンス時代の『儀礼の過程』」V.
W. ターナー『儀礼の過程』冨倉光雄訳 筑摩書房 pp. 358–373.

古川不可知 2018「インフラストラクチャーとしての山道——ネパール・ソルクンブ郡ク
ンブ地方、山岳観光地域における「道」と発展をめぐって」『文化人類学』83(3):
423–440.

—— 2022「観光とインフラストラクチャー」市野澤潤平編『基本概念から学ぶ観光人類
学』ナカニシヤ出版 pp. 121–122.

ブルデュ, P. 1988『実践感覚1』今村仁司・港道隆訳 みすず書房.

ベイトソン, G.2000『精神の生態学』佐藤良明訳 新思索社.

箭内匡 1995「想起と反復——現代マプーチェ社会における文化的生成」東京大学大学院
総合文化研究科博士学位論文.

—— 2018『イメージの人類学』せりか書房.

山中弘 2012「作られる聖地・蘇る聖地——現代聖地の理解を目指して」星野英紀・山中
弘・岡本亮輔編『聖地巡礼ツーリズム』弘文堂.

リンチ, K. 2007『都市のイメージ』丹下健三・富田玲子訳 岩波書店.

レヴィ=ストロース, C. 2010『裸の人（神話論理Ⅳ）』2 吉田禎吾ほか訳 みすず書房.

Antunes, A., & Amaro, S. 2016. Pilgrims' Acceptance of a Mobile App for the Camino
de Santiago. In A. Inversini & R. Schegg (eds) *Information and Communication
Technologies in Tourism 2016*, pp. 509–521. Springer.

Badone, E. & Roseman, Sharon 2004. *Intersecting Journeys: The Anthropology of
Pilgrimage and Tourism*. University of Illinois Press.

Bingenheimer, M. 2017. Pilgrimage in China. In Albera & Eade (eds) *New Pathways in
Pilgrimage Studies: Global Perspectives*, pp. 18–35. Routledge.

Chemin, E. 2018. The Seduction of the Way: The Return of the Pilgrim and The Road to Compostela as a Liminal Space. In M. di Giovine & D. Picard (eds) *The Seductions of Pilgrimage: Sacred Journeys Afar and Astray in the Western Religious Tradition*, pp. 211–232. Routledge.

Coleman, S. 2002. 'Do you Believe in Pilgrimage?: From Communitas to Contestation and Beyond'. *Anthropological Theory* 2(3): 355–368.

—— 2021. *Powers of Pilgrimage: Religion in a World of Movement*. New York University Press.

Coleman, S. & J. Eade 2004. Introduction: Reframing. In S. Coleman & J. Eade (eds) *Pilgrimage Reframing Pilgrimage: Cultures in Motion*, pp. 1–25. Taylor & Francis.

Campos, C. et al 2022. Towards More Sustainable Tourism under a Carbon Footprint Approach: The Camino Lebaniego Case Study. *Journal of Cleaner Production* 369: 133222.

Doi, K. 2020. Ready-to-Hand & Out-of-Reach Sensory Experiences of the Landscape on the Camino de Santiago. *Japanese Review of Cultural Anthropology*. 21(1): 357–386.

Frey, N. 1998. *Pilgrim Stories: On and Off the Road to Santiago, Journeys Along an Ancient Way in Modern Spain*. University of California Press.

Goffman, E. 1974. *Frame Analysis: An Essay on the Organization of Experience*. Cambridge: Harvard University Press.

Jorge, A. 2023. Pilgrimage to Fátima and Santiago after COVID: Dis/connection in the Post-digital Age. *Mobile Media & Communication* 11(3): 1–17.

Lewis-Klaus, G. 2013. *A Sense of Direction: Pilgrimage for the Restless and the Hopeful*. Riverhead Books.

Lokesh, O. 2021. *Till Kingdom Come: Medieval Hinduism in the Modern Himalaya*. State University of New York Press

Lomborg, S. 2015. The internet in My Pocket. In A. Bechmann & S. Lomborg (eds) *The Ubiquitous Internet: User and Industry Perspectives*, pp. 35–53. Routledge.

Paschinger, E. 2019. Pilgrimage Tourism and Social Media: A Way Forward in the 21st Century? In D. Vidal-Casellas, S. Aulet & N. Crous-Costa (eds) *Tourism, Pilgrimage and Intercultural Dialogue: Interpreting Sacred Stories,* pp. 115–120. CABI.

Sánchez y Sánchez, S. & A. Hesp 2015. *The Camino de Santiago in the 21st Century:*

Interdisciplinary Perspectives and Global Views, pp. 1–10. Taylor & Francis.

Turner, V. 1969. *The Ritual Process: Structure and Anti-structure.* Cornell University Press.

—— 1973. The Center Out There: Pilgrim's Goal. *History of Religions* 12(3):191–230.

Turner, V. & E. Turner 1978. *Image and Pilgrimage in Christian Culture.* Columbia University Press.

第2章　ケニアの自転車競技選手の「ラウンドな世界」
──移動を重ねてならされる、滞留がサイクルする日常

萩原卓也

1　はじめに　Our world is round
　　　　　　　　──俺たちの世界は、ラウンドなんだ

　人類学者はフィールドワークをするなかで、調査対象者の人々が発する印象的なフレーズに出会う。2013年10月19日、ケニアの自転車選手の調査をしていた筆者は、東アフリカはヴィクトリア湖に近いキスムという町で開催される自転車のチャリティ・イベントに参加するために、自転車競技団体Sの選手たちと、ナクルからナンディ・ヒルズの約160kmを、自分の着替えなどが入ったリュックを背負いながら走った。安宿を見つけ、少しでもお金を節約するために、1台のベッドに2人で寝る。筆者はコーチ兼運営管理者でもあるDK（男性・40代[*1]）と一緒の部屋であった。彼も含め団体Sのメンバーと長く一緒にいるが、2人きりで話すという機会はあまりない。眠りにつくまでのあいだ、すでにいびつに変形した、快適とはとてもいえないベッドのマットレスに並んで身を預け、天井をぼんやりと見つめながら、これまでのケニアでの調査のこと、日本での暮らしのこと、DKの人生のこと、いろいろ2人で話していた。そんななか、彼から、安っぽい宿の、疲労が充満する部屋のなかに放たれたのが、「Our world is round──俺たちの世界は、ラウンドなんだ」という言葉である。ケニアの自転車競技に長くかかわってきて、数十万kmはゆうに超えるほど走り、酸いも甘いも知ったDKが浮遊させたこの言葉は、筆者にとって非常に印象的であった。「ラウンド」という言葉には、辞書を引くと、

---

* 1　補足説明のない場合、年齢は事例の時点でのもの。

49

第一部　ともに行く／変容する──身体

丸い、角（かど）のない、1周の、活発な、といった意味があるとされる。[*2]筆者から
DKに、「それってどういう意味なの？」と尋問すればよかったのかもしれな
いが、できなかった。その言葉で充満した空気を吸いながら、彼が歩んできた、
いや、走ってきた人生をなぞるように想像しつつ、ぼんやりと天井を見つめて
いた。彼が発する「ラウンド」の意味ではなく、その彼らが全身で感じてきた
感覚に、筆者は近づきたかった。

　本章では、この「ラウンド」に2つの側面から迫りたい。1つ目は、なんと
いっても彼らの生活の中心となっている練習である。練習を積み重ねていくこ
とで、自転車や周囲の環境との向き合い方はいかに変わっていくのか。2つ目
は、練習（移動）と不可分の休息（滞留）である。練習と休息を繰り返し続け
る日常において、個別の身体や周囲の環境の物質性はどのように現れ、そのサ
イクルはどのように経験されているのか。この2つの側面から、本書の鍵概念
であるモビリティ概念を鍛えることが本章の狙いである。それは、移動と不可
分な滞留や、移動によって生じた身体の痕跡こそが、移動そのものを駆動し、
また移動を可能にする関係性を創造しているのだ、という滞留の豊かさを再評
価する試みである。「そもそも練習は同じ場所から同じ場所への往還運動なの
で、ラウンドなのでは？」という声も聞こえてきそうだが、筆者自身が実際に
彼らと練習する、大会に出場するなかで汗をかきながら感じた経験を軸に、滞
留のフェーズにこそある彼らの生の特性に迫ってみたい。

2　反復移動と滞留を豊かなモビリティ文化の基盤に位置づける

　まず、モビリティをめぐる議論のなかに、本章を位置づけてみたい。なぜ上
記の2点を考えることがモビリティ概念を鍛えることにつながるのか。それは
端的に、移動を重ね続けるとどうなるのかということと、移動によって不可分
に引き起こされる滞留（不動も含む）の位相における創造性が、モビリティに
おいて十分に論じられてこなかったからである。そもそもモビリティと耳にす

＊2　　ジーニアス英和辞典によれば、形容詞として、1.　丸い、2.　角（かど）のない、3.　1周の、
　　　　4.　〈数量が〉ちょうどの、5.　だいたいの、6.　〈金額などが〉かなりの、7.　〈動きなど
　　　　が〉活発な、8.　率直な、9.　〈声・音が〉響き渡る、10.　〈文体などが〉円熟した、11.
　　　　円唇の、12.　円［弧］を描いて動く、13.　〈筆跡などが〉丸みのある、14.　〈動作などが〉
　　　　背中を丸めてする［小西・南出（編）2001: 1880］。

ると、どのような状態を想起するだろうか。動くこと、流動性、機動性。アメリカで人類学のトレーニングを受けた筆者は、学部生だった当時、このmobilityという英単語を日本語ではどのように理解すればよいか、ひどく悩んだのをよく覚えている。

　モビリティという響きがいまほど日本で市民権を得ていない1990年代初頭から、モビリティという単語を社名に取り入れてきた会社がある。人間の移動を本職とする本田技研工業株式会社の傘下で、モータースポーツが開催される鈴鹿サーキット等の施設を運営している、ホンダモビリティランド株式会社[*3]（1991年設立時は株式会社ホンダモビリティワールド）である。公式ウェブサイトでは、モビリティを以下のように位置づけている[*4]。

　　人が移動するには目的があります。人が他の場所に移動して、人と出会うことから社会は始まります。移動によって、さまざまな人が出会い、たがいに学びあうとき、そこに新しい文化、新たな価値が生まれてきます。わたしたちは、そうした人の移動に関わる領域すべてを「モビリティ」と呼んでいます。モビリティの持つ利便性、楽しさ、価値を追求し、より多くの方々の生活や活動の中に根付かせてゆく。それをわたしたちは「モビリティ文化」と呼んでいます。モビリティランドの大きな使命のひとつ、それは社会の中により豊かで安全なモビリティ文化を創造することにあります。

　モビリティはたしかに、われわれの生活に新たな出会いと新しい価値を生み出してくれる。本章で扱う自転車という乗り物をひとつとってみても、そのモビリティの領域は幅広い。自転車に乗れるようになったときの喜びや走る楽しさは多くの作家が日記に書き残しているし［e.g.夏目 1988; 志賀 2008; 萩原 2009］、自転車旅の紀行文［e.g. 伊藤 2009; 大野 2021］や、自転車で旅をするテレビ番組も数多く発信されている[*5]。そういった文章や映像からは、歩くこと（cf. **第1章**

＊3　モータースポーツが好きで、実際にバイクでサーキットを走っていた父の影響もあって、筆者はこの「モビリティランド」に何度となく足を運んでいる。

＊4　ホンダモビリティランド株式会社「社会から存在を期待される企業であり続けるために」（https://www.honda-ml.co.jp/company/sustainability/ 2023年6月11日閲覧）

＊5　たとえば、NHK BS プレミアム「にっぽん縦断こころ旅」（視聴者から寄せられた思い出の場所を自転車で訪れつつ日本列島を縦断する紀行番組）、NHK BS プレミアム「自転車旅 ユーロヴェロ 90000 キロ」（ヨーロッパのサイクリング・ルートを日本人青年が走る旅番組）など。

土井論文、第8章古川論文）や走ること［e.g. 村上2010; クローリー 2021］、自動車を運転すること［e.g. シェラー2010］、はたまた洋上を移動すること（cf. **第9章中野（真）論文**）、動きながら住まうこと（cf. **第4章左地論文**）とはまた異なる自転車特有の質感やリズムで身体・自転車・環境が相互にかかわり合い変容していく楽しさや豊かさが伝わってくる［e.g. Ilundain-Agurruza & Austin (eds) 2010］。また、手軽な乗り物かつ環境への負担も少ない自転車の利便性を生活のなかでいかすために、自転車の活用を含めたインフラ計画［cf. Vivanco 2013］、それにともなう自転車道路の整備なども、自転車が創造する「モビリティ文化」であろう（しなやかさに欠ける都市インフラを相対化する視点は**第5章難波論文**参照）。アーリ自身は自転車をめぐるモビリティに特段の注意を払っていないものの［アーリ2015; エリオット＆アーリ2016］、自転車もまたより豊かな「モビリティ文化」の創造の一端を担ってきた。

　しかし、モビリティの豊かなあり方を考えるうえで、疑問点が2つ出てくる。スポーツ選手が繰り返す練習のように、必ずしも移動そのものを目的としているわけではない「動き」を重ね続けることの位置づけである。また、それと同時に忘れてはいけないのは、動けば疲れて動けなくなる、汗が出る、腹が減る、という至極当たり前の現象である。移動にはエネルギーが必要で、それを使うと、必ず現れてしまうものがある。世界で一番有名な自転車レースとも名高い、23日間の日程で3,500km弱の距離を走るツール・ド・フランスをひとつとってみても、レース前にはピカピカだった自転車やユニフォームもレース後半には汚れ、完走後には汗と苦痛でぐしゃぐしゃになった顔が疲労困憊した身体とともにそこにある。アーリも、「人や物が感覚を通してどのように構成されるのかを探求することで、社会学の分析に身体性を加える」［アーリ2015: 20］ことをモビリティ研究の強みのひとつとしてあげ、身体や事物といった物質性への注意をたびたび促してはいる。ただ、本書の序章で古川が指摘するように、移動することが身体や環境に残す痕跡、すなわち、移動によって引き起こされる疲れや痛み、ダルさや不調といった身体の重さ、そのような身体性とともに顕在化する周囲の物質性の存在力、そういった身体性や物質性はモビリティを語るうえでおろそかにされてきたと言える。移動には滞留もつきものであり、移動するがゆえの疲労や故障（ケガ）もある。「もう無理！　動けない！」と身体が悲鳴をあげ、その空間に留まらなければならないこともある。言い方を変えれば、移動とは、滞留、疲労、痛み、故障といった、移動を妨げるような身体ともうまく付き合う方法を創造していく身体活動でもある。そこで本章で

第2章　ケニアの自転車競技選手の「ラウンドな世界」——移動を重ねてならされる、滞留がサイクルする日常

は、より豊かな「モビリティ文化」のあり方を考えるために、そういった移動と滞留の特徴を持つ競技スポーツとしての自転車を取り上げる。

3 ケニアにおける自転車競技

3-1 道具としての自転車 (*bisikeli*) の位置

　ケニアの自転車競技に入っていく前に、そもそも、ケニアにおける道具としての自転車および趣味・競技としての自転車の位置づけについて確認しておく必要があるだろう。

　多くのクーアの人々にとって、自転車（スワヒリ語でバイシィケリィ *bisikeli*）は、主に移動や荷物の運搬時に使用する道具である。それは、ブラック・マンバ[*6]と名づけられた黒い鉄製の重い自転車を指す（図1）。水を汲んだタンク、薪、飼料、バナナ、商店で購入した商品などを頑丈な鉄製の自転車の荷台に載せて運ぶ。自転車に乗車可能なときは跨ってこぐが、荷物が多く重いときは乗らずに押して運ぶ。車はたしかに1回に多くの荷物を運ぶことができる。ただ、調査地M村を含む町の中心地の外では、舗装されている道のほうが圧倒的に少

図1　荷台をつけたブラック・マンバ

＊6　ブラック・マンバは新品で10,000ケニア・シリング（日本円にして1万円ほど）で購入可能である（2014年9月26日に大型ショッピングモールにて確認）。しかし、新品を買っている／使っている人を筆者は見たことがない。どれも、何十年も使い込んだ、年季の入ったものだ。

ない。村のなかを縦横無尽に走る道は、ギリギリ車が1台通ることのできる幅を有しているが、その路面はガタガタの凸凹で、大小様々な岩がゴロゴロしていることも、大きな穴が口を開けていることも、過度に左右どちらかに道が傾いていることも珍しくない。このような道を車で通ろうとすると、4輪駆動のSUVでもない限り、ノロノロ運転で安全に走行せざるを得ない。さらに雨が降ったら最悪で、少しでも道に傾斜があろうものなら、ぬかるみにはまってしまって身動きができなくなる。その点、自転車は優秀である。このような凸凹道でも、障害物を縫うように車より圧倒的に早く移動できるし、雨が降ってもスタックすることはない。ある程度の重いものを運ぶこともできる。自転車はとても効率のよい道具なのである。ちなみに、自転車による運搬は、ケニアだけでなく、ウガンダやタンザニア、ルワンダといった東アフリカの国々においても、同じように目にすることができる。

　また、ケニアにおいて自転車は、子どもが遊ぶ乗り物か、車はもちろんのこととモーターバイクも買うことのできない貧困層の乗り物を象徴するとされてきた。そして、それは男性の乗り物であり、女性が跨る物ではない。ブラック・マンバに乗っている10代中盤以降の女性というのは、村のなかでも街のなかでも、筆者は一度も見かけたことはない。

3-2　趣味・競技としての自転車の位置

　ただ、趣味・競技としての自転車に関しては、別の文脈で理解する必要がある。最近、環境問題とセットになった都市計画、さらには健康志向の高まりなども重なって、自転車の使用が多くの地域でふたたび見直されている［Vivanco 2013］。ケニアも例外ではなく、ナイロビ市内のひどい交通渋滞を避けるためや、自身のフィットネスの向上のために、一部の中間層・富裕層がブラック・マンバとは対照的な、タイヤが細く車体が軽い競技用のロードバイクや、悪路や山道を走る目的で作られたマウンテンバイクを購入し、趣味として、通勤手段として、利用している。こういった流れは、ケニア在住の外国人（とくに欧州出身者）の自転車愛好家によっても加速させられている。

　趣味・競技用の自転車に乗る人は増加傾向にある。2023年2月にケニアを再訪したときに、大学のキャンパスの近くで、大学生と思われる若者が自転車で通学している姿を多く見るようになった。また、ナイロビ中心地のオフィスで働く女性が自転車に乗り始めるなど、女性の参入も増えてきた。それも納得がいく。2013年3月時点と2015年6月時点、さらに2019年9月時点を比較す

ると、FacebookのKenya Cyclingというグループ[7]の登録人数に大きな変化が見受けられる。2013年3月には約450人の登録人数であったものが、2015年6月には約2,500人、2019年9月には約23,000人と、右肩上がりに激増している[8]。このグループでは、ケニアにおける競技大会のアナウンス、ケニア人選手の活躍の報告、中古自転車・部品の売り買い、週末の定期走行会の案内、走行中に危険な目にあった地点の共有などが積極的に交わされている。競技選手でなくとも、ケニアで自転車に乗ることに興味がある人にとって、情報を得るには一番適した場所である。

3-3　競技選手を育成する団体S

次に、本章のデータの出所である、筆者が2013年から参与観察をさせてもらっている自転車競技団体S（**図2**）の概要を示す［詳細はHagiwara 2021を参照］。この団体は、首都ナイロビや地方都市に点在する自転車競技団体のひとつである。ここは2000年前後に、過去にイタリアでプロの自転車競技選手として活

図2　団体Sのキャンプ。今日もここから練習が始まる

＊ 7　Facebook 2019. Kenya Cycling Group（https://www.facebook.com/groups/kenyacycling
　　　2019年9月10日閲覧）
＊ 8　2013年以前より携帯電話の普及率は高く、若者を中心にFacebookを含むSNSが利用されてきたことを考慮すると、単純にケニア国内において趣味・競技用の自転車に興味を持つ人が増えた、自転車を利用する人が増えた、と判断するのが妥当だろう。

躍したケニア人男性DKによってナイロビ郊外に設立され、彼がずっとやりくりしている。団体Sの特色として、自転車好きが競技のために集まっているというよりも、スポーツを通じたエンパワーメント（Sport for Development and Peace）の側面をともなっている点が指摘できる。ケニア国内の失業率は高く、たとえ高等教育を終えたとしても多くの若者は定職には就けず、日雇い労働をしながらその日暮らしをしている。団体Sの目標は、自転車をとおして貧困を減らす、つまり、自転車競技選手の育成をとおしてケニアの若者をエンパワーメントし、ケニア社会を生き抜くために必要な規律と忍耐力をつけさせることである。同時に、自転車競技の本場であるヨーロッパのプロチームへ、育てた選手を送り出すことを最終目標としている。[*9]団体側はメンバーに、食事と寝床、自転車と装備品一式、大会遠征費・参加費を提供している。生活資金・活動資金は、スポンサー企業から手当をもらったり、富裕層が所持する趣味・競技用の自転車を整備・修理したり、国内外の観光客を対象とした自転車ツアーのガイドを担当したり、大会にて成績上位者に与えられる賞金を狙ったりしながら、確保している。

　2016年8月の時点で、ここには15人のメンバーが在籍していた。内訳は、ジュニアと呼ばれる16〜20歳の選手が7名、シニアと呼ばれる21〜43歳の選手が8名（運営管理者のDKも含む）である。彼らはM村もしくはその周辺出身で、彼らの多くがキャンプのある地点から半径3km以内に実家を持っており、民族はキクユと自称する人々である。彼らにとって自転車競技は、内実はよくわからないもののお金を手にすることができるかもしれない存在として映っていたらしい。彼らが団体に参入した動機を聞いてみると、自転車競技に対する特別な思い入れはなかったこと、実家に居座り続けるわけにもいかず辿り着いた先がここだったこと、何をするでもなく村内をフラフラする毎日から抜け出したかったこと、建設現場を見つけては日銭を稼ぐその日暮らしをどうにかしたかったことをうかがうことができる。

　筆者は彼らが共同生活を送るキャンプに住まわせてもらい、2013年から執筆時に至るまで、あわせて約20か月の参与観察を実施してきた。調理、掃除、洗濯といった家事はもちろんのこと、彼らと一緒に自転車の整備をこなしてきた。さらに特徴的であるのは、一緒に練習に参加し、大会にも団体Sの一員と

＊9　ただ、筆者が調べて把握している限りでは、欧州のプロチームから引き抜きの話は過去にあったものの、契約にまで至ったケースは確認できていない。

して参戦してきたことである。これまでに筆者が彼らと一緒に自転車でケニア国内を走った距離は、7,500kmほどになる。

3-4　ケニアで競技自転車に乗るということ──過酷な環境と集団走行

　競技としての自転車における移動は、どのような特徴を持つであろうか。事例に入っていくまえに、自転車競技について簡潔に説明する。自転車競技は、第1回近代オリンピックより採用されてきた歴史ある競技である。本章では、舗装路を利用して着順を競うロードレース競技、および未舗装路で行われるマウンテンバイク競技を指している。ケニアの大会における走行距離は1日150km前後におよび、持久力を競い合う。自転車競技はチームスポーツで、アシストと呼ばれる複数の選手が一番実力のあるチームリーダーを勝利に導くよう、（リーダーの余力を極力残しておくために）風除けになったり、飲み物や食べ物を運んだり、敵チームの戦略を乱すために働く。欧米を中心にプロチームがたくさん存在し、近年、アフリカ出身の選手の活躍[10]もヨーロッパで見受けられる。

　まず、持久力を競うスポーツである以上、大会で勝つために、競技生活の大半は年間に数万kmを走る練習＝移動が必要になる。移動を重ねることによって強くなった身体をもって大会で活躍し、良い成績を残したり、賞金を獲得したりすることが目的である。

　団体Sの練習内容は非常にシンプルで、できるだけ長く自転車のサドルのうえで過ごす。ウエイト・トレーニングなど、自転車に乗る以外の練習は基本的に行わない。大会の日程との兼ね合いによって走る距離は異なるが、短くて30km、長くて170kmほどの距離を1回の練習で走る。走るルートの起伏の有無によっても左右されるが、2時間から7時間ほどをサドルのうえで過ごす。それを嫌というほど、繰り返すことになる。キャンプのあるキクユ地域の標高は2,000mと高地であるものの、赤道も近く日差しは強い。走っているあいだに言葉を交わすことは少なく、タイヤが地面を這う走行音と、ギアチェンジとチェーンの駆動する音がただひたすらに時を刻んでいく。走るルートは、舗装されていて、加えて車の行き交いが少ない道路を選ぶ。それでも、「お前らは邪魔だ」と言わんばかりの勢いで自転車の横すれすれを、真っ黒な排気ガスを

＊10　ルワンダの自転車選手の活躍を描いたノンフィクション作品なども見受けられるようになってきた［e.g. Lewis 2013］。

サイクリストの顔面めがけて吐き出しながら追い越していく我が物顔の大型トラックには遭遇せざるを得ない。道があればどこでも走れるわけではなく、路肩（その多くは未舗装）に（自転車をパンクさせるのにちょうどいい）ガラスの破片や拳より大きな岩が散らばっていたり、そもそも路肩を車が大量の砂塵を巻き上げながら爆走していたり、突然文字通りの落とし穴が道路のど真ん中に出現したり、牧畜民が引き連れる牛が数十頭単位で進路をふさいでいたりする。したがって、声やジェスチャーでシグナルを出し合っておたがいに注意を促すことで、簡単にパンクしてしまう細いタイヤを持つ競技自転車で走行可能な「道」を自分たちで創発的に作り出し、安全に走っていく（進む「道」を作り出す実践については**第8章古川論文、第9章中野（真）論文**参照。車両のケアによって駆動するインフラと社会関係については**第6章西尾論文**参照）。

　練習中は、（進行方向に）縦2列の隊列を組んでの集団走行が基本である。また、集団の先頭を走る人は強烈な風圧を受けることになるので、同じ人が先頭で力を消耗してしまわないために（もしくは先頭を走ることで意図的に負荷をかけることも可能）、風圧を直に受ける集団の先頭を順々に交代で受け持つことにより、個々の負担を軽減、または分担しながら走ることになる[*11]。たとえ集団内で力量の差が存在しようとも、誰がどのくらい先頭を引くかを調整することによって、集団で長時間まとまって練習することが可能になる（こういった移動の特性が生み出す相互補完的な人間関係の詳細は、［萩原2014］を参照）。

4　移動の積み重ねが凸凹な世界をならす

　次に、練習という移動を重ね、自転車や環境との向き合い方が変化していくことにより、当初は凸凹の質感とともに立体的に現れていた世界が丸みを帯び、滑らかにならされる、すなわちラウンドになっていく様子を筆者自身の事例を軸にみていく。

　図3は、2014年1月3日の団体Sの練習記録である。自転車に特化した

＊11　これは、ほかの自転車の後輪の真後ろに、自分の自転車の前輪を近づけて走る走行方法、ドラフティングと呼ばれる技術である。自転車にまつわる現象を科学的に検証したグラスキンによると、「後ろのライダーの消費エネルギーは、時速1.6kmにつき1％少ない。したがって時速40kmで走ったら、前の選手よりも25％も力を節約できる」［グラスキン2013: 149］。

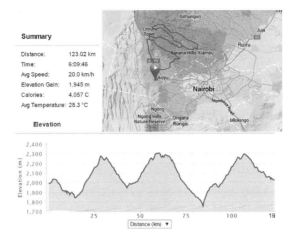

Summary

Distance: 123.02 km
Time: 6:09:46
Avg Speed: 20.0 km/h
Elevation Gain: 1,945 m
Calories: 4,057 C
Avg Temperature: 28.3 °C

Elevation

図3　2014年1月3日の練習記録（Garmin Edge 500を用いて計測し、Garmin Connect アプリで作成

GARMIN社のGPS機器で取得し、GARMIN社が提供するアプリケーションを使い、視覚化したデータである（GPSアプリが促す歩き方および歩く道の変容については**第1章土井論文**を参照）。走行距離が123km、走行時間は6時間強、平均時速が20km、上昇した標高差の累積は約2,000m、消費カロリーは約4,000kcalである。このような練習を、週に4回前後実施する。

　以下は、第1回目の長期調査（2013年9月から2014年2月）における、彼らとの練習の記録をフィールドノートより抽出し、一部文言を修正し、時系列に並べたものである。

2013年10月8日、102km、練習の第1回目

　わたしは、練習の途中で食堂に立ち寄って、チャイとチャパティ（ケニアの食堂での代表的な軽食）を摂らなければいけないほど弱る。なんだこの空腹感は…。練習中に食べたバナナは12本[*12]。食べた、というか体に入れた、が正

---

* 12　バナナは値段的にも手軽さ的にも練習中の栄養補給には最適で、バナナ以外の選択肢はほぼないといっていい。練習中、バナナは道端の至るところで売っているので、簡単に手に入る。たいてい1本5ケニア・シリング（日本円にして5円ほど）で購入できる。バナナは栄養価が高く、体内に吸収されやすいため、運動中に補給食として食べるのに向いていると広く認識されている。ケニアで食べるバナナは成熟してからもぎとっているので、皮が薄く、甘くて美味しい。

図4　アスファルト路面の荒れ模様
（登り坂でついていけず、置いていかれる筆者が撮影）

しい。こんなにバナナがうまく感じたことがあっただろうか。そして、こんなにバナナを１日に食べたことがいままであっただろうか。

サドルから腰を上げ、立ちこぎでペダルを踏みこもうとする。路面でさえも（舗装されてるのに）アスファルトのつぶつぶが岩サイズまで大きくなったようで、全身を使った自分のひと踏みひと踏みを邪魔してくる。自分だけ自転車から引き剥がされ、凸凹の階段を必死にのぼらされているかのようだ（図４）。自分にだけ重力が何倍もかかっているのでは。バテすぎててダメだ。バテすぎたわたしのペースが遅くて嫌気がさしたのか、登り坂でペダルを踏み込めず減速する（というかほぼ停止する）わたしの背中をGC（男性・10代）とMT（男性・20代）が押してくれた。「あぁ、彼らがいなかったら、俺は終わりなんだな」という彼らへの絶対的な依存感覚。ケニアまで来て、なんて情けないんだろう。調査させてもらう人たちに背中を押してもらうとは。自分の弱さを、情けなさを、これでもかと痛感させられる経験であった。

2013年10月10日、113km、練習の第2回目

前言撤回。バナナは美味しくない。今日はバナナ10本。食べすぎだが、食べないと走れない。いや、ここまでの本数を食べられるということは、やっぱりバナナはうまいということか。今日もバテて背中を押される。路面のザラザラ感を強く感じた。練習終盤、登りが終わる地点が確認できるが、そこまで辿り着くのがほんとに長い。視界が朦朧としてくる。ペースが遅いと標高の高いところでは風の冷たさも感じる。最後にこの坂はきつい。

もう少しでやっとキャンプに到着する…、と脚の回転を止めて、下りで自然に進んでくれる自転車に身を任せていたとき、GF（男性・10代）が隣に来て並走しながら、「ソルト（塩）が噴いてるぞ。良いトレーニングができたってことだ！　昔は、よく俺も噴いていたよ」と言う。よく見ると、自分の腕や上半身のジャージには、噴き出た汗が乾いて結晶化していた。キャンプに帰ってきて、ジャージを脱いでみると、白く波を打っていた（**図5**）。

練習後、「明日は長距離を走るから来なくていいよ」と言われる。練習中、MTは1本もバナナを食べていない。そして、飲んだ水も自転車に取り付けた750 mlのボトル1つだけ（自転車のフレームにボトルを装着できるようになっていて、走行中に簡単に取り出して飲めるようになっている）。練習後、GFとGCは、同じベッドで横になってゴロンと休んでいた。2段ベッドなのに、寝るのは1段目だ。

図5　噴き出た汗が乾いて結晶化している筆者のジャージの様子

第一部　ともに行く／変容する——身体

2013年10月12日、113km、練習の第3回目

今日はバナナ8本。第1回目とほぼ同じコースだが、全然違った。次はこういう登りが来るんだっけとか、もうすぐ下りが来るなとか、コース全体のなかでこれから来る起伏の位置づけがわかる。そして、ここの登りはこんなに短かったっけな？と不思議に思ったほど。

2013年11月27日、100km、練習を重ねて約1か月半後、成長を実感

練習中の水は、小さなウォーターボトルに1本で十分だった。途中でバナナ1本も摂らなかった。不思議である。以前はあんなにもお腹が減っていたのに…。練習の途中の85km地点（走り始めて3時間強、この時点の消費カロリーは3,000kcal）でも、お腹は減ってはいたが、しかし、食べなければもう走れない！というほどではない。

走行ルートの同じ登り坂を、以前とは一段重いギアを使い快適に登れるようになった。力学的には変化のしようのない自転車のギア比（2つの歯車の歯数の比率、ペダル1回転で後輪を何回転まわせるかが決まる）の変化をとおして、成長を実感した（同じ坂で、前39歯−後27歯＝ギア比1.44でしかこげなかったのが、前39歯−後25歯＝ギア比1.56で踏み込めるようになった）。自分のカラダのなかに歯車（リズム）のようなものがあって、自分が理想的だと思うリズム（こう走れたらいいな、こう脚を回せたらいいなというリズム）に遅れをとることなく、もしくはそれよりも速く強く実際に脚をグッ、グッ、と回転させることができた。起伏が滑らかにならされていく感じ。

2013年11月19日、練習を休んでいたGC、バナナを無数に食べる

キャンプでの目に余るおこないに怒ったDKが「頭を冷やしてこい」とGCを実家に追いやってから、3週間ほどたち、GCが戻ってきた。彼にとっては久しぶりの練習である。もともと、この団体S内でもトップを争う実力の持ち主のGC、さすがに脚は落ちていないが、いつものような軽やかな走りは影を潜めていた。練習後、GCは、「ヘェーヘェーヘェー、タクヤ（筆者の名前）、おまえ、強くなったな。びっくりしたぜ、え、今日は俺が置いてかれるかと思ったぜ。今日はほんと、久しぶりだったから、バナナを食い続けなくちゃいけなかったから、大変だったぜ」とわたしに言った。

地面の凸凹や斜度のきつい登り坂は「いま−ここ」で動いている、動こうと

しているのは誰でもない自分自身であることを嫌というほど突き付けてくる。もがき苦しみながら自転車を操り、脚を回しているのは、まぎれもないこの自分であることを、全身で引き受けなければならない。ただ、経過を振り返ってみてあきらかになるのは、練習を重ねるたびに自転車および周囲の環境の質感が変容していることである。この感覚はなにも、筆者にのみ訪れたわけではない。その様子は、走行後の選手の言葉にも表れている。団体Sのメンバーは、走りの調子が良かったとき、思うように走れたとき、速いスピードを長時間保てたとき、以下のような英単語を使用して、その日の感覚を表現する。「flying」「full throttle（モーターバイクのアクセルをふかす動作とともに）」「fireworks」。また、手でピースサインをつくり、手の平を地面のほうに向け、人差し指と中指を交互に小刻みにリズムよく上げ下げするジェスチャーをともないながら、「カルルルッ、カルルルッ」という擬声語もしばしば発する。ここには、凸凹な地面をものともせず、飛んでいるように、バイクをかっとばすように、花火が爆発するほど勢いよく、軽やかに、滑らかに、大地を疾走する身体感覚を読み取ることができる。

　事実、練習を積めば積むほどその空間を動く平均速度はあがり、相対的に風景は流れ、後景化していく。紙幅の都合上、細かく事例を列挙することはできないが、たとえば、初期のフィールドノートにおいてよく登場していたのが、走っている風景の描写である。坂道でもがく筆者を道路わきから揶揄するように「ハウアーユー？」攻撃を浴びせる子どもたち。緑で埋め尽くされた広大な丘（茶のプランテーション農園）でカラフルな布をまとい、茶葉を手摘みする労働者。こういった描写は、練習を重ねるにつれて、だんだんと登場しなくなってくる。また、匂いについても同様で、下記のような描写は、練習を重ねていく過程で姿を消す。

　　練習終盤、町まで戻ってくると、交通量も増え、排気ガスや砂埃もひどい。練習開始時にここを通過したときは、できるだけ悪い空気を取り込まないように、呼吸をしないように通り過ぎようとしたものだ。しかし、帰りにここを通るときは、すっかりへばりきっているので、そのような対策をとる元気もない。ふと、道端でマンゴーやパイナップルを売っているフルーツ屋台から、みずみずしいフルーツの香りが鼻に入ってくる。乾ききったカラダにこれはたまらない。隣を並走していたKT（男性・10代）も、「すごく腹減ったな。フルーツ食べたいな！」と言いながら、鼻だけでなく眼の穴からもその

第一部　ともに行く／変容する──身体

匂いを最大限取り入れんばかりであった。(2013年11月27日)

　また、周囲の環境の質感の変化は、身体の変容をともなっている。消費するバナナの本数や摂取する水の量も減っていく。不思議なことに、練習を積んでいくと、ジャージに塩も噴かなくなっていく。[*13] バラバラに感じていた自転車と身体も、グッ、グッ、とリズムよく一緒になり、坂を登っていけるようになる。より力強く、より速く、より遠くへ、凸凹や起伏をものともせず走ることができる身体を獲得していく。そして、ただひたすら練習に集中して打ち込む環境が整えられていく。ただそれも、練習を一定期間中断した GC の事例に見受けられるように、繰り返し続けないと、またバナナの摂取量が増える身体に舞い戻ってしまう。

　練習では何度も反復して同じルートを走ることによって、当初は立体的に現れていたアスファルトの凸凹や起伏の激しい地形も、平坦に、滑らかに、平面的な世界へとまるで紙の上の地図のようにならされていく。「あの場所のあそこの登り坂が辛い、もうダメだ」と初めは感じていても、練習を積み重ねることで、「俺にとっては、あんなの登りじゃねぇよ（GC）」と、登り坂が「登り坂」ではなくなり、速く楽に登れるようになっていく。もちろん、次に眼前に現れる起伏の形状を知識として頭で知っているか否かは、走り方にも影響を与えるだろう。しかし、より重要なのは、全身でそれをならすことができているか否かである。同じ登り坂でも、車やバイクも行き交う道路の状態はいつも同じとは限らない。天気も異なる。そして、いつもの練習ルートから少し逸れて新しいルートを走るときや、大会で見知らぬ土地を走るときはもちろん、まだ見ぬ凸凹や起伏が待ち構えている。彼らは、練習を重ね続けることによって、そういったまだ走ったことのない世界をも力強く、速く走れるよう、環境をならしながら享受できる世界を拡げ続けているのである。

　そして、次なる問いは自然と、その練習自体を駆動するものは何なのか、へと移る。

---

*13　彼らはこれを「ソルト」と呼ぶが、同時に「ケミカル」とも言う。初心者ほど出ると言い、食事制限を守らないで砂糖を摂取したり、練習をサボっていて久しぶりに練習したりするときに出るものだと言う。実際に、強いと言われる人ほど塩は噴かない。

5 滞留がサイクルするラウンドな日常と滞留時に生まれる関係性

　次に、滞留という移動の痕跡が、ともに走る人間との関係性を創出し、また練習へと彼らの生を駆動している様子を確かめる。練習という移動には必ず、休息という滞留が付随する。それは、走る、疲れる、休む、食べる、寝る、回復してまた走るという循環である。完走するために消費するバナナの本数や摂取する水の量が練習を重ねるにつれ減っていくとはいえ、まったく疲れないという選手はいない。ここでは、練習（移動）と休息（滞留）という現象において、個別の身体や周囲の物質性はどのように現れ、いかに彼らの身体の状態は可視化され、感知されているのか、そのサイクルはどのように経験されているのかを、事例を通して確認していく。まず、このことを考えるヒントを、CV（男性・20代）との以下の状況下における会話に見出したい。

　筆者は参与観察として、彼らの練習に参加する日々を過ごしていた。繰り返される100km前後の練習をこなすだけで疲れて、「また今日も走るのか…」と疲れながらもただただ走ることを繰り返していたときのことである。夕方、キャンプの建物の外壁にもたれかかって、CVと話していたとき、彼はあらためて自分が置かれている状況を振り返るように、こう語った。

> （団体Sに）巻き込まれて、一度入ると、そう簡単に抜け出すことはできないよ。いつも腹減って、そんで怒ってさ。（練習で）走り終わったときは、もう明日乗るかよ！ってなる。でも、走り終わって、またみんなと話したり、ワイワイしたりしてると、不思議とまた明日走ろうかって気持ちになってくる。このゲームからは、そう簡単に逃げられないよ（まったく、しょうがねぇよ、という具合にニヤッとした笑いをわたしに向けながら）。（2016年8月30日）

　CVのいわんとする、団体Sの日常に絡め取られていく感覚と、不思議とまた明日も走ろうかと湧いてくる気持ちは、筆者に以下のように納得いく形で訪れた。萩原［2019］に掲載した事例をもとに、一部以下に再編する。

事例　2016年9月6日

　　練習から自転車の整備、そして顧客への対応まで、すべて終わってようやく自分の時間が訪れるのは、夕方6時前後。みんなが決まって過ごす場所がある。キャンプの出入り口から村を眺めると、家路につく人、夕飯の食材の買

い出しに商店を訪れる人、ヤギのソーセージを焼いている屋台で団欒する人などが目に付く。そんな人々の何気ない日常を視界に収めながら、彼らはキャンプの出入り口にたむろする。これが彼らにとっての、1日の終わりの過ごし方なのだろう。ここで何をするのでもなくぼけーっとするのが、彼らの1日のクールダウンなのだろう。

彼らがそうしているように、わたしもキャンプの出入り口の壁にもたれかかって、村を眺める。空には、くっきりと、鮮やかながらも重い緞帳のような夕焼けが降りていく。彼らにとってそんなことはどうでもよさそうで、各自スマホをいじっては、ときおり小ネタを交換し盛り上がっている。あぁ、気持ちがいい。練習で疲れた体がじんわりと温められていく。というのも、石でできたこの外壁は、日中これでもかと直射日光を浴びている。それでこんなに温かいのだ。もうすぐダウンジャケットが必要になる高原の夜がやってくる。背中の熱が徐々に冷えていくのを感じながら、彼らがここにいる理由が、なんとなくわかった気がした。起きて、走って、暑くて、疲れて、休んで、温かくて、寒くて、寝て。果てのない、その繰り返しに絡め取られていく。振り返ってみると、彼らがわたしに口を開いてくれる、彼らの思いを語ってくれるのは、たいてい決まってこのキャンプの建物の外壁の場所で、同じように壁に背中をあずけて、村を見渡しているときであった。

CVの言葉や筆者自身に訪れた感覚は、休息（滞留）時の過ごし方によってもたらされている。滞留のフェーズにおいて、個別の身体や周囲の物質性はどのように現れているのか。以下に2つの事例を検討する。[*14]

5-1 疲れて、動けない身体

事例　2014年1月3日のフィールドノートより抜粋

達成感というよりも、もう脚を回さなくていいんだという現実に安心する。1分間に約100回転も片脚を回すので、6時間も乗れば、単純計算で片脚だけで36,000回転もただただ回していた計算になる。それから解放された安心感。練習後、貯水タンクの横の小さな段差や部屋の入り口の段差に座って、うつろな目で、呆然と、みんなぼーっとしながら、ボトルに残っている水を

---

*14　［萩原2022］に掲載した事例の一部を加筆修正。

第2章　ケニアの自転車競技選手の「ラウンドな世界」——移動を重ねてならされる、滞留がサイクルする日常

図6　ベッドに身体を投げ出さずにはいられない選手たち
（撮影者である筆者も同様）

口に運んでいた。無言。水を途中で飲まなかった人も、グビグビ喉を鳴らして飲んでいる。10分か15分ほどたつと、誰かがキャンプの目の前にあるキオスクにバナナを買いに行く。1人2本ゲットだぜ。バナナを頬張って、皮を藪の彼方に投げ入れたあと、昼食の準備にとりかかる。うつろな目で山盛りの昼食を貪り食う姿は圧巻としか言いようがない。食べたあとは、食器をすぐ洗わず、シンクに無造作に重ねておくだけ。ハエがすごいが、洗うのが面倒くさいのだろう。昼食を摂ったあと（筆者補足：ときに昼食を摂るまえ）、ジャージの上半身だけを脱いで（下のジャージはそのままで）、ベッドに横になる。ベッドは2段ベッドであるが、上段に登るのも億劫といわんばかりに、1段目に2人もしくは数人が一緒に横になっていることもある（図6）。練習着を脱いで普段着に着替えることもできずに、ベッドに横にならずにはいられない。ちなみに、夜の就寝時には、ベッド1台に寝るのは1人である。

　前述したように、1回の練習で消費するカロリーは4,000kcalにもなるので、練習後は極度に疲労した状態である。練習後、とても疲れた状態、もう脚に力が残っていない状態を「カプート」という言葉で彼らは表現する。ちなみに、

＊15　団体Sのメンバーに確認したわけではないので確証はないものの、ドイツ語のkaputt、もしくは、そのドイツ語の単語に語源を持つ英語のkaputが当てはまると思われる。

カプートという表現は、自転車のメンテナンスの際に使用する注油スプレー缶が空になったとき、また整備が必要でまともに乗れない状態の自転車を指すときにも使われる。疲労はありありと、自身の身体のどうしようもなさを突き付けてくる。そのカプート状態をどうにかするために、食べるか、寝るか、するしかない。彼らは自転車の練習後のカプート状態のとき、肉体を預けられる場所に直行し、横になる。極度の疲労によって、半強制的に、「そうするほかどうしようもない身体」が、ここの場には現れてしまっている。他者の身体もまた同じように、その場に現れ、筆者の身体もまた、どうしようもなく同じ場に在らざるを得ない。

　食べざるを得ない身体もまた同様である。本来は、強いアスリートの身体を作るために、豆と野菜を中心とした食事を摂るべきとされているものの、砂糖がたっぷり混入されたジュースを飲んだり、調理なしで簡単に食べられる食パンを大量に食べて（日本で一般的に売られている食パン1袋ほど）食事を済ませてしまったりもする。たとえジュースや食パンでないにしても、極度の疲労により食べものに向かわざるを得ない身体、貪らずにはいられない身体が、ここに可視化され、感知されている。これは、食べて回復する、休んで回復する、そしてまた走って、また食べてという、サイクルのなかに位置づけられる行為である。

5-2　痛みで、動かない身体

　激しい運動により、身体のあちこちが痛むことがある。ただ、痛みという、本来とても個人的と思われる感覚でさえも、モノを接点として可視化され、周囲に気づかれることになる。ある大会終了後に、以下のような出来事があった。

事例　2014年10月18日のフィールドノートより抜粋

　マチャコス市での連戦のさなか、一番距離の長いレースを終えてのことである。この日、わたしはレース開始早々に現れた急坂で先頭集団について行けず、切れたトカゲの尻尾のごとく集団のはるか後方で終始もがきつづけ、そのままゴールすることになった。ふがいない。先頭集団についていけなかったということは、調査対象の彼らと離れ離れになったことを意味する。130kmの距離のうち、およそ100km近くをわたしは孤独に走り続けた。もちろん、実際に大会に出場するという行為をしなければ、観察できなかったこと、知り得なかったことがたくさんある。ただ、孤独に大会を終えたこと

に対し、ゴールしたという達成感とともに、虚しさも感じていた。表彰式の
あと、団体Ｓが宿泊しているホテルの部屋へ戻ろうと、わたしより何十分も
先にゴールしていた団体Ｓの数人とバスターミナル近くに構える雑居ビルの
階段をのぼり始めた。死闘ともよぶべき自転車のレースが本当にあったのか
を疑うほど、バスターミナルはいつもと同じリズムで普通にごった返してい
た。そのとき、階段を先頭でのぼる選手が10段ほどのぼったところで「ガ
イ！」と突然、顔をしかめながら大声をあげた。「ガイ」とは、キクユ語で
いうところの「神」、つまりこの表現は、英語でいうところの「オーマイゴッ
ド！」にあたる。すると、その声を待っていたかのように、わたしを含め、
みんながそれぞれの顔を見合って苦笑いしてしまった。階段をのぼろうとす
ることによって、脚に溜まった疲労がその場に痛みとともに顕在化したので
ある。その身体感覚はその人だけのものでもなく、わたしだけのものでもな
かった。

　このような事例は、枚挙にいとまがない。このように、まわりの人の痛みや
苦しみがわかる状況に対して、彼らは「辛そうにしているのとか、痛いのや苦
しいのがわかっておもしろい」と、たびたび語る。
　休息（滞留）時において、個別の身体はベッドに身を投げ出さずにはいられ
ない身体として、食べ物をただ貪るしかない身体として、階段で痛みを感じざ
るを得ない身体として、周囲の物質性（ベッド、食べ物、階段）との接点をとお
して共通の場に可視化され、相互に感知されていた。ここで重要なのは、実際
に個々がどのくらい疲労や痛みを感じていたかではなく、あくまで周囲の物質
性を接点として、共有可能な（感じることが可能な）出来事が立ち上がっている
という点である。そして、「走り終わって、またみんなと話したり、ワイワイ
したりしてると、不思議とまた明日走ろうかって気持ちになってくる」という
ＣＶの言葉を思い起こすと、こういった移動の痕跡が、一緒に走るチームメイ
トを近くに感じさせ、また次の日の練習へと彼らの生を駆動している様子が認
められる。

6　おわりに　滞留によって駆動されるモビリティ：
　　ラウンドな世界

　練習（移動）と休息（滞留）を繰り消す日常において、移動と不可分な滞留時においてこそ現れる身体性や物質性こそが、走り続ける彼らの日常を駆動し、また一緒に走る仲間の関係性を創出し続けていた。彼らの生の豊かさはまさに、潜在的に疲労できる身体を疲労させ、滞留してしまうことに見出される。

　一緒に走って、一緒に疲れて一緒に横になる、お腹が減って一緒に食べる、一緒に痛みを分かち合う。滞留時に視覚的、物理的に身体はそこに留まっているように見えても、日々の経験は単体では存在せず、つねに練習から休息へ、疲労から回復へ、という振れ幅の非常に大きいサイクルのなかに位置づけられる。リズムのついたメトロノームのように、勢いよく、振れてはまた戻る。彼らは競技選手としてこの「振れ」を文字通り嫌というほど経験し、反復し、身体のリズムも、そして思考のリズムまでも、絡め取られていく。この反復および循環運動のなかで、彼らの日常はラウンドになり、活性化され、持続していく。したがって、いくばくかの飛躍を恐れずに言えば、彼らにとって自転車で走り続けることは、ケニアにおいて多くの若者が経験していた凸凹な世界（半失業状態で不安定な世界）を、丸く、角のない、活発なラウンドな世界へとならし続ける営為である、と言えるかもしれない。

　だが、それだけではない。CVが「そう簡単に抜け出すことはできないよ」と漏らすように、疲労と回復という、振れ幅の大きい毎日のなかで、いつの間にかグローバルな文脈における競技スポーツの世界の、ある種の規律化されたアスリートの身体のあり方へと絡め取られてしまっているとも言える。ラウンドな世界であるがゆえに、体力的にも、生活リズム的にも抜け出せなくなっていく。しかし、注目すべきは、ラウンドな世界に絡め取られながらも、螺旋状にぐるぐると上昇するように成長していく姿がここにみてとれることである。本章では紙面の都合上、詳しく触れることはできなかったが、練習を重ね、世界を転がりやすくならし続けた彼らは大会で賞金を獲得できる確率があがり、団体Sのチームとして築かれた人間関係は、自転車競技以外の日常生活においても助け合いを促進することで彼らの生を支えている。

　最後に、アーリに代表されるモビリティ概念をより豊かに鍛え上げる視点を指摘して終わりたい。移動できること、移動することによる出会い、移動そのものの価値、そういったモビリティの豊かさだけでなく、不動時に残されるも

の、滞留時に現れてしまうものに注目することで、むしろ移動によって出てくる痕跡がさらなる移動を可能にし、痕跡それ自体が彼らの生活と関係性を駆動していることが浮かび上がってきた。動かない身体、動けない身体において顕在化する、豊かな物質性とのかかわり、他者への気づき、それを基盤にした関係性の構築。自転車競技選手に限らず、たとえば現代社会に生きる多くの労働者は、重い身体を引きずりながら、日々動き続け、その動きを休息とともに繰り返しながら生きている。そういった身体性の側面をすくい上げ議論し続けることこそが、「モビリティ文化」を豊かにしていくはずである。

参照文献

アーリ, J. 2015『モビリティーズ——移動の社会学』吉原直樹・伊藤嘉高訳 作品社.

伊藤礼 2009『自転車ぎこぎこ』平凡社.

エリオット, A. & J. アーリ 2016『モバイル・ライブズ——「移動」が社会を変える』遠藤英樹監訳 ミネルヴァ書房.

大野哲也 2021『20年目の世界一周——実験的生活世界の冒険社会学』晃洋書房.

グラスキン, M. 2013『サイクル・サイエンス——自転車を科学する』黒輪篤嗣訳 河出書房新社.

クローリー, M. 2021『ランニング王国を生きる——文化人類学者がエチオピアで走りながら考えたこと』児島修訳 青土社.

小西友七・南出康世編 2001『ジーニアス英和大辞典』大修館書店.

シェラー, M. 2010「自動車が動かす感情——自動車を感じること」M. フェザーストン・N. スリフト・J. アーリ編『自動車と移動の社会学——オートモビリティーズ 新装版』近森高明訳 法政大学出版局 pp. 347–379.

志賀直哉 2008『志賀直哉（ちくま日本文学）』筑摩書房.

夏目漱石 1988『夏目漱石全集10』筑摩書房.

萩原朔太郎 2009『萩原朔太郎（ちくま日本文学）』筑摩書房.

萩原卓也 2019「「わかる」への凸凹な道のり——どうしようもない身体を抱えて走って」神本秀爾・岡本圭史編『ラウンド・アバウト——フィールドワークという交差点』集広舎 pp. 27-38.

—— 2022「身体をめぐるまなざしと感覚を基盤とした集団の形成と成形——自転車競技選手として生きるケニアの若者を事例に」『史苑』82(1): 135–164.

萩原卓也・近藤有希子・安念真衣子 2014『「開発」プロジェクトの現前化——ケニア・ルワンダ・ネパールにおける個人の生活世界の再編に着目して』京都大学学際融合教育研究推進センター・総合地域研究ユニット・臨地教育支援センター.

村上春樹 2010『走ることについて語るときに僕の語ること』文藝春秋.

Hagiwara, T. 2021. Using Sport to Move on to the Next Stage of Life: The Case of Young Cyclists in Kenya. In W. Shiino & I. Karusigarira (eds) *Youth in Struggles: Unemployment, Politics, Cultures in Contemporary Africa*, pp. 187–213. Research Institute for Languages and Cultures of Asia and Africa, Tokyo University of Foreign Studies.

Ilundain-Agurruza, J. & M. W. Austin (eds) 2010. *Cycling: Philosophy for Everyone*. Blackwell Publishing.

Lewis, T. 2013. *Land of Second Chances: The Impossible Rise of Rwanda's Cycling Team*. Yellow Jersey Press.

Vivanco, L. A. 2013. *Reconsidering the Bicycle: An Anthropological Perspective on a New and (Old) Thing*. Routledge.

第3章　移動する身体と身分証

──インドにおけるチベット難民の移動をめぐる物質的実践

片雪蘭

1　はじめに

　筆者はこれまで、インドのダラムサラ（Dharamsala）におけるチベット難民に焦点を当て、不確実な世界を生きるとはどのようなものかについて研究してきた。チベット難民とは、中華人民共和国（以下、中国）がチベットを侵攻したことによって、1959年から現在にいたるまでインドやネパール、ブータンの南アジア地域に避難した人々である。どの国からも国民として認められていない無国籍者や難民は、政治的な不確実性に向き合わなければならない。なかでも、インドの市民権を持たないチベット難民たちは、いつまでインドで暮らせるのか、安定した暮らしができるのか常に不安を抱く。そのためか、筆者はフィールドワーク中によく彼らが移住目的の「書類（documents）」を取得するために様々な手続きをし、かなりの時間とお金を費やしている様子を目の当たりにしてきた。[*1]身分証に問題が生じてその訂正に数年かかったり、そもそも正式なパスポートがなく偽造するために高額を払ったりと、彼らは国境を越えるための書類手続きに関わる様々な問題に取り組んでいた。国境を越えるとはどのようなことか。「書類」は人の移動にどのような影響を与えているのか。これらの疑問を解いていくために、まず筆者の経験を2つほど紹介したい。

　筆者が初めて陸路で国境を越えたのは、2007年のことである。2月の真冬、

---

*1　本章は、越境の際に必要とされる物質的なモノとしての「書類」に焦点を当てており、書類手続きにおける難民／非難民の待ち時間の非対称性については筆者の別稿で論じている［Pyeon 2023］。

筆者は中国のチベット側からネパールへバスで移動しようとしていた。しかし、道が雪で封鎖され、途中でバスから降ろされると、筆者は到着地まで歩くほかなかった。ヒマラヤの山道を偶然歩くことになった筆者は、13時間歩いて中国側の国境地域ザンムー（ネパール側はコダリ）に辿り着くことができた。国境は、何か明確な線が引かれているわけではなく、橋の上にゲートが建ってあるだけであった。筆者のパスポートには何の問題もなくアライバル・ビザのステッカーが貼られ、スタンプが押されることで国境を越えることができた。空港での出入国手続きより簡単であったことを覚えている。これはしばしば冒険談のように語ってきたエピソードだが、当時の筆者は、チベットの人々が中国のパスポートや査証が発行できず、インドへ亡命するために筆者とほぼ同じルートで国境を越えていたこと、また、それは違法の越境であるため命をかけた道のりであったことをまだ知らなかった。

　それから15年後の2022年10月11日。日本政府は新型コロナウイルス感染症に関する水際対策の強化に係る措置について「全ての帰国者・入国者について、原則として入国時検査を実施せず、入国後の自宅又は宿泊施設での待機、待機期間中のフォローアップ、公共交通機関不使用等を求めない」こととした。2020年3月、新型コロナウイルス感染症に関する水際対策措置によって入国制限が実施されて以来、3年ぶりである。コロナ禍の最初の1年間は、特別な理由がない限り海外渡航は不可能な状況が続き、ワクチンが開発されてからは新型コロナウイルス陰性証明書やワクチン接種証明書の所持を前提に海外渡航が許された。数枚の書類の有無によって人の移動が規制されるようになり、目に見えないはずの国境が最も際立つ時期であった。そして、筆者は2年間自分のフィールドや母国にすら行けない状況を初めて経験しながら、その状態はインドから簡単に出られないチベット難民の日常であったことに気付かされる。

　越境と書類は切り離して考えることができない。国籍や国家の規制によって、ある人はいつでも国境を越えることができる一方で、ある人は命をかけた移動になりうる。そして、それは身分証や証明書、査証といった様々な「書類」によって決められている。グローバル化の進展に伴って、人・モノ・カネの流動性が高まり、「国境」のない時代が始まったと言われるが、境界は常にそこにあり、それを問題なく越えるためには様々な書類を出すことが必要なのである。

　本章では、チベット難民が越境する際における書類手続きの事例を紹介し、書類がどのように難民の移動／不動に関連しているのかを明らかにする。具体的には、2人のチベット難民がチベットからインドへ亡命し、インドで10年

以上滞在したのち、海外へ再移住するまでの流れを身分証やその他の様々な書類というレンズから描く。*2 モノとしての身分証が、人の移動を支配する上でいかに重要な役割を担っているのか、そして難民の法的および社会的状況をいかに操作しているか、また、身分証関連の書類が「紙」だからこそ捏造や売買を通して国家システムに抵抗するという、難民の実践の物質性を明らかにする。これらを通して、身分証が紙であることの意味や現代における身分証のデジタル化が難民の移動に与える影響を考えてみたい。

2　移動を規制するモノとしての「身分証」

　身分証は、移動を監視する代表的な手段であり、国民国家の制度化された移動を構築する上で長い間重要な役割を果たしてきた［トービー 2008; Lyon 2009］。国家が管理する身分証明制度によって、家族関係や病歴などが「書類」に紐づけられ、特に、パスポートは自国民と外国人の往来を記録し、人の移動を管理する目的で発明されたものである。社会学者のジョン・トービー［2008］は、ウェーバーが近代国家を「合法的な暴力の独占」と述べたことにもじって、近代の国家体制が個人から「合法的な移動手段」を奪い、掌握したと論じている。トービーは国家が人の移動を監視するようになった歴史的背景、監視を可能とする書類の重要性、また自国民と外国人に対する規制の違いなどを分析することによって、身分証明制度やパスポート制度（passport regime）の現代的な意味を明らかにした。

　国家にとって誰を包摂し、誰を排除するかという問題は、誰に移動の自由を与えるべきかと関連する。一部の国家は予測不可能な移動を管理する手段として、遊牧民や移動民、季節労働者などの移動する人々に身分証を発行し、身分証を所持しない者に対しては犯罪者と同一視する傾向があった。現在は廃止されている法律であるが、インドの「犯罪部族法（クリミナル・トライブ法）」（1871年）とフランスの「ノマド法」（1912年）はその代表的な例である。しかし、これらの法律が示しているのは、19世紀の資本主義と国民国家の最終段階まで、

---

* 2　本章は、2015年から2023年まで断続的に行ってきたインドにおけるフィールドワークでのデータに基づいており、海外へ移住したチベット人の事例も含まれている。また、本章に登場するチベット人の名前はすべて仮名である。

移動の管理は「国内の」問題であったことである。2回の世界大戦が終了すると、国境が明確になっていくにつれ国内の移動に対する規制は緩和され、外国人と自国民を区別し始め、国境における移動の規制はますます強化していった。越境する際に必要とされるものがパスポートと査証であり、それらの有無によって人の移動は合法か違法かに分類された。

　なかでも難民の発生は、欧米諸国を中心に1920年代から制度化されたパスポートと関連して考える必要がある。第一次世界大戦中、西欧社会とアメリカ合衆国はパスポートによる移動の規制を強化し、戦争の終結後もこれを維持していた。保護主義的思想のもと、国家に誰が入国し、誰が出られるのかを管理するためには、国境におけるパスポートや身分証の確認、さらには諸々の書類が重要視されていった［トーピー 2008］。国民国家が暴力的に誕生した結果、戦後の欧米社会では多数の人々がパスポート携帯義務によって移動に制約がかかった。すでにパスポートが制度化されていたため、途中で身元証明に必要な書類を紛失した人や無国籍者になった人々は、移民や難民になってしまったのである。特に、ソビエト・ロシアから大量の難民が発生したことによって、国際連盟は移動に必要な文書をなくした人々に「ナンセン・パスポート」を発行したものの、強制力はなかったので移動が保証されるものではなかった。国境を越えたことで発生する難民が国家によって頻繁に「不法滞在」とされるのは、正式なパスポートや査証の有無と関連が深い。パスポートが存在することによって移動の自由が得られるのではなく、それらがあることで国家は個人の身分を確立し、基準に満たされない人々は徹底的に排除して追放する。グリフィスが指摘するように、難民の移動は政治や世界秩序の問題ではなく、アイデンティフィケーションの問題なのである［Griffiths 2013］。

　難民は、書類を所持しない（undocumented）状態で国境を越えたことによって可視化される存在である。難民の移動に関する近年の研究において、移動を促す（あるいは妨げる）モノに焦点を当てることによって移動を物質的に捉える試みがされてきた［cf. Hamilakis (ed) 2018; Walters 2015; Walters, Heller & Pezzani (eds) 2022］。地形、天候、旅に適した衣服や装備、車や船、ルートや道、目印、標識などを通して、移動を物質的および感覚的に捉えることは、ウォルターズが「経由政治（viapolitics）」と述べる概念と共鳴している。ここでいう「経由（via）」は、移動における乗り物、ルートとインフラ、地形を意味しており、移動中におけるこれらの絡み合いを分析することによってこれまで見落とされてきた空間や経験、道具に目を向けることを試みた。特に経由政治におけるイ

ンフラには、パスポートや査証など、渡航を促した（あるいは妨げた）行政手続きに加え、輸送ネットワークや移民に関する集合知も含まれる［Walters, Heller & Pezzani (eds) 2022］。国境を越えることは、これらのインフラの不備によっていかに人の移動が促され、妨げられるかが顕在化する実践であり、「書類」は重要なインフラの1つと言えよう。

3　インドにおけるチベット難民の移動と「身分証」

3-1　チベット難民の越境

　チベット難民のインドへの越境は、1959年3月にダライ・ラマ14世（以下、ダライ・ラマ）がインドへ亡命したことから始まった。それ以前にもチベットからの季節労働者や巡礼者、英語を学ぶために留学する貴族の末裔など、チベット人がインドへ渡航することはあったものの、難民として大勢の人々がインドへ越境するようになったのは1959年以降である。この時だけで8万人の人々がインドの国境を越え、1962年に中印国境紛争が起きる前までに約10万人のチベット人がインドへ越境した。その後、チベット難民の越境は中国内における文化大革命やインドの対チベット人政策が変わったことによって中断されたことはあったものの、絶えることはなかった[3]。特に、2008年にラサ（チベットの首都）で起きたチベット民衆蜂起を期に、人の移動は以前より急激に減ったが、コロナ禍前までは毎年百人弱のチベット人がインドへ亡命していた。

　インド政府は、チベット難民が初めてインドに流入した際、経済的な支援はもちろん全国各地にチベット難民居住地を与えた。なかでも、筆者の主なフィールドであるダラムサラはヒマーチャル・プラデーシュ（Himachal Pradesh）州に位置する小さなまちである。ダラムサラには、チベット亡命政府が位置し

---

*3　チベット人のインド流入は大きく3つの時期に区別することができる。第1期は、ダライ・ラマがインドへ亡命した1959年から1960年代初頭まで、第2期は、文化大革命が終結した80年代初頭から90年代まで、そして、第3期は、チベット難民に対するインド政府の政策が変わった2003年以降である。第1期のチベット人流入後、1962年に中印国境紛争が起こり、1966年からは中国国内で文化大革命が発生したことによって国境の監視は以前より厳しくなった。インドとチベット間の往来は困難になり、文化大革命が終了するまでチベットから越境する者の数は減少した。その後、1976年に毛沢東が死亡することで文化大革命が終結すると、中国政府のチベット人に対する規制は和らぐようになりチベット人のインドへの流入が再び増えた。

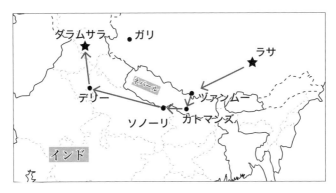

図1　チベット難民の主な移動ルート

ており、ダライ・ラマを含む約1万人のチベット人が居住するチベット難民社会の中心地である。また、ダラムサラは難民受け入れセンター[*4]があるためチベット難民がインドに到着すると必ず滞在するところだ。近年、海外へ移住するチベット難民が増え、インド在住のチベット難民数は減少する傾向であるものの、インドの他地域や海外に住むチベット人が定期的に巡礼に訪れるところでもあり、特にダライ・ラマの説法が開かれる時は人で溢れている。

　ユラは、2000年代初頭にチベットからインドへ越境したチベット難民であり、筆者がフィールド調査をしていた2015年にダラムサラに住んでいた30代の男性である。彼が亡命した当時は、毎年数千人のチベット人がインドへ流入してくる時期であった。インド政府が2003年から実施した「特別入国許可（Special Entry Permits, 以下SEPs）」がその理由である。SEPsは、ネパール経由でインドへ入国する者のみに適用され、ほかのルートからの入国を防止し、難民流入をコントロールするための規則であった。当時、中国のパスポート発行が難しいチベット人は合法的なルートでインドへ入国することが難しかった。SEPsはインド政府が指定するネパールとの国境地域ソノーリ（Sonauli）で発

＊4　チベット亡命政府の安全保障省（Department of Security）は、3つのチベット難民受け入れセンターを運営しており、ネパールのカトマンズ、インドのデリーとダラムサラに位置している。ダラムサラに位置するチベット難民受け入れセンターでは、チベットから亡命してくる人がインドで暮らせるように手続きをし、居場所がない人々のために宿舎を提供する。現在のチベット難民受け入れセンターは2010年8月に新設され、約500人が滞在できる規模である。

第3章　移動する身体と身分証——インドにおけるチベット難民の移動をめぐる物質的実践

行され、パスポートや正式な査証がないチベット人でも問題なくインドへ入国できる唯一の方法である。

　しかし、そのためにはまずネパールに入国する必要がある。ユラを含む多くのチベット人がチベットからネパールへ越境する方法は歩いてヒマラヤを越えることである。単身でヒマラヤを越えることは容易ではない。道は雪で覆われており、そもそも道を探すことも難しい。そのため、多くのチベット人はブローカーやガイドを雇ってヒマラヤを越える。ユラも、チベットのラサでブローカーを探し、30人程度のグループが作られるとネパールとの国境地域まで移動した。事実上の密入国である。道そのものの険しさに加え、警察に発覚されるかもしれないという不安を覚えながら、ユラはラサから出発して数週間後にやっとネパールに辿り着いた。

　ネパールに入国し、インドに至るまでの道のりは、危険ではない。しかし、とにかく書類の準備に時間がかかる。ユラは、ネパールに到着すると、まずカトマンズのチベット難民受け入れセンターで面談を行った。質問は主に出身地と両親の氏名、亡命した理由やネパールまで来た方法、チベットでの職業、これからの希望などである。面談が終わると、チベット人であることが認められ、「事実上の難民」になる。ユラはカトマンズのセンターで3か月間ほど滞在しながら、インドに行くための書類手続きをした。在ネパールインド大使館よりインドへの入境許可書が発行されたら、前述したソノーリからデリーを経由してダラムサラへ向かうことができるのである。

3-2　身分証によって証明される存在

　ユラがインド・ダラムサラのチベット難民受け入れセンターに到着すると、また書類手続きの日々が続いた。正式にインド滞在の許可を得るために身分証が必要だからである。チベット人がインドで「難民」として居住するためには、2つの身分証が必要になる。チベット亡命政府が発行するグリーン・ブック（正式名称は、ランチェン・ラグデプ）とインド政府が発行するRC（Registration Certificate）[*5]である。

　ユラはまず、チベット亡命政府によって「チベット人」として正式に登録する必要があった。チベット亡命政府は、チベット人として登録された人にグ

---

* 5　RC の正式な名称は、Long Term Stay Certificate For Tibetan in India: Indian Registration Certificate for Tibetans である。

図2　チベット亡命政府総選挙のために有権者がグリーン・ブックを持っている様子

リーン・ブックを発行し、チベット人としての「義務」[*6]を果たすように促す。グリーン・ブックは、1972年にチベット亡命政府が資金拠出を文書化するために始めたものである［McConnell 2016］。チベットで生まれたチベット人、またはチベットにルーツを持つ人が申請することができる。グリーン・ブックは、チベットが独立したときの市民権の根拠として作成されたが、現在は南アジアのチベット難民学校への入学および奨学金の申請、難民社会内での就職に使われる。さらに、毎年の自主的納税（チャトレ）の支払い証明書にもなっており、滞納していない限りチベット亡命政府総選挙で投票することもできる。[*7]インドやネパールを含む海外のチベット人社会でのみ通用する身分証で、出生地、年齢、親の名前、納税額が記載されている。

　国際社会において、チベットは正式な国家として認められていないため、グリーン・ブックにパスポートの機能はない。しかし、グリーン・ブックはイン

＊6　「亡命チベット人憲章（1991）」の13条によると、チベット人の義務は、(a) チベットに真の忠誠を誓うこと。(b) 本憲章およびこれに掲げられている法令を誠実に遵守すること。(c) チベットの共通の目的を達成するために努力すること。(d) 法律に従って課された税金を納めること。(e) チベットの利益に対する脅威やその他の公的災害が発生した場合、法律で課される義務を履行することである。

＊7　チベット亡命政府の総選挙は首相と議員を選出するものであり、5年ごとに行われる。選挙は選挙委員会が主管し、世界各地に各々の地域選挙委員会が設けられている。投票はインドや日本を含む30か国で行われ、18歳以上の有権者数は、約9万人に及ぶ。現在における議員は45名であり、25歳以上のチベット人であれば誰でも選挙に出馬できる。

ド国内における身分証のRCを発行するために必要である。すなわち、グリーン・ブックが発行されると、チベット亡命政府から正式に「チベット人」として認められ、「チベット難民」としてインド国内の居住が許可される。

　難民の生活を決定する1つの重要な要因は、ホスト国の国内法と難民政策である。インドは「難民の地位に関する条約（1951）」や「難民の地位に関する議定書（1967）」、さらには「無国籍者の地位に関する条約（1954）」に加盟していない。インドは独自の政策で難民の保護・支援を行っており、1960年代からチベット難民を受け入れ続けている。難民法を制定していないインドにおいて、チベット人は「外国人法（Foreigners Act 1946）」によって管理される「外国人」だが、事実上の難民としてインド内における滞在が認められている。RCには、名前、父親の名前、生年月日、身長、虹彩の色など身体情報を含む19項目の情報が記載されており、10本の指紋も登録されている。[*8]

　チベット本土内に戸籍が残っているチベット難民は、もう1つ、中国政府が発行する身分証としての「旅行証」がある。中国国民が発行できる正式なパスポートではないが、チベットへの帰還を促すための旅行証であり、在印中国大使館に申請すると発行することができる。[*9]ネパールからの空路でのみ、中国への入国が許可され、1回限りの使用が認められる旅行証だ。しかし、この「旅行証」を発行すると、原則的にRCは廃棄する必要がある。「旅行証」には所持者が中国国民であることが示されているため、「難民」としてインドで生活できるRCは回収される。

　インド生まれではなく、チベットから越境したチベット難民は、グリーン・ブック、RC、そして中国の「旅行証」を所持できる。つまり、彼らは「チベット人」「難民」「中国人」という3つの身分を持つことになる。移動や居住を含む権利やサービスを受ける資格を証明するには書類が必要であり、身分は人の身体ではなく、書類に宿るようになる［Coutin 2003: 55］。チベット難民は

---

* 8　インド政府は「市民権法（1955）」にしたがい、1950年1月26日から1987年7月1日までにインドで生まれたチベット人に対しては市民権を付与している。チベット人の場合、上記の時期に出生した人々に対して国籍が自動的に付与されることはほとんどなく、裁判を通して市民権を獲得できる。しかし、インドの市民権を取得すると、チベット亡命政府の「国民」の資格を喪失する。多くのチベット難民は「チベット人」としてのアイデンティティを維持するためインドの市民権を取得せず、「難民」として生きる者が多い。
* 9　原則的には中国に戸籍が残っていて、身元確認ができる家族が滞在しているチベット難民は誰でも申請可能である。しかし、実際のところ、すべての人が発行できるとは限らず、発行にかかる時間も定かではない。

「チベット人」や「難民」、もしくは「中国人」と証明される身分証を複数所持し、各々の身分証によって移動できる国も異なってくる。

3-3 「難民」となり続けるための手続き

　インド政府は2015年からから開始した「デジタル・インディア」のキャンペーンのもと、2018年からチベット難民のRCの更新をオンラインでできるようにした。それまでは外国人登録事務所（Foreigners Registration Office）に直接行き、毎年RCの更新、すなわち1年の在留期間を更新する必要があった。その際に、チベット人はいくつかの証明書を準備する必要がある。チベット亡命政府への税金を1年に48ルピー（約80円）納税していること、また、ゴミ処理税としての環境税を1年に300ルピー（約500円）納税していることが証明されると、チベット亡命政府傘下の地方行政機関（Tibetan Settlement Office）より署名付き紹介状が発行される。チベット難民は紹介状と申請書、証明写真、RCのコピーを準備することで、もう1年の在留期間が更新される。[*10]

　ユラは、インドに到着した後、数年間チベット亡命政府傘下の難民学校に通ったものの、英語や数学のような近代的な科目の勉強に慣れず、途中で学校を辞めた。その後、レストランの従業員、カフェのスタッフなど様々な仕事を掛け持ちしながら生計を維持していた。チベット亡命政府からの経済的支援があるのは、学生の時のみである。その後は、自力でなんとかやりくりするしかなかった。学校卒業後は、経済的に不安定な時期でもあったが、学校や機関に所属していないユラは政治的にも不安定であった。RCの更新は、原則的にどこかの学校や機関に所属していることを前提としている。ユラのように所属がない成人の場合、在留期間の更新は不安と無力感を経験することを意味していた。

　所属がある人も、RCの更新は不安がつきまとう。所属がある人は在学証明書および在職証明書などを準備するのだが、その度に、当機関の関係者による署名が必要とされる。外国人登録事務所にてRCを更新する際にもインド人の職員による署名とスタンプが必ず必要になる。身分証やパスポートといった「書類」は、複雑な関係のネットワークの中心にある官僚的な人工物だ［cf. Hull 2012; Riles 2001］。特に、国家的な法制度と統治の物質的なものとしての

---

*10　現在は、インドで20年以上在留したチベット難民に限り在留期間が1年から5年に延長されている。

第3章　移動する身体と身分証——インドにおけるチベット難民の移動をめぐる物質的実践

図3　ダラムサラの外国人登録事務所

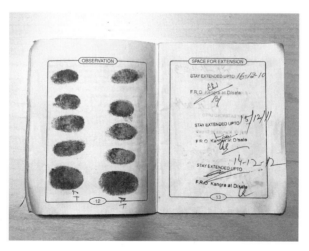

図4　RC における指紋と在留期間更新確認署名

第一部　ともに行く／変容する——身体

書類は、社会的マイノリティの人々が身分証明書を取得する際において、差別的で政治的な感情を生み出すことが多い [cf. Caswell et al. 2020; Navaro-Yashin 2007]。チベット難民は、各々の機関で署名やスタンプ、証明書をもらうたびに、当機関の職員から嫌がらせを受けることもあれば、賄賂を要求されることもある。ほとんどの場合はインド人からの嫌がらせだが、チベット人同士でも起こる。また、担当者が不在しているのであれば、戻ってくるまでひたすら待たされることもありうる。それらを耐えて、やっともらえるものが署名とスタンプであり、それらがRCに刻印されることによって難民として居続けられるのだ。

4　ペーパー・レジームにおける移動の実践

4-1　移動を妨げるモノとしての身分証

　インドにおけるチベット難民が海外へ渡航する際、IC（Identity Certificate）という旅行証が必要である。これは、パスポートの機能をしており、渡航先の大使館が査証を発行してくれる限り、海外への渡航も可能だ。その色が黄色であるため通称イエロー・ブックと呼ばれる。ICは、グリーン・ブックとRCがあれば簡単に発行できるものであるが、ユラにとってはそう簡単にはいかなかった。

　ユラは、自分自身が政治犯だったわけではないが、両親が政治犯だったこと[*11]から安全が確保できず、政治的に不安定なチベットからインドへ越境した。両親はすでに海外へ亡命した後だったので、彼はインドで家族もなく、1人だったという。ユラはインドに到着した際、難民として、チベット人として、難民受け入れセンターとチベット亡命政府に各々の身元を登録し、RCとグリーン・ブックを発行した。しかし、当時の彼は身分証の重要性を自覚しておらず、さらに身元を晒すことへの抵抗があったため、各々の書類において違った名前を登録した。チベットから越境した人々のなかには、本土の家族に不利益が生じるかも知れないと、写真撮影を拒否し、偽名を名乗る人々も少数なが

＊11　政治犯とは国の秩序を侵害する罪を指し、チベットの場合はチベットの独立やダライ・ラマの帰還、チベット文化の保存を訴えるなど、政治的見解を表現したことによって投獄された人のことを意味する。

第3章　移動する身体と身分証——インドにおけるチベット難民の移動をめぐる物質的実践

らいる。ユラが越境した2000年代初頭は大勢のチベット難民が毎年流入する時期であったため、そのような情報漏れや情報の誤登録が一層多かったといわれる。結局、ユラは異なった名前のRCとグリーン・ブックを持つことになり、書類上に2人の身分が出来上がった。生活にはそれほどの支障はなかったが、異なる名前で登録された2つの身分証によって、各々の情報を照合できず、ICの発行が不可能となったのである。ユラがIC発行を仲介する事務所に問い合わせをすると「2003年以降にネパールを経由してインドに入国したのであれば、最初の入国時にSEPs（特別入国許可）が発行されている。そして、その書類上の名前ですべての身分証が発行されたはずである」と、返事が返ってきた。原則的には1つの名前でのみ発行されるべきではあるが、実際には1つの身体に対して、異なる2つの身分証が発行された。

　現在、多くの国家において、身分証には必ず記載すべき項目がある。代表的には氏名と生年月日だろう。身元確認方法やパスポートの記載事項は移動の規制において核心的な要素である。人が移動するためにどのような書類が必要で、その書類に何が記載されるべきかといった問題は、数世紀にわたって変化してきた。[*12] 国家間移動の国際化が進むにつれ、姓と名という名前の仕組みや、西暦で生年月日を記入することは現在の国際的な標準となっている。しかしながら、姓と名という仕組みが世界共通でもなければ、生年月日を確実に知っていない人々もいる。チベット人は姓を持たないことが多いため、身分証の名前の構成に当てはまらない。姓を空欄にしたままだと発行できないためランダムにつける人、書類によっては姓を書く欄にバツをつけて発行する人もいる。難民登録する際に生年月日を知らず、元日を記入して提出した人もいる。このような誤情報は、自分自身すら忘れて、その後別の書類を発行する際に問題が生じるのだ。[*13]

　ユラはICを発行し、海外への移住を希望していたが、情報の訂正に5年以上かかってしまった。彼がインドで行う行政手続きや「チベット人」としての

＊12　例えば、現代におけるパスポートには顔写真、名前、生年月日、性別、国籍が当たり前となっているが、1917年のフランスの法律において、フランスに在住する15歳以上のすべての外国人は身分証の所持が義務付けられ、国籍、身分、職業、写真、署名、農業従事者および産業従事者の特定の色が記載されていた［トーピー 2008］。

＊13　書類上の情報が誤っていることによって正式な身分証が発行できないという事例は、チベット難民だけに限らない。多くの難民や非正規移民にはよく起こりうることであり、他国へ移住する際に些細な誤情報によって入国管理局などの行政機関から不審に思われることが報告されている［Griffiths 2013］。

資格は、それを証明する物質的な書類の有無に左右される。身分証には名前や生年月日、顔写真、管理者の署名、もしくは、それらの情報を確認するため身元確認書や公的機関からの推薦書などが必要だ。書類の不備や情報の不一致、署名の漏れによって、移動の可否が判断される各々の書類やそれらを構成する情報は移動を可能とする要因であると同時に、妨げる要因でもあるのだ。

4-2 統制と自律を行き来する

　タシは、RCを所持しない30代の男性である。1980年代から90年代まで、インドと中国の外交関係により、多くのチベット難民がチベットへ帰還したことがある。この時期、インド政府は意図的にRCを発行せず、チベット人に対して自主的にチベットへ帰還することを促していた。タシは、この時にインドへ来たチベット難民であったため、RCがなかった。ダラムサラでは、時々インド警察による路上検問が行われ、RC不携帯者はいやがらせをされる可能性がある。RCがないということは、書類上タシという人が存在しないことを意味しており、もし発覚されると「不法滞在者」になってしまう。筆者がフィールドワーク中に見たタシは、なるべく外出を控え、外出しても暗くなる前には帰宅していた。

　タシは外出したとしても多くの人が使う道を歩くことも滅多にない。ダラムサラは、山の斜面に位置した町であるため、道路は狭く、車2台がやっと通れるぐらいだ。人々はこの車道を本道として主に利用するのだが、車が通れない脇道も数多く作られている。タシは、車道にいる警察に検問されることを恐れ、なるべくこの脇道を使い、「チベットからインドに来る時にも警察に見つからないように歩いてきたのに、ここでも同じだ。RCがないと外に行けない」と述べていた。彼の「避難」はダラムサラでも続いていたのである。

　しかしながら、タシはダラムサラで滞留せざるを得ない状況ではあるが、それが受動的な状態としてのみ捉えることはできない。国籍とパスポートを考える際には、国家がどのように国民を管理するかという「上からのコントロール」はもちろん、個人が移動の自由や権利の獲得などを目的に、自己の意思によっていかにパスポートや査証を取得しているかという「下からのコントロール」も見逃すことはできない［陳ほか（編）2012］。身分証は移動を規制するための国家の道具であると同時に、非正規移民や難民にとっては売買や捏造をすることで国家システムに抵抗する手段でもある［cf. Vasta 2011］。当時、タシには合法的に海外渡航できる方法が1つもなかった。RCがないとICも発行でき

ないからだ。旅行証のICを所持していない人が、海外へ移住するために取れる唯一の方法は、身分証の売買、つまり偽造パスポートの購入や捏造である。インドでは、偽造パスポートを販売するブローカーや偽造パスポートを用いて出国を試みたチベット人が逮捕されたことがしばしば報道される。彼らの間では購入先の情報ネットワークが構築されており、高額ではあるものの（数百万円相当）、それほどの時間はかからない。なかには身分証の写真をすり替える人々もいるが、タシは偽造パスポートを購入することで渡航を試みた。彼は、陸路と空路を並行しながら数か国を転々とした結果、欧州連合のとある国で難民と認定され、現在は「中国人難民」として生活している。[*14]

　タシが「中国人難民」として申請した過程にも注目すべきところがある。彼が目的地としていた国の空港に到着した際、入国審査の直前に偽造パスポートを廃棄した点にある。偽造パスポートであることが発覚される恐れもあるが、偽りの身分で難民申請することで生じる問題などから廃棄したという。そして、入国審査員にはパスポートを提示せず、その場で難民申請をした。移動するためにのみ必要とされるパスポートは、移動が不要になった途端廃棄され、タシは身分証でなく長い移動で疲れた自分の身体と語りを通して「難民」であることを証明したのである。

5　身分証に刻み込まれた身体

　前述したように、2018年までのチベット難民のRCは紙で制作され、パスポート型であった。自分を証明する身分証であるため、大事に保管し、移動するたびに携帯する。一度発行すると紛失しない限り再発行することはなく、彼らが所持していた身分証はほとんどの場合ボロボロであった。写真はインドに到着した時のものであり、剥がれそうである。カバーは丈夫な材質ではないため、破れたところはテープでとめ、角には丸みがついたものもある。RCの頁には署名やスタンプ、指紋のインクがにじんでおり、紙の色も時間の経過を感じ取れる。10年以上の間携帯していた身分証は、身体が染み込んでいるよう

＊14　タシの場合は、違法とされる行為であるため危険である。より安全に海外へ移住できる方法のひとつは、海外のチベット人と偽装結婚をすることで査証を得ることだ。婚姻証明書を発行するために偽りの結婚式を挙げることもある。

図5　RCの表紙

であった。しかし現在、紙媒体だった様々な書類は、デジタル化しつつある。在留期間更新の申請がオンライン上ででき、PDF化されたRCはメールで送られてくるようになった。紙だった時のほうが賄賂や人脈を使って早めに署名をもらえたと不満を抱く者もいるが、オンライン化後の手続きは簡単で、これまで毎年の恒例であった職員との言い合いは確実に減った。

　デジタル化されるものは、身分証だけではない。身体の情報もデジタル化されるようになった。身分証が制度化されることによって、生体認証（biometrics）もともに発展してきたのである。特に、身体測定法である指紋法を世界で初めて実施した植民地インドは、広大な領土における人口を抱えながら、イギリスとの相互作用によって指紋法を作り出した。1871年に制定されたインドの「犯罪部族法」は、イギリスによって当初犯罪を生業とする集団が指定され、監視・管理の対象になった。20世紀中頃には1,300万人が対象となったが、その多くは放浪生活を送る人々（nomadic people）であり、移動を制限するために通行証の制度が適用されたのである［高野 2016］。指紋法は、このように移動する人々を管理するための体制づくりのために発明されたもので、鉄道や道路の整備が進むことによって人々の移動が生み出されたことからその必要性が増していった。またインド以外の例として、1912年に制定されたフランスの「ノマド法」では、国内における旅する人々、つまり「ノマド」に対して「身分証明用の人体鑑識カード」の所持を義務化し、カードには身長、座高、肩幅、頭蓋の縦横の大きさ、頬骨の間の間隔、右耳の長さ、左手中指および小指の長さ、瞳の色の項目が含まれた［ノワリエル 2015: 98］。現在、「デジタル・インディア」を進めているインドには日本のマイナンバーに当たるアダールカード（Aadhaar Card）がある。「One Body, One Number」のスキームのもと、2009年からUIDAI（India Unique Identification Authority）が開始した。インド内居住者の虹彩、指紋、顔写真の生体情報を12桁の番号と紐づけたものだ［Nair 2018］。インドだけではなく、先進国を中心に写真、指紋、虹彩、網膜のデータベース化などの身体測定法が発展している。

第3章　移動する身体と身分証——インドにおけるチベット難民の移動をめぐる物質的実践

移動する人々への規制は外国人へ拡大し、現在では空港の入国手続きで指紋や顔写真が収集され、場合によっては全身をスキャンされることが日常である。[*15] パスポートを発行する際に、指紋や顔写真を登録し、自動入国管理システムを利用することも可能になった。国家による予測不可能な移動の管理はますます強化され、「移動できる者」と「移動できない者」が身体の情報によって区別される。1944年に設立された国際民間航空機関は現在193か国が参加しており、国際民間航空機関における各国の代表は定期的に集まりパスポートの標準化と偽造ができないよう機械が可読できるデジタル化を普及させている［トーピー 2008］。これは、2001年9月11日の米同時テロに端を発した世界的な危機を契機に、国境の多孔化、追跡ができない身体、脆弱な身分証への恐れの高まりが、身元確認による移動の規制をより厳しくしたと言える［高野 2016］。

　生体認証の発展により、身分証における生体情報がデジタル化されることで、人々の移動はより階層化されている。生体認証によって移動する人々を職別し、人の移動を管理する国境は生権力の拡大を示すものである。「移動できる者」は、生体情報を提供することによってより迅速に国境を越えられるが、「移動できない者」にとって、生体情報を提供することはより強力な監視の始まりを意味するだろう。「移動できる者」と「移動できない者」の違いは紙一枚ぐらいの違いであり、国境を越えることは、移動する身体が信頼される旅行者／信頼されない旅行者、国民／難民、合法／違法、安全／危険、などの複数の境界を横断することである［cf. Amoore 2006］。

6　おわりに

　本章では、チベット難民のインド滞在や越境の際における書類手続きの実践を描くことで、移動を媒介するモノとしての身分証やパスポートが難民の移動／不動とどう関連しているのかをみてきた。チベット難民は、1959年に発生して以来、事実上の難民としてインドに居住し続けてきた。彼らは「成功した難民共同体」といわれる一方で、「自由に移動ができない」「就職が難しい」

＊15　日本の場合、来日および在日外国人から指紋採取と顔写真撮影の生体情報採取を義務づける入国審査制度は、2007年から開始した。アメリカの場合は、2004年から原則的にすべてのアメリカ入国者に、顔写真撮影と指紋情報のスキャンを行っている。

「起業したとしても将来性がない」など、不確実性に満ちた難民生活を続けなくてはいけない［片2020］。そのため近年、インドのチベット難民数が激減しており、筆者が知っているチベット人のほとんども、すでにインドから離れ、海外へ移住した。2010年代以降、若者を中心にチベット難民の流出が急激に増加し、チベット難民社会の高齢化がますます進んでいるのは、「市民／国民」としての身分証がないことから生じる政治的な問題がその背景にある。

　難民は、国境を越えたことによって発生する存在である。だが、難民問題が「問題」とされる理由は、政治や越境そのものではない。難民は越境するための適切な「書類」の不備や他国に滞在するための適切な身分証と査証がないため身元不明とされ、強制送還や収容など、様々な不利益を受けることにある。目に見えない国境を越える際において、「書類」は欠かせないものであり、紙一枚、身分証一枚を取得するために、難民は非難民より長い時間を待たされ、より高額のお金を払う。これまでのチベット難民の身分証は加工が簡単な「紙」だったこともあり、売買や捏造を通して国家の監視網を潜り抜け、国境を越えることを試みた。難民は身分を購入し、借り、すり替えることを通して、「合法的な移動手段を独占」した国家に対して対抗してきたと言える。自分の身分を「正規」なものとして国境を越えようとする実践は、単に「違法」という括りで説明することはできない。

　その一方で、国家は1つの身体に対して、1つの身分を与え、人の移動をより正確、より綿密に監視・管理するためデジタル化を進めている。空港では指紋や顔写真が撮られ、それらの情報は一元化される。これまで以上に巧妙になった空港セキュリティの慣行と相まって、「書類を所持しない」難民にとって、航空機を利用することは極めて困難であろう。生体認証国境（biometrics border）の論理上では、身分証を所持しない人々はテロリストや犯罪者と分類される危険性がつきまとう。より多くのデータが集まれば集まるほど、書類を所持している人はより素早くで移動できるが、適切な書類がない人々の身体は動けず、彼らにとって国境は目に見えない障壁として立ち現れるのである。

参照文献

高野麻子 2016『指紋と近代——移動する身体の管理と統治の技法』みすず書房.
陳天璽・小森宏美・佐々木てる・近藤敦編 2012『越境とアイデンティフィケーション

――国籍・パスポート・IDカード』新曜社.

トーピー、J. C. 2008『パスポートの発明――監視・シティズンシップ・国家』藤川隆男訳, 法政大学出版局.

ノワリエル、G. 2015『フランスという坩堝――一九世紀から二〇世紀の移民史』大中一彌・川﨑亜紀子・太田悠介訳 法政大学出版局.

片雪蘭 2020『不確実な世界に生きる難民――北インド・ダラムサラにおけるチベット難民の仲間関係と生計戦略の民族誌』大阪大学出版会.

Amoore, L. 2006. Biometric Borders: Governing Mobilities in the War on Terror. *Political Geography* 25(3): 336–351.

Carswell, G. & G. De Neve 2020. Paperwork, Patronage, and Citizenship: the Materiality of Everyday Interactions with Bureaucracy in Tamil Nadu, India. *Journal of the Royal Anthropological Institute* 26: 495–514.

Coutin, Susan 2003. Legalizing Moves: Salvadoran Immigrants' Struggle for U.S. Residency. University of Michigan Press.

Griffiths, M. 2013. Establishing Your True Identity: Immigration Detention and Contemporary Identification Debates. In I. About, J. Brown & G. Lonergan (eds) *Identification and Registration Practices in Transnational Perspective: People, Papers and Practices*, pp. 281–301. Palgrave Macmillan.

Hamilakis, Y. (ed) 2018. *The New Nomadic Age: Archaeologies of Forced and Undocumented Migration.* Equinox Publishing Ltd.

Hull, M. S. 2012. *Government of Paper: The Materiality of Bureaucracy in Urban Pakistan.* University of California Press.

Lyon, D. 2009. *Identifying Citizens: ID Cards as Surveillance*. Polity Press.

McConnell, F. 2016. *Rehearsing the State: The Political Practices of the Tibetan Government-in-Exile*. Wiley.

Nair, V. 2018. An eye for an I: Recording Biometrics and Reconsidering Identity in Postcolonial India. *Contemporary South Asia* 26(2): 143–156.

Navaro-Yashin, Y. 2007. Make-believe Papers, Legal Forms and the Counterfeit: Affective Interactions between Documents and People in Britain and Cyprus. *Anthropological Theory* 7(1): 79–98.

Pyeon, S. 2023. Waiting for Papers: Paperwork, Migration, and the Uncertainty of Tibetan Refugees in India. *International Journal of South Asian Studies* 13: 1–17.

Riles, A. 2001. *The Network Inside Out*. University of Michigan Press.

Vasta, E. 2011. Immigrants and the Paper Market: Borrowing, Renting and Buying Identities. *Ethnic and Racial Studie*s 34(2): 187–206.

Walters, W. 2015. Migration, vehicles, and Politics: Three Theses on Viapolitics. *European Journal of Social Theory* 18(4): 469–488.

Walters, W., C. Heller, & L. Pezzani (eds) 2022. *Viapolitics: Borders, Migration, and the Power of Locomotion.* Duke University Press.

第4章　モバイルハウスの民族誌

——動く住まいとノマドの共生成をめぐる日米仏の事例から

左地亮子

1　はじめに

　人、モノ、情報、技術が「社会」を超えて移動し、「社会的なもの」をつくりあげていくプロセスに注目し、社会科学の定住中心主義的な前提を乗り越えること。移動や文化や社会という「人間的」な事象を、人間の周囲に存在するモノや環境などの非人間的存在との関係の中から探究すること。「移動論的転回」が提起するこれらの視座から、本章はモバイルハウスの民族誌に取りくむ。一般的にモバイルハウスは、自動車で牽引可能な大型トレーラーの一種を指すが、本章では、「移動可能な住まい」と同時に「居住可能な車」でもある、すなわち、人間の身体を住まわせると同時に移動させる、移動と居住の用具性を備える「住まい–車」を「モバイルハウス」と呼ぶ。

　筆者が調査してきたフランスの「ジプシー（Tsiganes）」——「移動生活者（Gens du Voyage）」とも呼ばれる——マヌーシュ（Manouches）のキャンピングトレーラーもその一種だ。マヌーシュがキャラヴァン（caravane）やカピーナ（*kapina*）[*1] と呼ぶモバイルハウスは、自動車で牽引して運ぶことのできるトレーラーで、マヌーシュはこれを移動と居住の道具として用いる。

　20世紀中頃まで、マヌーシュは家馬車を馬に牽引させ、フランス国内外の各地を移動して暮らしてきた。籠やレースなどの日用品販売、大工仕事、季節的農作業、音楽や大道芸の提供。各種商品やサービスを訪れる村々の住民に提

---

* 1　マヌーシュはロマニ（Romani）という独自の言語とフランス語のバイリンガルである。本章では、ロマニを斜体で記す。

供する経済活動が、このノマディズムと呼ばれる生活様式にかかわっていた。しかし、1960年代以降、自動車の普及とともにキャラヴァンがマヌーシュのあいだで広まる中、都市化や産業構造の変化を受け、移動式の経済活動は衰退していく。こうして現在、マヌーシュは一年の大半を定住地で過ごす。家を所有する家族も増えている。ただし、この定住性の高い暮らしにあっても、多くの人々がキャラヴァンに住まい、親族との再会や宗教実践を目的とした移動生活を続けている。

　マヌーシュの暮らしが変化する中で、キャラヴァンの「住まい」と「車」としての性質は変容している。本章では、このキャラヴァンが新たな環境下で新たな移動と居住のシステムを構成し、マヌーシュの生活を支える様子を検討する。そしてその際に、現代世界に登場した「ノマド」とそのモバイルハウスの事例を比較する。

　現在、欧米諸国において、キャンピングカーやキャンピングトレーラー、居住設備を備えたバンやトラック等、多様なモバイルハウスで居住国の各地を移動しながら暮らす人々が増加している。とりわけアメリカ合衆国では、2008年の金融危機後、住宅ローンの支払いに困難を抱え、「伝統的な"ふつうの"家」［ブルーダー 2018: 23］を手放すことになった人々がモバイルハウスに移り住み、季節労働に従事しながら暮らす様子が注目されてきた。「まさか自分が放浪生活をすることになるとは思いもしなかった」［ブルーダー 2018: 10–11］これらの人々を、『ノマド――漂流する高齢労働者たち』の著者ジェシカ・ブルーダーは「現代のノマド」と呼ぶ。2021年第93回アカデミー賞で、作品賞・監督賞・主演女優賞を受賞したクロエ・ジャオ監督による映画作品『ノマドランド』は、このブルーダーの著作をもとにして実在の「ノマド」の姿を追ったロードムービーだ。[*2] 経済的困窮や社会的孤立を背景として車上生活へと追いやられる人々の存在は米国に限らない。日本でも、「車しか行き場がない」と道の駅の駐車場などで暮らす車上生活者が存在する［NHKスペシャル取材班 2020］。

　他方、日本や米国、欧州諸国では、貧困や孤立を背景に車上生活を強いられた人々だけではなく、車上生活を新たなライフスタイルとして選択する人々も

＊2　この映画は民族誌映画の趣を感じさせる。ブルーダーは自ら車上生活を送りながら原作を執筆し、映画には、後述のボブ・ウェルズを含む実在のノマドが出演した。主演俳優も車上生活を行いながら撮影に挑んだという。

図1　多様なモバイルハウス

増えている。居住設備を搭載したバン等の自動車に乗り、バンライファーやバン居住者（van dweller）と自称する人々の車上生活は、「バンライフ（Van Life）」とも呼ばれる。彼らの車上生活は、社会的・経済的な困窮よりもむしろ、「豊かさの再編集」［YADOKARI 2017］という動機と結びつく。停滞する経済と社会的不安の高まりとともに大量生産・消費型経済の限界が意識される中、人々は場所や時間やお金やモノに縛られない新基準の豊かさを求めて、マイホーム主義や所有主義とは対極にある「小さくて動く」住まいを選びとっている。

　このように現代では、「ふつうの家」から出て、「モバイルな家」へと居住の場を移す人々が増加している。モバイルハウスはいかに現代社会を生きる人間の移動と居住＝滞留の経験をかたちづくるのだろうか。「モバイルハウスの民族誌」は、この問いを次の視点から検討する。

　経済的困窮と社会的孤立、あるいは、新たな豊かさの希求に導かれた日本と米国の車上生活。対して、移動生活の伝統の再編の中で変わりゆくマヌーシュのキャラヴァン居住。人々がモバイルハウスを利用することに至る社会的・経済的・文化的背景から、日米仏のノマドのモバイルハウスをめぐる経験の違いを把握することはある程度可能だ。しかし、この種の説明は、あくまでも人とモバイルハウスが織りなす諸関係の一部を人間中心的な視点から切りとったものでしかない。モバイルハウスに住む人の身体と行為は、独自の物質的特性を備えたモバイルハウスに働きかけられてもいる。そしてそのモバイルハウスと人との関係は、社会的・文化的コンテクストの違いに応じて異なるモノや諸種

の制度の影響を受ける。それゆえ、米国と日本の車上生活者たち、フランスの
マヌーシュ、新旧様々なノマドの「動く住まい」は似た機能をもつにもかかわ
らず、各々に特異な仕方で住み手の身体や他のモノや環境と関係を結び、異な
る仕方で人間の移動と居住の経験に関与する。人間の身体とモバイルハウスと
の関係、その関係に導かれ、関係に畳みこまれる他のモノや身体、社会的・文
化的制度との連関の中で、モバイルハウスは独自の行為力を発揮し、人々の生
活や社会に特徴や影響を与えている。

　ティム・インゴルドが述べるように、人工物は、製作者の頭の中の青写真が
物質に貼りつけられることで完成されるのではない [Ingold 2000]。人間やモ
ノといった諸存在は、独立した実体として切り離されてまず存在し、相互行為
を始めるのではない。それらは互いに備わる感覚や物質的特性、周囲をとりま
く他のモノとの関わりの中で、常にかたちや性質を変え、影響を及ぼしあいな
がら同時に生成されていく。この意味での共生成という視点から人とモバイル
ハウスの関係を考えることで、本章は、類似する機能を備えたモバイルハウス
が実際の使用の現場において米国と日本の車上生活者のバンになり、他方でマ
ヌーシュのキャラヴァンになる、つまり、身体とモノが多感覚的に出会い、共
生成するプロセスの中で、異なる仕方で個別化する様態を明らかにする。

　筆者は、2006年よりフランス南西部ポー（Pau）を主要調査地として、マ
ヌーシュをはじめとする「ジプシー」や移動生活者の暮らしを調査してきた。
本章では、このフランスのマヌーシュに関する民族誌的調査結果を日米の車上
生活者の事例と比較し検討する。米国の車上生活については、主にブルーダー
の著作と映画『ノマドランド』を参照する。日本の車上生活については、
2018年から現在まで日本各地で続けている筆者による現地調査の記録を用い
る。

2　人とモノの共生成

　移動論的転回においては、人間の移動が多種の用具的なモノに支えられ、そ
れらが人間の身体と感情、技術や制度と相互に作用しあう様子が議論されてき
た。数ある論考の中でも本章は、「運転者－自動車」をモノと人間、両者の特
性が「組立＝構成された社会的存在」と捉え、それが社会的に埋め込まれる動
態的なプロセスを考察するティム・ダントの論文 [2010] を導き手とする。人

間とモノの複合体はしばしば「ハイブリッド」や「サイボーグ」と呼ばれるが、ダントはこれらの用語を「同種類のモノの恒久的な組み合わせからなる統一体」を示唆し、人と機械の協働関係を「固定化し物象化」する危険性をもつとして退ける。そして代わりに、「構成＝集合体」という概念を通して、「運転者－自動車」が自動車と運転者のその都度の出会いを通して何度でも再「組立＝構成」可能である点を強調する［ダント 2010: 96–97］。本章では、こうした人間／モノの構成＝集合体を構成する諸要素の関係を「共生成」と呼び、ダントに倣い、人とモバイルハウスの共生成の様態をアフォーダンス概念、アクターネットワーク理論、身体の現象学の視座から検討する。

　まず、ジェームス・J・ギブソンが提唱したアフォーダンス（affordance）概念は、人間とモノの関係を、事物の物質的特性が提供する可能性や制限という点から捉えることで、人間による解釈や意図に行為の可能性を探ってきた従来の議論を乗り越える。ダントはこの点を高く評価する。たとえば、この視点に立つと、本章で見るような「住まい－車」が人間の移動と居住の諸行為を引きだす様子を、人間の主観的な価値や意味づけに還元することなく記述できる。車輪付きの住まいは人やモノを移動させる可能性を提供する一方で、その運動力を志向する構造と機能ゆえに、一般的な家のように住まうことを制限する。

　だが一方でダントは、アフォーダンス概念は人間とモノの諸関係のダイナミクスを捉え損ねているともいう［ダント 2010: 107–110］。なぜなら、この概念を通しては、人間が人工物を「こうあるべきもの」として製作し管理するという事実や、その関係性が時間の経過や社会的・文化的コンテクストによって変化するという事実は解明できないためだ。アフォーダンス概念により、「住まい－車」が個々の物質的特性とそこに包みこまれる身体の違いに応じて、異なる移動と居住の可能性を提供するプロセスを把握できる。ただし、人とモノを運搬する乗り物としてデザインされ、使用法が社会的に管理されている車が、ある場面では「家のようなもの」として、あるいは家と連結されたプライベートルームとして用いられるといった、無数の仕方でのモノの利用を導くコンテクストまでは説明できない。

　この点において、人間と非人間をともに「アクター」として扱い、諸種のアクターの連関の効果として人工物の意味や機能を捉えるアクターネットワーク理論（ANT）の利点をダントは認める。たとえば、車というモノや人は単体で移動を実現するのではなく、車の移動は、車が運転手、そしてガソリンや道路や交通ルールという他のアクターと結びつくことで可能になる。さらに、車－

運転手－ガソリン－道路－交通ルールという連関がいつでも移動を導くわけではない。このANTの視点をモバイルハウスに援用すると、モバイルハウスと人の連関が、家やベッドやモバイル機器というモノと結びついたり、住宅ローン危機や移動生活の伝統といった特定の社会的・文化的要因に影響されたりする中で、新たな複合体へと再構成されるプロセス、すなわち、人間の志向性が自動車などのモノの内にアフォーダンスを生みだす様子と同時に、人とモノの関係が他のモノとの関係や社会的・文化的コンテクストの中で変容するプロセスを追うことが可能になる。

　ただしダントによると、ANTも十分ではない。なぜなら、ANTはしばしば人と物質的なモノの関係を「翻訳」等のテクスト的関係として説明したり、人間と非－人間の対称性を主張したりする結果、「身体の物質性と志向性」や「人とモノの日常的であり、身体化された、生きられた関係」を看過するためだ［ダント 2010: 114］。

　そこで最後にダントが注目するのが、モーリス・メルロ＝ポンティの身体の現象学である。とくにその「習慣のシステム」としての身体の概念は、人間がモノのうちに身体を調整する、モノを身体化するとはいかなることなのかという点を明らかにしてくれる。メルロ＝ポンティは、身体の志向性という概念によって、人間が身の回りのモノや環境を意識や思考による判断の手前で、特定の意味を帯びたものとして身体的に捉えると指摘した。盲人にとって杖はもはや知覚の対象ではなく、「盲人がそれでもって知覚する道具」、「身体の付属物であり、身体的綜合の延長」である［メルロ＝ポンティ 1967: 253］。そしてこの身体の志向性は生来固定されているのではなく、学習と経験の積み重ねによる習慣に応じて絶えず変更される。たとえば、同じ車が人によって「単なる車」や「家のようなもの」として知覚され利用されるのは、車の機械的機能や個々の人間の感覚的機能だけが要因ではなく、日常の中でその車体を「単なる車」や「家のようなもの」としてどのように継続的に使用し、その使用の仕方をどのように習熟しているのかという点、つまり「調整された習慣」という学習を要する身体的方向付け［メルロ＝ポンティ 1967: 120］が影響している。

　まとめると、アフォーダンス概念は、「人間による使用法の無限の多様性に対する現実的・物理的な抵抗」を見据える「現実主義」［ダント 2010: 105］の点で、人間とモノとのかかわりを人間の意図や解釈を特権視することなく捉える視座となる。そしてANTと身体の現象学は、モノが人に提示する制約と有限性の中で生じうる多様でダイナミックな創造の可能性を、他のモノや社会

的・文化的コンテクストとの連関や生きられた身体の志向性や習慣の位相から浮上させる。

　本章は、以上のようにダントがアフォーダンス概念、ANT、身体の現象学に見いだした理論的意義を踏まえ、共生成のプロセスにある人とモバイルハウスを論じる。米国と日本とフランスのノマドのバンやキャラヴァンは、身体やモノの移動を主目的とする一方で居住性も提供するものであり、独自の物質的特性が住み手の身体に作用し、特定の移動と居住の行為を生みだす。だが同時に、ノマドたちとモバイルハウスの各々の関係の結び方を掘り下げていくと、既存の意図されたアフォーダンスが変更され、各々に独自の「人－モノ」関係が立ちあがる様子が浮上する。この個別化には、モバイルハウスと関係する他のモノや技術や社会的・文化的制度、そしてモノとの関係を習慣として包含する身体の履歴がかかわる。以下、こうした多種の事物事象との多様な連関を通して、モバイルハウスが身体とともに生成する過程を検討していきたい。

3　米国と日本の「ノマド」と車

3-1　新たなノマドの誕生

　バンやトラックに家財道具を詰め暮らす「バンライフ」は、今、日本や欧米の若者世代の注目を集めている。日本でバンライフ関連サービスを展開するCarstay株式会社の広報担当者によると、「本格的な家無し」、つまりアパートや家屋を所有・賃貸せず、一年中車上生活を行う例はまだ少数であるものの、旅行やワーケーションの機会にバンライフを実行する人の数は増加している。

　日本で熱しつつあるこのバンライフ・ムーブメントの発祥の地は、米国だ。2000年代後半、サブプライム住宅ローン問題とそれに端を発した金融市場の混乱を受けて多くの人が家を失い、そうした定住生活の破綻をリアルなものとして見て育った若い世代のあいだで、所有主義や過剰消費社会を批判的に捉え、新たなライフスタイルを模索する人々が増えていった。彼らの一部が採用したのがバンライフである。

　若者世代の車上生活に特徴的なのは、ICTの積極的な採用である。通信技術の発展と通信インフラの整備を受けて職業・就業形態が多様化する今日、インターネットに繋がっていればどこにいても働き、仲間と繋がることができる。若者たちは、こうしたモバイルなコミュニケーション・テクノロジーを活用し、

車上生活に繰りだす。シンプルな暮らしの追求、旅をしながら住まうことなど、主たる目的は様々だが、共通して車上生活は場所や時間やお金の束縛から解放された「自由な」ライフスタイルとして評価されている。

このように近年注目を集めるバンライフのネガとして、「漂流する高齢労働者たち」がいる。住宅ローンの支払いに行き詰まる、公的年金だけでは生活が成り立たない、身を寄せる家族がいない、こうした社会的・経済的な資本を欠いた人々が、路上に追いやられて「漂流」している。彼らの暮らしは、フランスのマヌーシュをはじめとする伝統的な「逍遙（peripatetic）」移動民［Rao 1985］の20世紀前半の暮らしに近い。高齢ノマドの仕事の現場は、ハイシーズン中のAmazon倉庫やキャンプ場、収穫期の農場、つまり労働力の需要と供給のバランスが一時的に崩れる場所である。そうした定住民社会経済のニッチを狙い、人々は移動し、冬季になると米国南部の気候の温暖な土地へと向かう。雇用者側にとって、ノマドは、住まいを持参して来てくれて労働組合にも属さない、使い勝手の良い（使い捨て可能な）労働力だ［ブルーダー 2018: 89–91］。

映画『ノマドランド』と原作『ノマド』に登場する高齢ノマドの暮らしには、圧倒的な喪失感と無力感が漂う。ただしそこでは、人々が車上での新たな暮らしを受容し、自由で自足型の生き方として選びとり直す契機も描かれる。ノマドたちは自らをホームレスと区別する。彼らにとってホームレスは「ふつうの家」での定住生活に回帰することを望む人々で、ノマドは車上生活に「本当の自由」と希望を見いだす人々なのである［Wells 2012］。ここに、高齢ノマド[*3]とバンライファー、強いられた車上生活と選びとられた車上生活を繋ぐ自由や豊かさの感覚を見ることができる。

自身もバンライファーであるCarstay広報担当者は、車上生活へと人々が乗り出す背景を次のように語る（2021年10月26日聞き取り）。「テクノロジーが進化し、建物がスクラップアンドビルドされ続け、モノは汚れたら捨てられる相当豊かな」現代の生活の中で、就職し一つの会社に勤めることを模範的モデルとする親世代とは異なる価値が模索されている。人々は「必要なものが揃っている」時代を生きている。だからこそ「今ある豊かなものを使って何かする」ことを目指す人が増えている。車上生活に新たな価値を見る高齢労働者と若者

---

*3　ブルーダーは車上生活者がホームレスとの違いを語る仕方について記述する中で、次のように述べる。「私はくり返し聞かされた。選択肢がどれほど少なかったとしても、ノマドは最終的にそれを選択した人たちなのだと」［ブルーダー 2018: 281］。

第4章　モバイルハウスの民族誌——動く住まいとノマドの共生成をめぐる日米仏の事例から

図2 居住設備を搭載したバン（2022年）

世代を繋ぐのは、このように、新たなモノを生みだし「成長」し続ける「発展」モデルの限界（あるいはその偽り）を意識した、「脱成長」型の暮らし、「自立共生を基礎とする「節度ある豊かな社会」」[ラトゥーシュ 2020: 71–72]の希求だ。

3-2 自由で孤独な「身体－車」

　こうした現代社会に固有のコンテクストのもと、動きながら住まう身体が増えている。そしてその新たな身体の生成と同時に、「動く住まい」という新たなモノも生成している。

　「彼らにとってはどんな車も「住宅」になり得る」[ブルーダー 2018: 11]。日本の車上生活者にも当てはまるが、米国のノマドは、キャンピングカーやキャンピングトレーラー以外にも、トラックやバンやスクールバスやセダンなど、多種多様な自動車をモバイルハウスとして活用する。この時、トラックやバンといった「車」は、ベッド等の家具や食器等の日用品が積みこまれ、食事や睡眠・休息の場として用いられる。こうしたモノとの関係を通して、彼らの車は、一般的な「車」のアフォーダンスを超えて、「住まい－車」に生成する。

　しかし、「車」が備える制約やアフォーダンスが完全に乗り越えられているわけではない。車は人間に移動性をアフォードし、モバイルなハウスへと改造された「住まい－車」は居住性をアフォードするが、モバイルハウスが人間に提供する居住可能性は移動を可能にする車の空間的特性に媒介されて制限されてもいる。たとえば、『ノマドランド』では、主人公ファーンが狭い車内で一人足を折り曲げベッドに横たわる様子、車内で食事をとり、お腹を下してベッ

ド横のトイレに急ぐ様子、そうしたシーンが繰り返し登場する。ここで表現されるのは、「ふつうの家」未満のモバイルハウスのネガティブな特徴だ。狭くて暗く、他者と寝食をともにすることもできない車内にある身体は、不自由で疲労し、孤独に見える。対してファーンが「解放される」のは、雄大な自然の中だ。ファーンが裸になって川の流れに身を任せるシーンや岩場を力強く歩き回るシーンは車上生活のシーンと対比的に挿入される。

　このように『ノマドランド』では、モバイルハウスに住む身体は孤独なイメージをまとう。主人公ファーンは、車上生活の中で様々な人々と出会い、家族や仲間と再会するが、彼女はいつもそれら親密な他者との繋がりから離れ、再び一人になる。ブルーダーの原作と映画に登場するアメリカ型ノマド生活の先駆者ボブ・ウェルズが主宰する「ラバートランプ集会（Rubber Tramp Rendezvous: RTR）」は、普段は「一匹狼」として過ごすノマドたちが集い、過酷な生活を生き抜くための知恵を交換しあう年次集会だ［ブルーダー 2018: 127; Wells 2012］。劇中のファーンも、アリゾナ州の砂漠地帯で開催されたこの集会に参加する。先輩ノマドに生活術を学び、夜は焚火を囲み、互いの身の上話に耳を傾ける、こうしたシーンを通して車上生活者のコミュニティが表現される。また劇中では、ファーンの生活を案じ、ともに暮らそうと暖かく心地よい家を提供する姉や仲間も登場する。けれども彼女は、大きなベッドが用意され、温かい食事を家族皆で囲むことができる一軒家にとどまるよう勧める彼らの提案を断り、再び出立する。「私はとどまりすぎていたのかもしれない」とかつての定住生活を振り返る彼女にとって、車上生活は特定の他者や場所への根付きを断ち切り、孤独な自由を生き抜くことに結びつく。

　車上生活を始めたばかりの頃、ファーンは自らを「ハウスレスだけれどホームレスではない」と表現している。そして幾月ものノマド生活を経た後、愛車を「私のホーム」と呼ぶようになる。ここには車上生活を習慣化することにより、「ふつうの家」を絶対視するホーム概念から離脱した様子が見てとれる。だが他方、『ノマドランド』では、ノマド生活は家や家族や安定的なコミュニティと対置され、孤独な「身体－車」が強調される。車への愛着は語られるものの、ファーンの身体が様々な制約をもつモバイルハウスに調整され、新たな習慣を獲得していく、そうした活力ある人とモノの共生成に関する描写を欠く。あくまでもその「身体－車」の移動は根付きを否定する行為、定住生活のネガとして描かれる。

3-3　車上生活を支えるモノと技術とインフラ

　この点において、バンライファーの事例は示唆的だ。先述のように、日米の若者世代を中心とするバンライファーの車には、高齢ノマドの車には見られない新たなモノやテクノロジーが接続されている。スマートフォンやPC、それを支える通信網によって、モバイルハウスの住民は移動の只中で社会的ネットワークに繋がることができる。実際に移動性の高い（フルタイムの）バンライファーの多くが、Web制作者やライターや広報など、PC一台で稼げる仕事に従事している。また、ネット環境に繋ることで社交の領域やコミュニティを維持・拡張することも可能だ。所謂「家無し」バンライファーとして広報の仕事に従事する30代男性は、こう述べる。「（バンライフなら）リアルでもヴァーチャルでも移動できる」、「情報をとにかくほしい人、欲張りな人はここに収束する」（2022年11月26日聞き取り）。

　さらに日本の場合、米国のノマドが抱える車上生活の制約を乗り越える可能性をもつインフラがある。前述のウェルズが運営するYouTubeチャンネルCheapRVLivingでは、車上生活を行うためのノウハウが紹介されていて、ここに登場するノマドたちは狭い車内を快適なハウスとすべく様々な工夫を凝らし、トイレやシャワーや台所を車内に詰めこんでいる。米国では、RVパークが整備され、大型スーパーの駐車場も車上生活者に夜間開放されている。ただし、RVパークでの滞在は費用がかかりすぎるし、スーパーの駐車場は安全で清潔な衛生設備も提供してくれない。したがって結局は、睡眠、調理、排せつといったあらゆる機能、「自足型」の設備［ブルーダー 2018: 234］を車に搭載するしかない。他方で日本の場合、格安のRVパークや車中泊専用駐車場に加え、安全で清潔な衛生整備を提供する道の駅や公衆浴場が存在するので、バンにトイレやシャワーを設置する必要性は高くない。「既存のインフラシステムを活用すればバンライフというライフスタイルは可能」（Carstay広報担当者、2021年10月26日聞き取り）なのだ。

　もちろん、日本の車上生活も類似する課題を抱えている。SNS上では、所有者のニーズや趣向に合わせカスタマイズされたバン、そして開け放たれたドアの背後に見える美しい自然の風景が発信される一方、寒さに凍える身体や疲労する身体、うまく動かない身体も登場する。しばしばその身体は孤独や寂しさを語る。ある日本のバンライファー（30代男性）は、2年間のバンライフを経て気づいたこととして「孤独」を挙げる。「ライターを仕事としているため、取材で人には会う」。しかし、「同じ土地で（関係を）積みあげていく農耕的な

感覚はない」と語る（2019年3月21日聞き取り、括弧内筆者）。別のバンライファー（30代男性）も次のように述べる。「バンライフには偶発的な出会いがない」、「バンライフの課題はコミュニティ」（2022年11月26日聞き取り）。

　このような自由と表裏一体の孤独には、車上生活をとりまく社会的インフラの現状もかかわる。日本や欧米諸国では、車上生活をめぐる法的制限やスティグマから、車上生活者が集う場所が限られ、オフラインの交流やコミュニティ形成は容易ではない。ウェルズの車上生活指南書［Wells 2012］でも警察の「ノックを避ける」「秘密裏の駐車（stealth parking）」のコツに多くのページが割かれるように、車上生活は「人目を忍んで」行われるのが実態だ。日本の道の駅であっても、あくまでも仮眠・休息の場として駐車が許されているため、モバイルハウスの外での食事や休息、つまり居住空間として野外を活用することはできない。この結果、日本も米国同様に、バンライファーを含む車上生活者の多くが、夜間の人気のひいた時間帯に駐車場に到着し、眠り、朝早くに出発するという滞在方法を選ぶ。夕食は光が漏れないようにシートやカーテンを引いた車内で済ますことも多い。

　人とバンの関係のもとに、様々なモノや技術やインフラを寄せ集めていく現代のバンライフのポジティブさと活力は注目に値する。しかし、多かれ少なかれ、どこの場所にあっても、車上生活は根付く行為と対比的な関係をもち、孤独な自由を謳歌することに結びつくと言えよう。ここで注意すべきことは、孤独は必ずしもネガティブな感情なのではないという点だ。ある日本のバンライファー（20代女性）は、「家を動かせるから社会との距離を自分で調整できて、なおかつ自分の空間があるから安心感がある」、こう述べ、絶えず情報と人との繋がりに曝されて「疲れていることにも気がつかないけれど、疲れている」都会の暮らしからの解放としてバンライフを評価する（2022年10月2日聞き取り）。多数のモノや他者や情報と繋がりすぎる生活からの切断や自立性の回復という点で、車上での孤独は「本当の自由」を意味してもいる。

　以上のように、周囲の環境や他者への依存を最小限に抑えた「自足型」、あるいは「繋がりすぎない」自立的な暮らしを追求しながら、日米の「現代ノマド」とそのモバイルハウスは共生成する。次に検討するのは、ヨーロッパの伝統的なノマド、マヌーシュとそのキャラヴァンとの関係である。外部の環境や他者との繋がりの様態という点で、日米とフランスのノマドの違いが浮上する。

第4章　モバイルハウスの民族誌——動く住まいとノマドの共生成をめぐる日米仏の事例から

4　フランスのマヌーシュとキャラヴァン

4-1　マヌーシュのキャラヴァンと家

　フランス南西部に位置するポーとその周辺地域には、約1,300人のマヌーシュが暮らしている。彼らは自治体がマヌーシュなどの移動生活者に提供する公営集合宿営地、町周縁にある空き地などの非合法の宿営地、賃貸や購入した私有地といった様々な場所にキャラヴァンをとめて暮らす。先に触れたように、彼らは一年の大半をポー地域内で過ごし、旅に出るのは春から秋にかけての数週間から数か月である。

　移動生活の衰退には都市化や国の政策の厳格化がかかわるが、マヌーシュの移動式の経済活動が近年縮小傾向にあることも大きな要因だ。戦後のフランスにおける産業構造の変化や都市化の影響を受け、マヌーシュの経済活動は大きくその内容を変えた。今日ポーのマヌーシュが従事する経済活動は、鉄・銅製品を回収・転売するスクラップ業、一般家庭や工場や企業を訪問し、建物のメンテナンスなどを行うサービス業、定期市での衣料雑貨販売、ワイン用葡萄収穫を主とする季節的農作業などに限定されている。この中で、広範囲の移動を

図3　適合住宅とキャラヴァン（2014年）

必要とする経済活動は農作業のみである。[*4]

　筆者はポー地域での調査を2006年から現在まで行っているが、近年の変化として、「家」に住むマヌーシュの増加が挙げられる。定住化が進む現在、家の必要性は高い。トイレやシャワー、キッチンはもちろん、冬のあいだ暖かい環境で過ごすことができる居間も必要だ。だが、かねてより「家が欲しい」と希望する人は多くいたものの、土地取得にまつわる経済的・社会的な障壁は高く、実現は困難であった。しかし2010年以降、人口過密状態でスラム化した集合宿営地の問題を解決すべく、マヌーシュ住民にキャラヴァン設置区画と家屋などの固定式住居からなる混合式の居住設備を特徴とする「適合住宅」を提供する政策が複数実施されていった［左地2017］。この結果、「家住まい」の、正確に言うと、「キャラヴァン+家」という2つの住居を併用するマヌーシュの数は増えた。

　「私たちは、農民のように暮らすことになったんだ！」[*5]とマヌーシュは言う。かつて移動生活の主要な動機であった経済活動が衰退し、家の取得も進む中、一見するとマヌーシュの「住まい−車」としてのキャラヴァンの存在感は薄れているように見える。だが実は現在もマヌーシュのキャラヴァンの重要性は失われていない。家を取得することにより、長年停止していたキャラヴァンでの移動生活を活発化させる家族が多いのだ［左地2017: 第3章］。むしろ、集合宿営地や違法に占拠した土地での宿営のように、専有権をもたず、いつ追い出されるかわからない状況下で暮らす家族の方が、移動の実行に不自由を抱え、定着性が高まる。対して、専有権を備えた家や土地は「自由に出発し戻ってくる」ことのできる場所である。家や私有地をもつことは、一見「完全な定住化」を導くように見える。だが、マヌーシュ家族は、合法・非合法を問わず宿営地を確保することが困難な現代において家や土地の所有という定住民社会の制度を採りいれることで、「自由に出発し戻ってくる」という移動の条件を確保し、旅の実践を活発化させる。米国ノマドのモバイルハウス居住が家や定住生活の放棄を意味するのに対し、マヌーシュのキャラヴァンは、家や定住のシステムと組み合わさることでその移動性を発揮すると言えよう。こうしてマヌーシュは、定住民社会のモノと制度を採りいれ、定住化の時代において実現

＊4　年間を通して給与取得者として働く人は少ない。現在、現金収入が乏しい状況でマヌーシュ家族の暮らしを支えるのは、失業手当をはじめとする社会保障給付である。

＊5　「農民」とは、「非ジプシー」「定住民」を指す言葉でもある。

可能な新たなノマディズムを模索する。

4-2　キャラヴァンが駆動する社会生活

　キャラヴァンの「住まい」と「車」としての性質は、このように新しいモノと社会的コンテクストとの関係を通して変容している。しかしなぜマヌーシュは「家」をかように用い、移動生活とキャラヴァン居住を維持しようとするのか。ここで、歴史的に形成されてきたキャラヴァンとマヌーシュとの関係、つまり、幾世代にわたり培われてきた移動の実践、そして移動生活の中で育まれてきた共同体の様態を踏まえる必要がある（cf. 第7章橋爪論文、第10章中野(歩)論文）。

　現住、移動式の経済活動が衰退する一方で、宗教実践がマヌーシュの移動生活を再活性化している。マヌーシュは、伝統的にフランス国内外にあるカトリックの聖地への巡礼を目的とする移動を行ってきたが、近年はフランスの「ジプシー」のあいだで急激に改宗者を増やしているプロテスタント・ペンテコステ派への改宗を進めている。注目すべきは、この新宗教の実践でも移動が重視されている点だ。フランス・ジプシー福音宣教会（Mission Evangélique des Tsiganes France）の信者たちは、牧師に率いられてキャラヴァンで諸地域を移動しながら集会を開催する。年に2回開催される大規模な信仰集会には、数千台のキャラヴァンが集合する。

　今日、宗教実践は移動インフラの問題とかかわってますます重要な移動の機会となっている。違法な宿営に対する取り締まりと罰則が強化される時代にあって、移動生活者専用の宿営地が準備される聖地巡礼や信仰集会は、キャラヴァンの宿営に一定の保護が与えられる貴重な機会だ。一方で、家はいつでも出発し戻ってくることができるという移動の前提条件を保障し、他方で、教会が提供する宿営地が移動中の滞在の安全を保障してくれる。

　移動式の信仰集会は世界のペンテコステ派の中でもフランス・ジプシー福音宣教会に特有のもので、教会は、信者たちの移動システムを採りいれて伝道を進めてきた。そもそもマヌーシュの移動生活には、経済活動や宗教実践や親族の集結などの複数の動機が絡みあう。たとえば、ポー地域のマヌーシュの複数

＊6　カトリック教徒が大多数を占める時代から、ポーのマヌーシュは宗教実践にともなう旅を
　　　行ってきた。信者は、5月に「ジプシー巡礼祭」が開催される南仏のサント＝マリー＝
　　　ドゥ＝ラ＝メールへ、8月に「奇跡の泉」で知られる聖地ルルドへと向かう。

の家族は毎年8月末にフランス中北部の村に1週間滞在してペンテコステ派集会に参加し、その後車で3時間弱の距離にあるシャンパーニュ地方に向かい、ワイン用ブドウの収穫業に従事する。そしてこの1か月に及ぶ旅の中で、彼らは親族や仲間と宿営地を共有し、交流を深める。マヌーシュは、冠婚葬祭、聖地巡礼や信仰集会の機会に親族や同胞と再会することを重視する。定住民からなる多数派社会において周縁化されてきた彼らにとって、「ファミリア（familia 家族・親族・共同体の意）」は最も親密な人間関係かつ重要なセーフティネットであり、連帯の維持のためにキャラヴァンでの移動と宿営は必要不可欠である。

　日常の人間関係を調整する上でも移動生活は重要だ。定住化の進行に伴い、マヌーシュは移動生活者専用の居住地に大人数で押しこまれ、集住を強いられているが、彼らはこうした環境にうまく馴染めない。長らくマヌーシュは、共同体のメンバーが移動のたびに集合と離散を繰り返す共同体に生きてきた。それは、大人数で集住し、住民のあいだで共通のルールを定め、秩序を維持する、この種の定住農耕型の共同体とは異なる。むしろその共同体は移動することで集団編成を柔軟に変化させ、人間関係の対立や権力の集中を解消してきた。この点で、一年の大半は窮屈な集住生活に甘んじつつも、一時的に旅の生活に回帰することの意味は大きい（cf. **第1章土井論文**）。そうしてマヌーシュは、定住地の外に広がる親族ネットワークを維持し、社会関係を開拓するとともに、定住地での社会関係のひずみからの解放の機会を得る。

　こうした旅の可能性を保持するために、キャラヴァンが必要とされる。「私たちはエスカルゴのように転がるのよ」とあるマヌーシュは表現する。キャラヴァンは、彼らにとっての「拡張した身体」である。何年も動かないまま家の横にとめられているキャラヴァンもあるが、彼らにとって重要なのは、キャラヴァンに車輪がついていて、いざとなれば動かすことができるという点だ。親族の誰かが病に倒れた際には、病人のもとへ駆けつけなければならない。必要であれば、病院の近くで宿営を始める。そうして共同体の一員としての社会的義務を果たすことが重視されるがゆえ、キャラヴァンは移動可能でなければならない。

　このようにマヌーシュのキャラヴァンは、歴史的に培われてきた共同体の様態と結びついて、社会関係の維持と拡張の可能性をマヌーシュに提供している。それは、『ノマドランド』のモバイルハウスとは対照的だ。主人公ファーンは愛車をホームだと述べたが、彼女の「車－ホーム」は、親密な他者たちとともにある場から切り離され、孤独な身体を包み移動する。対して、マヌーシュの

「動く住まい」は、離散する家族や仲間と繋がるために移動する。そうして
キャラヴァンは、今ここの一地域と人間関係に閉じられない複数の係留地と人
間関係のネットワークからなるマヌーシュのホームをつくりあげる。

4-3 「身体－キャラヴァン」の親密な関係

　ここまで、フランスと日米のノマドのモバイルハウスが、埋め込まれた環境
の違いに応じて、異なる働きをもつ様子を検討してきたが、最後に新旧ノマド
のモバイルハウスのアフォーダンスや住まわれ方の違いに関与する身体の習慣
について考えたい。

　モバイルハウスは移動と同時に、ヴァルネラブルな身体を包む役割をもつ。
しかし、その利用法は地域によって大きく異なる。『ノマドランド』では、主
人公が車内で食事や排泄を行うシーンが幾度か登場する。つまり、彼女は台所
もトイレも寝室も備える「家」のように車を用いるのだが、いかにも不自由で
窮屈そうだ。これらのシーンは、いまだこの身体が「家に住まう身体」であり
続け、新たな住まいに十全に調整されていないことを示唆する。

　対して、マヌーシュのキャラヴァンは生活に必要なあらゆる機能を集めた空
間としての家の代替品ではなく、身体を休め、清潔に維持するためだけにその
使用法と使用者が限定される。マヌーシュは、キャラヴァンを購入すると、ト
イレやシャワー、キッチンの流しを取り外すか、物置に変える。調理や食事、
入浴や排泄は、キャラヴァンの外（野外の生活領域やそこに建てられた小屋や衛生
設備）で行う。キャラヴァン外部の生活領域は、家族集団の成員の食事や団欒
のために利用され、同時に、家族以外の人間や訪問者が招かれる空間となる。
そうして彼らは、キャラヴァンとキャラヴァン外部の野外空間や小屋を結合し
て居住空間を構築する。この時マヌーシュは、キャラヴァン内部に置くべきモ
ノと置くべきでないモノ、キャラヴァン内部ですべき行為とそうでない行為と
を注意深く区別する。キャラヴァン内部は他者からの視線を排除することので
きる空間で、睡眠、休息、身体の手入れや着替え、性交といった最も親密性の
高い身体的行為のための領域だ。それゆえ、キャラヴァン内部の空間は清潔な
状態に管理され、徹底して汚れの侵入を避けなければならない［左地 2017: 第4
章］。

　こうしてキャラヴァン内部の空間は、身体の必要性を満たす清潔で適切なモ
ノが置かれる個人の身体のための領域として、集団的かつ多目的に利用される
外部環境から明確に区別される。米国のノマドのモバイルハウスは家の代用と

して用いられ、不自由の感覚を住み手に与えていた。他方マヌーシュの場合、キャラヴァンが課す様々な制約は野外環境やそこに置かれる様々なモノとのかかわりの中で巧みに調整されている。マヌーシュは身体を包むキャラヴァンという中心をもって外部環境を組み込んだ居住空間をつくりあげていく。

このキャラヴァンと身体の親密な関係が継続するがゆえに、家はキャラヴァンに取って代わることはない。家はもっぱら食事や風呂の機能を果たす、キャラヴァン外部に広がる生活領域の代用である。だからこそ、彼らはいつでもすぐに家を出て、移動生活を再開することができる。たとえば、適合住宅に暮らすある一家は、母の入院に伴い、ポーから車で片道3時間の距離にあるボルドーに移動し、病院近くの空き地で約2か月間宿営を続けた。普段は他地域に暮らす親族も一緒だ。この非合法の宿営地で入手可能なのは水と電気だけだが、キャラヴァンをとめ、野外に冷蔵庫と洗濯機、イスとテーブルとガスボンベを設置して居住空間は完成した。そうして宿営を続けた一家は9月に母をボルドーで看取り、その後キャラヴァンで5時間かけて家族墓地がある南仏の村に移動し、埋葬の後、その地に11月まで滞在することにした。この間、一度も適合住宅には戻らない（2022年9月3日聞き取り）。

キャラヴァンの特性にあわせて身体と野外環境の関係を調整し、日常の居住空間を構成するマヌーシュにとって、家が備える機能は持ち運び可能で、居住空間として不完全なのは家の方である。「キャラヴァンは繭」、「私たちはエスカルゴ」、こうマヌーシュは表現するが、この身体の拡張や皮膚としてのキャラヴァン表象は、決して抽象的なイメージなのではない（cf. **第6章西尾論文**）。それは、身体を包みケアし、ともに動くキャラヴァンとの実践的な関与、その中で継続性を帯びていく身体図式に根差している。そしてこの彼らにとって自明な住まい方には個人の人生を超えた歴史もかかわる。家馬車で眠り、野外の焚火を囲み食事をし、小川で洗濯をし、身体を洗う。こうした20世紀の折り返し地点まで行われていた家馬車の内と外の行為の区別が、現代の宿営地生活、家のある生活にも受け継がれている。

米国ノマドとの比較からここに浮上するのは、モノと環境との相互作用に根ざした身体の履歴の違いである（cf. **第8章古川論文、第9章中野（真）論文**）。米国ノマドの場合、食事や排せつや身体のケアといったあらゆる機能が詰め込まれた家に住むことに慣れ親しんだ「定住民的な」身体の習慣がそのまま再調整なしに（新しい身体へと生成することなしに）、モバイルハウスでの居住実践にもちこまれる。モバイルハウスの物質的な制約に合わせて身体図式を変容させていく、

そのような習慣の微細な調整のプロセスを欠く結果、モバイルハウスは不完全な住居であり続け、身体は孤独でヴァルネラブルな身体であり続けるのだとも言えよう。

5　おわりに

　本章では、モノと身体の共生成のプロセスを探りながら、米国と日本とフランスのノマドのモバイルハウスがかたちづくる移動と居住の経験を検討してきた。ノマドたちが車上生活に繰りだす背景や動機は各々に異なるものの、その移動の根底には、「今ここ」の生活における不自由や制約を乗り越えるため、「今ここ」とは別の場所にあるかもしれない自由と希望を模索する、そうした生の構えがみてとれる。彼らはともに、モバイルハウスというオートモビリティ——「自立的かつ自律的な運動の諸様式」［フェザーストン 2010: 2］に期待を託し、住まいと生活を組み立て直す人々だ。

　だが、類似しつつも、現代社会の様々なノマドとそのモバイルハウスは異なる仕方で共生成する。彼ら各々の身体とモバイルハウスの構成＝集合体（アセンブリッジ）には、異なる他のモノや技術や制度との関係が畳みこまれているためである。「動く住まい」という物質的特性をもったモバイルハウスは、個々の社会的・文化的コンテクストや身体の習慣の違いに応じて異なるモノや制度と連関し、個々の身体に異なる仕方で移動と居住にかかわる行為や動作をアフォードし、人間の移動と居住の様態に対して多様な行為力を発動させる。

　マヌーシュのキャラヴァンは、身体を包みこみ、そこから野外環境や様々な他者との繋がりを紡ぐための基点となる。本章では、こうしたマヌーシュの移動と居住の組織化にかかわるキャラヴァンの行為力が、幾世代ものあいだで培われてきた移動の実践と離合集散的な共同体のありよう、さらに身体の習慣をめぐる歴史的な継続性の中で発揮されることを指摘した。マヌーシュは、モバイルハウスを通して住まいと社会生活を構成することに熟練した人々である。彼らは、キャラヴァンの物質的特性と制約を受けとめつつ、野外環境や家といった様々なモノや制度を寄せ集め、食べ排泄し眠る身体との関係を調整することで、移動と不可分で移動を支える居住＝滞留の条件を整える（**cf. 第2章萩原論文**）。そうしてキャラヴァンと一体化して動き住まうことで、マヌーシュは、「今ここ」の場にその都度みずからを根付かせつつ、「あちらこちら」の仲間と

繋がるための移動と居住を実行する。

　一方で、『ノマドランド』のモバイルハウスは、不自由や喪失や孤独を暗示させる存在として「現代のノマド」の生活に現れる。主人公は温かさや安らぎを象徴する「家」や「家庭」から出て、根を断ち切るかのように一人移動し、漂流生活は地縁や血縁といった共同体のくびきから解放された自由な個人という近代の物語の延長線上にある。その主体の物語の中で、車や車内の身体は孤立し不自由な客体として映しだされる。

　モバイルハウスの物理的制約にそって居住空間を構築するマヌーシュに対して、モバイルハウスに家の機能を詰めこむ米国ノマドは「定住民的な」住まい方を継続している。この新旧ノマドのモバイルハウスのアフォーダンスと個別化の様態、身体や他者や環境と結ぶ関係の違いを通して、身体の履歴の違いが見える。しかし同時に、こうした身体の志向性は生来固定されているのではなく、インフラの介在によって変化しうる（cf. **第5章難波論文**）。モバイルハウスの制約を乗り越えるためには、補助的な居住設備が必要不可欠だ。安心安全とは言えない駐車場や割高なRVパークしかないのであれば、モバイルハウスにあらゆる機能を搭載する必要が生じる。日本には道の駅や車中泊専用スポットといった、マヌーシュにとっての集合宿営地のような機能をもつインフラが存在する。唯一、そして決定的に異なるのは、そこでは野外で調理や食事をし、仲間と団欒することはできないという点だ。

　こうした様々な制限の中で、米国のラバートランプ集会や日本のバンライフフェスのような離散して暮らす車上生活者が集結する場は、人々の孤立を防ぎ、暮らしを守る社会的インフラ［クリネンバーグ 2021］として極めて重要だ。移動する身体と住まいが周囲の他者や野外の環境と繋がる「開かれた場」において、車上生活者たちは孤独を享受する自由だけではなく、緩やかに他者と繋がる自由を謳歌することができるはずだ。車上生活にスティグマが付与される現状にあって見通しは厳しいが、モバイルハウスでの移動と居住を支えるインフラや制度が今後整うのなら、日米の車上生活者たちにしても、様々なモノをモバイルハウスの周りに寄せ集めながら、モバイルハウスというモノのうちに自らの身体を調整する仕方を変容させるだろう。この時、モバイルハウスのうちにある時の身体感覚やモバイルハウスから見える風景は変貌する。モバイルハウスは孤独な身体の容器なのではなく、身体が新たな仕方で自らの外部にある他者や環境と繋がり、相互作用を織りなしていくための道具となるだろう。ダントが述べていたように、人とモノの複合体は、周囲をとりまくモノや制度が

変化する中で新たに出会い直し、何度でも再「組立＝構成」可能である。新た
な道具を身体化すること、その使用の仕方を習得することは、「自己の身体の
新しい使用法を獲得することであり、身体図式を豊かにし再組織すること」で
ある［メルロ＝ポンティ 1967: 255］。自らの身体の外側にあるような環境中の事
物を自らの身体の延長として取りこみ、共生成することにより、人間の移動や
居住の能力や行為の可能性は拡大し、豊かさの再編集は進む。この時、日米の
車上生活者の身体とモバイルハウスはマヌーシュのそれとよく似たものとなる
かもしれない。

謝辞

　本研究の一部は、JSPS科研費 20K13288 の助成を受けたものです。また、
現地調査にあたり、フランスのマヌーシュと日本のバンライファーのみなさま
から多大なるご協力をいただきました。御礼申し上げます。

参照文献

NHKスペシャル取材班 2020『ルポ 車上生活　駐車場の片隅で』宝島社.

クリネンバーグ、E. 2021『集まる場所が必要だ——孤立を防ぎ、暮らしを守る「開かれ
　　た場」の社会学』藤原朝子訳 英治出版.

左地亮子 2017『現代フランスを生きるジプシー——旅に住まうマヌーシュと共同性の人
　　類学』世界思想社.

ジャオ、C. 監督 2020『ノマドランド』［DVD（2021）］フランシス・マクドーマンド
　　主演、ディズニー.

ダント、T. 2010「運転者−自動車」M.フェザーストン・J.アーリ・N.スリフト編『自動
　　車と移動の社会学——オートモビリティーズ 新装版』近森高明訳 法政大学出版局
　　pp. 95–124.

フェザーストン, M. 2010「イントロダクション」M.フェザーストン・J.アーリ・N.スリ
　　フト編『自動車と移動の社会学——オートモビリティーズ 新装版』近森高明訳 法政
　　大学出版局 pp. 1–38.

ブルーダー、J. 2018『ノマド——漂流する高齢労働者たち』鈴木素子訳 春秋社.

メルロ＝ポンティ、M. 1967『知覚の現象学Ⅰ』竹内芳郎・小木貞孝訳 みすず書房.

ラトゥーシュ, セルジュ 2020『脱成長』中野佳裕訳 白水社.

YADOKARI 2017『ニッポンの新しい小屋暮らし』光文社.

Ingold, T. 2000. *The Perception of the Environment: Essays on Livelihood, Dwelling and Skill.* Routledge.

Rao, A. 1985 Des Nomades méconnus: Pour une typologie des communautés péripatétiques. *L'Homme* 25(3): 97–120.

Wells, B. 2012. *How to Live in a Car, Van or RV:And Get Out of Debt, Travel and Find True Freedom* (English Edition). Kindle版.

第4章 モバイルハウスの民族誌——動く住まいとノマドの共生成をめぐる日米仏の事例から

第二部

作り出す／反転する——インフラストラクチャー

第**5**章　環境に棲まうインフラ
──流れ橋が刻むリズムと集める空間

難波美芸

1　流れ橋

　2021年12月3日、新型コロナウイルスのパンデミックの最中、ラオス建国記念日の翌日に中老鉄道の開通式が行われた。中国雲南省と国境を接するボーテンから首都ヴィエンチャンまで南北約420kmを貫くラオス史上初の長距離高速旅客鉄道である。建設費が総額60億ドルにのぼるといわれるこの鉄道の開発は、ラオス国内の財政を悪化させる可能性があるとして、当初世界中から懸念されていた。だが、国内では多くのラオス人たちがこの珍しい乗り物を求めて新設されたヴィエンチャンの駅舎で連日長蛇の列を作り、いわば「ディスカバー・ラオス」の旅に繰り出している。

　中国側からラオスへ入る鉄道の入り口は北部のルアンナムター県になる。同名の県都ルアンナムターまでは国境から55km、一番近い鉄道駅までも35km離れているが、この町もじょじょに近代化の煽りを受けて変化しつつある。2022年には、町に隣接する複数の村を跨いだインフラ整備事業で道路が舗装され、街灯が灯り、村々と町の間を流れるナムター川（厳密にはナムが「水」、あるいは「川」を意味するため、「ター川」）には、立派なコンクリート橋が架けられた。

　コンクリート橋が架けられる前、ここには流れ橋があった（**図1**）。この名も

＊1　国内初の旅客鉄道としてはタイ－ラオス鉄道が2009年に開通しているが、その距離は全長3.5kmに留まる。利用客にはタイからやってくる外国人旅行者や、ラオスからタイ側に渡った先の街ノーンカーイのスーパーや市場に買い出しに行く行商人などがいるが、全体の需要としてはかなり限定的である。

図1　ルアンナムター県の竹橋（2019 年 8 月）

なき橋（ラオ語で「クアマイ」＝木の橋、あるいは「クアマイパイ」＝竹の橋と呼ばれている）は、TT 村と街の間を流れるナムター川に乾季の間だけ架けられる橋だ。毎年乾季のはじめに村の人々によって設置され、本格的な雨季に突入し、ナムター川の水位が上昇すると、川の流れによって流失する。そして雨季が終わると再び架けられる。

　流れ橋とは、増水時に橋脚を残して上部の橋板が流出した後、容易に修復することが可能であるような、増水時の水流に抗わない構造をもったインフラである。[*2] TT 村の流れ橋はすべての構造が雨季には倒壊するため、毎年、一から村人総出で作り直していた。

　本章で見ていくのは鉄道開通によって駆動される近代化に沸くラオスで、姿

＊2　日本では、上津屋橋（京都府）がこれにあたる。上津屋橋の場合は橋板が橋桁にワイヤーで固定されているため、完全に流失することなく再利用が可能となっている。増水時の水流に抗わない構造としては、流れ橋のほかにも、高知県をはじめ日本国内に現在も多く存在する沈下橋、あるいは潜水橋があり、これは漂流物で構造が破壊されないように増水時の水位よりも路面が低く設計されている。

を消したこの流れ橋である。2016年8月に初めてこの地で竹橋と出会ったときには、周囲で起きている近代化の不可逆的な流れとは関係なく、循環的な時間のなかに取り残されているように映った。だが注視すれば、流失と再建、存在と不在の反復のなかでも、流れ橋は社会変化とともに異なるモードのモビリティを生み出し、周囲の環境の変化のなかで形を変えてきたことが見えてくる。それは常に未確定のインフラなのだ。この竹橋は、インフラというあまりに当たり前の——そして先進国の多くの場所で今や危機的な状態に陥っている——存在について考える上で示唆的だ。本章では、「渡る」という一つのモビリティのモードと、流れ橋の存在と不在が作り出すリズムから、インフラと場所、モビリティについて考えてみたい。[*3]

2　橋に慣れる

ルアンナムター県都の街の中心を走る国道17号A線から外れて東に向かって道なりに5分ほど歩くと、やがて下り坂となり、民家を抜けるとナムター川に突き当たる。川に近づくにつれ道は赤土が剥き出しとなり、雨季の最中でなければ、対岸のTT村へとつながる竹橋が目の前に現れる。村と街をつなぐ重要なインフラだ。橋のそばでは村人が洗濯をしていたり、つぶして毛を剥いだニワトリを洗っていたりするのが見える。街から5分の距離とはいえ、近年、中国からやってくる労働者や種々のビジネスが増加し、スーパーマーケットや飲食店が開店し始めた国道沿いから歩いてくると、その景色は非常に対照的だ。

TT村の竹橋は、全長約20m、幅は1m程度で、オートバイでの通行までは耐えうるものとなっているが2台がすれ違うことはできない。村の人々は対向車がいなければ橋の手前で一時停止することもなくそのままの勢いで橋を渡るし、前方の一台が渡り切るのを待たずに後続のライダーも橋に進入する。迷いがない。

だが、その橋を初めて渡るときにはやはり若干の躊躇がある。調査助手の

---

*　3　コンクリート橋に架け替えられた今、サルベージ人類学ではないが、この竹橋があった景観について記録を残しておくことも本章の目的の一つである。なお、TT村の竹橋については、初めて同地を訪れた2016年から断続的に調査を行ってきたが、以下に続く第2節から最終節の前までの民族誌的現在は、新型コロナウイルスのパンデミック前、最後に調査を行った2019年8月とする。

図2　不安げに足元を確認してから渡る（2019年8月）

ペーンと初めてTT村を訪れた際、私たちはペーンが運転するオートバイに二人乗りをして向かった。旧市街の方に暮らすペーンにはTT村に何人かの友人がいたが、この竹橋を渡って村にいくのは初めてであり、まず私にオートバイから降りるよう促した。8月というと雨季が始まってすでに3か月が経過しており、例年であれば橋は流失している時期である。だが、この年は雨量が少なく、橋はまだ存在していた。橋について調査をしにきた私にとっては幸運なことだったとはいえ、橋の一部は見るからに倒壊しかけていた。ペーンはやや不安そうに足元を確認し、私が先に徒歩で渡り切ったことを確認してからオートバイを発車させ、勢いを維持したまま渡り切った。そのまま村長に挨拶をしに行き、村をぶらぶらしているうちに辺りが薄暗くなっていたため、帰りは安全を期して国道に迂回しようというペーンの提案に従い、竹橋は渡らずに街へ戻った。危機管理のできる優秀な調査助手と出会えた幸運を私は密かに噛み締めた。

　その後私たちは頻繁にTT村を訪れるようになる。するとじょじょに竹橋を渡ることにも慣れ、二人乗りのまま通行し、夜になっても迂回することなくそのまま竹橋を通って街へ戻るようになった。私たちにとっても、TT村への移

動を支える当たり前のインフラとなっていったのだ。では常に安全な横断が可能なのかといえばそうではない。酒に酔った村の若者が夜中にオートバイごと橋から落ちたという話を村で聞いた後、用心深いペーンは村での宴会の後の帰りは私をまず降ろしてから橋を渡るようにした。この橋を渡ることにはやはり独特の注意深さを要する。街灯もない暗闇のなか、ヘッドライトを頼りに、酒に酔って知覚が鈍化し自らの身体が我がものと思えなくなった状態で、無事に渡り切る自信は急激に減じる。自分自身とオートバイと橋の結びつきが脆弱なものに思えてくるのだ。

　先進国の交通インフラはドライバーと自動車が運転中に一体化できるような様々な仕組み——綺麗に舗装された道路、交通安全を支える信号や法律などからなる交通安全ネットワーク——によって支えられ、習慣化されることで、ドライバーの身体は自動車に拡張される［ダント 2015］。さらに衝突防止機能などの運転を補助する最新システムが、ドライバーと自動車の結びつきを強化する［ベックマン 2015］。モビリティ・スタディーズの論者たちは『自動車と移動の社会学』のなかで「アセンブリッジ」や「ハイブリッド」などの言葉を用いながらドライバーと自動車の一体化について論じているが、そこで前提となっているのはスムーズな舗装された先進国のインフラと各種の交通法規だろう。

　酒に酔ってオートバイごと橋から落ちるという不安は、「橋が倒壊するのではないか」という橋そのものの安定性への不信感とは異なる。橋を渡る時には橋板がギュギュギュッという音を立てながらしなるし、そもそも両脇に欄干や手すりがない。これに、雨季の半ばに入り、この橋の通常の寿命を考えれば終末期に限りなく差し掛かっているという知識が足されると、永きにわたってこの橋と付き合ってきた村の人間でなければ、混在した不安がよぎるのは不思議なことではないのかもしれない。私たちには、「去年の今頃もまだ通れた」とか「橋が流されるときはこうなる」といった記憶がない。自らの身体や知覚の調子と同様に、経験と記憶によって、橋と人間の結びつきは異なってくる。誰にとっても平等にモビリティを提供するインフラではないのだ。

3 インフラの「不動性」を問う

　一般的に、インフラは人やモノ、情報の移動と循環を支える物質的基盤とし
て、それ自体は動かない、安定した存在である。ほとんどの移動は下部に存在
する不動のインフラによって支えられている。たとえば飛行機が不動の空港を、
列車が線路を、携帯電話が基地局を、電気が発電所や送電施設を必要とするよ
うに、都市の高い移動性やグローバルな流動性、そして私たちの高度にモバイ
ルな現代の生活は、不動性の上に成り立っている［アーリ 2015: 34, 85; Graham,
Marviin 2001］。移動と不動は表裏一体なのだ。また、インフラは普段は不可視
の存在であり、それが一度インフラとして定着すればそれを使用する行為は習
慣化し、安全性が疑われることもなく後景化するものであり、それが前景化す
るのは故障や断絶が生じた時である［Star 1999; cf. **第6章西尾論文、第7章橋爪論文**］。
確かに最初にTT村を2人で訪れた時のペーンと私、あるいは竹橋を見にやっ
てくる観光客にとって、それはインフラというよりも、おっかなびっくり渡る
一種のアトラクションであった。それがありふれたものになるのに従ってその
安全性をいちいち疑うことはなくなっていく。程度の差こそあれ、竹橋もコン
クリート製の永久橋も、それを普段から利用する者からすれば、橋の強度や耐
久性についていつも気にかけていては日常の移動自体が成り立たない。こうし
てインフラはその不動性と習慣の中で後景化されていく。

　これまでインフラを対象とする多くの人類学者や社会学者、科学技術社会論
（STS）の研究者たちが、インフラという当たり前の存在を前景化することで、
私たちの生活を支えるこの基盤によっていかに移動を含む行為や認識、欲望と
いったものが形作られ、ドライブされているのかを論じてきた［Larkin 2013;
Star & Ruhleder 1996; Bowker & Star 2000］。確かに先進国で比較的安定した都
市生活を送っている私たちにとってこれらの研究は新たな視点を与えてくれる。
東日本大震災発生後の都心部を思い出してほしい。あのように突如として爆発
的にインフラが可視化されたとき、私たちは初めて、最も基本的な都市生活
——職場から家に帰ったり、電話をかけたり、料理をしたり——が、どれだけ
この不可視の安定した不動の存在によって成り立っているのかを思い知らされ
た。

　だが、ここにみる竹橋はそれほど不動でもなければ、不可視でもないし、常
に当たり前に存在しているわけでもない。従来のインフラ研究とは前提が異な
るのである。とりわけ途上国のインフラを事例にこうした可視性については多

第5章　環境に棲まうインフラ——流れ橋が刻むリズムと集める空間

くの議論がなされてきた [Larkin 2013; 木村 2018; 難波 2018; 古川 2018]。これまでのインフラ研究のある種の西洋中心主義的な傾向に対して様々な地域の民族誌的データが反省を迫ってきたと言えるだろう。

　さらに流れ橋は雨季と乾季の入れ替わりに応じて毎年流され、作り直される、反復的な時間の中に存在する。これは直線的な時間の中で建てられ、経年劣化し、補修されたり新たなインフラへと建て替えられたりする先進国のインフラとは非常に異なる時間性をもつように見える。ただし、先進国のインフラは数十年といったタイムスパンで計画され、さらにそれは延長や補修が加わることで半ば永遠に完成の時が来ない常に未完の状態であるとも言える [Namba 2016]。さらに、近年では、異常気象によるインフラの倒壊が頻発し、新自由主義的な政策下で公共事業自体の安全性神話が崩壊の危機に晒されている。予算削減や人員不足によって十分な補修が行われていない地下深くに存在する水道管などの老朽インフラが、至る所で限界を迎え、悲鳴を上げている。こうして見ると、流れ橋は私たちに馴染みのあるインフラのライフスパンを早送りしているような存在でもある。より、可視的で、より周囲の環境と人間と結びついた形で。

4　流れ橋が作り出すモビリティとリズム

　TT村はルアンナムター中心部に接するタイダム（黒タイ）の村である。人口は約650人、140世帯（2019年時点）でその多くが農業を営みながら観光業や役場などの賃金労働にも従事している。TT村は街と隣接しているため、既述の通り竹橋を渡れば徒歩でアクセスができるが、橋が不在の間は大きく迂回する必要がある。村の東側にある国道3号A線を北上してから、コンクリート橋を渡り、17号A線を南下して街に着く。街には市場、役場、学校、病院があるほか、ナムハー国立自然公園でのトレッキング、エスニック・エコツーリズムに参加しようと国外から訪れる旅行者向けに2000年代からツアー会社が多く開業し、主要産業の一つになりつつある。街での就労、就学の機会、医療サービスへのアクセスの増加によって街への依存度は高まっている。先述の、酒に酔って橋から落ちた若者の話をしてくれたTT村の高齢の女性は、自身もまた足が悪くなると竹橋を渡るのが困難であることや、雨季の間は街へ行くには車かオートバイで家族に連れて行ってもらわなければならないことを語った。

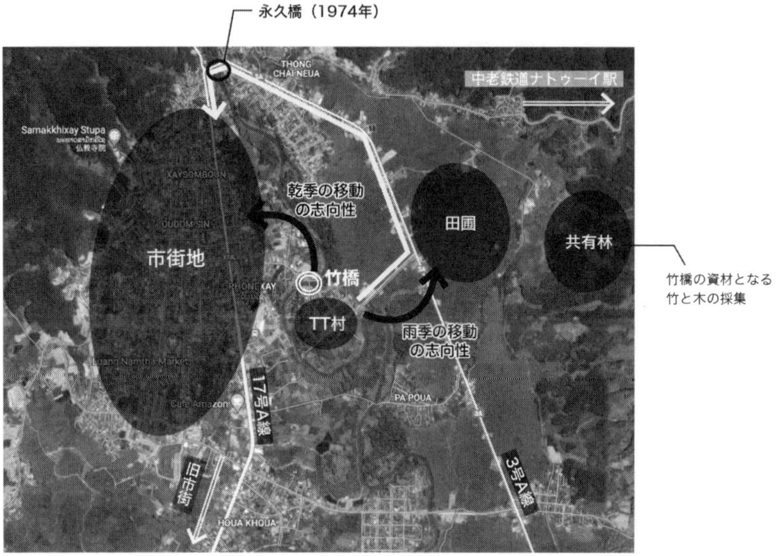

図3　流れ橋周辺の地図

竹橋が流された後の雨季はガソリン代がかかり、また、橋の建設そのものが非常に骨の折れる仕事であることから、村の人々からは、コンクリート橋の建設を求める声が多く聞かれるが、その資金を調達することは2019年の調査時では困難だった。

　ただし、ルアンナムター県都の現在の中心街は1970年代からじょじょに発展してきたため、TT村と街の関係もまた変化してきた。旧市街が存在するのは現在の中心部から6kmほど南の空港近くである。1970年に中国の支援によって国道17号A線の大規模な整備が行われ、さらに国道3号へとつながるナムター川の上流側のコンクリート橋が設置されたことで、TT村を含む近隣の村の多くの住民が新道路沿いに移転し、街の発展が促進されてきた。ナムター郡には、戦時中に県外に避難していたタイダムを含むタイ系民族が革命後再び戻ってきたケースも多い。他の民族に関しても、低地の水田や街へのアクセスを求めて周辺の山地から幹線道路沿いに移転してきたり、あるいは政府によって移転させられてきたり、異なる時期に様々な理由で移動してきた村々によって現在のルアンナムターは成り立っている [Evrard & Goudineau 2004]。つまり、街と周辺の村、道路の位置と関係は歴史的に固定的なものではない。

　TT村に関していえば、村が設立されてから現在まで約200年の歴史をもつ、

かなり古い村であり、1922年に起きた洪水によって住民が皆北側の村へと移住し、1929年に一部の住民を残して元の位置に戻ってきたという移転の経験を除くと、ずっとこの地に位置してきた。村を挟んで街とは逆側の3号線の方に向かって田圃が広がっており、そもそも橋が存在しない雨季は農繁期であるため、その移動は田圃側に向かっている。加えて、雨季はトレッキングが困難であることもあり観光業としてはロウシーズンに当たる。逆に乾季は観光業のハイシーズンとなり、街の方により凝集性が高まる。田圃、村、街の間の移動のパターンは、雨季と乾季、橋の存在と不在のサイクルに符合しているのである。こうした反復性には、生業と生態環境、季節の変化とが結びついた生態学的時間、あるいは循環的時間のなかで刻まれるリズムを感じることができる［エヴァンズ゠プリチャード 1978: 154］。

　橋の建設は、乾季が始まり川の水位が十分に下がったと村長が判断したタイミングで行われる。だが、すでに述べたように、2019年は例年であればとっくに流失しているはずの橋がまだ危なげに残っていた。このような反復の乱れは年々顕著になってきていた。2017年の乾季のはじまりには、橋を設置した後に上流での急な大雨による川の増水があり、せっかく建てた橋が流されてしまうということも起きた。上流に建設されたダムの不規則な放流による影響だと述べる村人もいる。かつて家の建築材として竹が主流だった頃には、伐採後に資材として用いる前に川の水に数日さらすことで虫を駆除していたが、ダムが建設されて以降、放流によってこれらが流されてしまうといった被害が多発し、TT村の人々の間ではダムが招いた予測不可能性へのネガティブな感情が長年にわたって蓄積されている。

　毎年作り直すとはいえ、竹橋の建設はかなりの重労働だ。世帯ごとに竹と木材の提供が求められるため、それぞれが自宅近くに植えた竹を伐採したり、田んぼのさらに先にあるTT村の共有林にとりに行ったりする。それもできない人は他の家族にお金を支払って調達しなければならない。

　竹は、日本では主に孟宗竹の増殖が山林の荒廃の原因の一つとなっているが、そこには、かつて意図的に植えていたものの、生長スピードが速いうえに近年では竹材として用いられる機会が減り、伐採されなくなったという背景がある［内村 1994］。一方のラオスでは1975年の革命後じょじょに人口が増え、大小用途様々なカゴや漁具、農具、建設現場の足場など多様な道具の素材に用いられているため、全国的に共有林の使用規制などが課題となってきている［森 2015］。調査を行った2019年の時点では、TT村では竹不足という声は聞かれ

ず、村外から購入するなどの必要はないため、村内の自然環境と竹橋の製作、使用までがつながっていると言える。

　橋の設置日が決まると、設置日の10日から1週間前からこれらの材料の準備を始め、数日前になると橋脚となる籠状の基礎を編み始める。設置日にはこの籠を川に沈め、1台の籠（橋脚）に1トンあまりの石を詰めていくことで川底に固定されるのだが、石を詰める作業が最も体力を消耗する。一部の村人が資金を出し合いユンボをリースすることもあったという。橋脚の固定が終わった後、その上に橋桁と橋板が乗せられて完成するわけだが、建設作業後には誰もが疲れ果て、設置を祝う儀式や村をあげての宴会を催すでもなく、「家に帰って寝る」と村の若者たちは話す。コンクリート橋を求める声が多いのはこの骨の折れる労働のためでもある。

　竹橋はこのように、人々の生業が行われる空間間の移動と季節の巡りと符号し、TT村の人々の労働と資材となる竹と木の生長を支える周囲の自然環境を動員するなかで、その存在と不在のリズムを刻んでいる。重労働ではあるものの、先進国の私たちから見れば、毎年流されることと再建することとが折り込まれた流れ橋は、いわば究極のレジリエンシーを備えたインフラにも思えてくる。

5　環境に棲まう構造物

　この橋はラオス研究者の間ではそれなりに知られた橋であった。多くの観光客もその美しくエキゾチックで自然に溶け込んだ構造物との出会いに感激するのであろう——インターネット上には、古いものだと2010年頃からの流れ橋の写真が投稿されている。その数はコンクリート製の永久橋の設置によって減少しているものの、ラオス国内では世界遺産登録されているルアンパバーンをはじめ、モンスーン気候のアジア各地に流れ橋は存在する。だがその美的価値だけではなく、先進国のアカデミズムにおいてもこのような構造への注目が高まってきている。

　近年、気候変動による極端な気象現象や気候パターンの変化が問題視されるなか、建築や土木、人文学など様々な領域でレジリエントなインフラを志向し

た議論がなされている。流れ橋や「生きている根の橋」(living root bridge)、あるいは人工物と植物のハイブリッドからなる複数種共存を目指す建築バオボタニック（Baobotanik）といった構造はいずれもこれらの分野において、示唆的な事例として立ち現れる。これらの例では、人間の介入を伴いながらも、自然と絡まり合いながら一つの構造物が作り上げられており、人間中心主義的な人間−自然関係から逸脱するものとして、人新世のインフラを志向する上でインスピレーションを与えてくれるものと言えるだろう。

　日本国内においても、徳島県山間部の農村集落で調査したランドスケープアーキテクトの石川［2018］が、用水路などに架けられた農民自作の橋や、急斜面で農耕を営む当地で作られる土留擁壁が、石や木材といった自然から得られる素材だけでなく、コンクリート舗装の破片や鉄板やモルタルなどの人工素材を用いて作られていることに注目し、ブリコラージュ的な環境改変と景観の表れについて論じている。こうして作られる極めて「パーソナル」なインフラを用いながら人々は自らの生活パターンの中で必要な移動を行い、人々の移動が交叉するところでコミュニケーションを生み出し、この地の景観を作り出しているのである。

　こうした議論の中には流れ橋を主題としたものもある。たとえばカンボジアのコンポンチャム州に位置し、メコン川を跨いで州都の街とペン島をつなぐ流れ橋は全長1kmにもおよび、自動車も通過できるほどに強度のある竹橋だった。『さらばメコン川の竹橋』(*The Bamboo Bridge*, 2019) というドキュメンタリー映画でも取り上げられ、観光名所にもなっている。フェミニスト経済地理学者のジュリー・グラハムとキャサリン・ギブソンらは、経済とエコロジーの領域を融合するこの橋を、人間と非人間からなるコミュニティのなかで生成するレジリエントなインフラとして論じている［Gibson-Graham, Hill & Law 2016］。竹林の管理と橋の建設に関わる多様な人間と竹や木、山、川を含んだ「人間だけではないコミュニティ」(more-than-human community) ［Gibson-Graham, Hill & Law 2016］の柔軟性と持続性は、希望に満ちた可能性をもった事例として示さ

＊4　地表に出た呼吸根によって作られることが多く、インドやマレーシア、インドネシアなどに見られる。たとえばインドのメーガラーヤ州のカシ族によって作られる生きた根の橋は両岸に植えられたインドゴムノキの根がビンロウジュで作った基盤を這っていくことで、数十年かけて構造が強化されていく。

＊5　シュトゥットガルト大学を中心に、生きた植物と無機物を組み合わせた建築技術として試作が進められている。

れ、資本主義社会で生み出されてきた様々な断絶と、自然をコントロールする剛構造に別れを告げようと訴えかけてくる。人新世時代の、いわば「環境に棲まうインフラ」への架け橋として。

　設計やデザインについてもこれらのインフラは示唆的な事例を提供してくれる。流れ橋は毎年建設されることによって、その技術が次の世代へと受け継がれるのと同時に、設計図がないなか、即興的なアレンジによって、変化する気候パターンや限られた材料などに適応してきた。当地では竹の不足が問題となっており、流失時には翌年も再利用できるように竹が組まれている。

　ボルネオの竹橋に注目したデザイン人類学の研究でも、こうした建築においては、デザイン自体が制作行為のなかに埋め込まれているとして、デザインを制作に先んじて独立して存在するものとする分断を乗り越えようとしている [Ewart 2013]。これは先の石川の議論とも通じる。モノ自体に埋め込まれた機能をできるだけ開いておくこと、つまり、様々なモノを未来の使用可能性に合わせて「緩く」カテゴライズして置いておくのである [石川 2018]。重要なのは、石川がここで、鉄板やコンクリートといった、いわゆる伝統的ではない、「オーセンティックではない」素材とも新たな関係を結んでいく人々の実践に注意を促している点である。いわゆる自然回帰や農村に向けられたロマン主義に陥るのではなく、個別の移動とコミュニティにチューニングする多様な可能性をもったインフラの様態への着目が重要となる。自然物にせよ人工物にせよ、周囲の様々なモノに人々がどのような可能性を見出し、そこからいかなる移動を紡いでいるのかが見えてくるからだ。

　だが、『さらばメコン川の竹橋』でも描かれているように、コンポンチャムでは日本のODAによってすぐ近くにコンクリート橋が建設され、竹橋の存続が危ぶまれている。竹橋の建設にかかる費用は利用者の通行料に頼っているためコンクリート橋の開通は大きな打撃になると考えられていた。映画はこの不穏な先行きが描かれたところで終わっている。だが、少なくともコンクリート橋が建設された後も本章を執筆している2023年の時点で流れ橋は若干幅を狭くしたもののまだ造られている。橋に限らず道路や鉄道などのインフラは確かにその設置によって人の流れを変化させ、新たな交通を作り出し、空間編成を組み直すものだ。だが、既存の流れはそう簡単に消失しない。ここで思い出されるのは、芝生を保護するために敷かれた舗装された迂回路を使わずに人々が芝生の上を最短距離で突っ切るためにやがて芝生の上に一本の道が出来上がるような光景だ（結果的にその上に舗装がなされて正規の道路に昇格することもある）。

橋が架かる位置は、川をどこで渡るかを決定し、交通の流れはその地点に向かって凝集する。ここで、橋というインフラがそもそもどのような存在であり、いかにして移動を作り出すのかを問わなければならない。

6 橋梁が作り出す移動と空間

　「過去と未来の架け橋」や「異文化をつなぐ橋」など、橋はメタファーとして多用される上、神話や民話においては異世界間の媒体といった象徴的な意味を持ったものとして現れる。そのため、意味論的な解読を目指す人類学や民俗学の研究では、聖なる領域と俗的な現世との間にある境界性といった橋解釈が展開されてきた。異界への通路としての橋は、そこでまったく異種の人間と遭遇する可能性を秘めていたり、それを壊すことによって異界との交流を断つ最も有効な手段となったりする［雨宮 2018］。それ自体が象徴的な意味でありながら、現実にそのような働きや現れをもつ興味深い対象である。

　橋はその存在と不在によって、渡れるか渡れないかのいずれかの結果しか与えない、決定的なインフラであるとされる［Strohmayer 2010］。ジョン・アーリは、新たなモビリティーズ・パラダイムの思想的基盤を築いた思想家としてゲオルグ・ジンメルを挙げ、人間がもつ「つながりへの意志」が橋という形で具現化する点に注目する。人や動物が歩んだ跡に自然と踏み固められた道が現れてくるのと違い、橋はより積極的な環境への働きかけを要する。現代では、政治的意図や近代のフェティッシュとして、何の文脈もなく選ばれた土地に敷かれた国道や高速道路ももちろん存在する［Dalakoglou 2010］。しかし道が多くの場合に移動の結果として、あるいは移動に付随して立ち現れるのに対して、橋は横断を生み出し、その結果可能となる移動の前提条件となり、依存させる。ジンメルによれば、人間は「つながりへの意志」によって、橋を建てる前から両岸を分離されたもの、つながるべき隔たりとして視覚的に想像でき、それは橋によって達成されるのである［アーリ 2015: 36］。

　橋はさらに、人や動物を渡すこと以上の存在でもある。アーリもまた引用しているが、マルティン・ハイデガーは、その技術論において、住まうことと建てることが目的と手段の関係でなく、両者が密接に関連しており、建てることは住むことに属していると述べるなかで、以下のように橋を説明している。橋はそれがまたぐ流れ（川や他の交通）の周囲の景観を改変し、流れと両岸とそ

の背後に存在する空間を「取り集める」[ハイデガー 2019: 76–77]。両岸は、橋が架けられることで両岸として現れるのであり、場所が橋とは独立して、橋に先立って客観的に存在することはない [Heidegger 1971: 149–170]。橋とは一つの場所であり、そこから広場や道などの空間が広がり、人間にそれらの間の移動を可能にし、住むとはまさにこのような場所を通して様々な空間とつながることにほかならない（ハイデガーの議論における「住まう」ことについては**第10章中野（歩）論文**も参照）。

　だが、考古学の視点からみると、ハイデガーの橋理解はややナイーヴである。考古学者のマット・エッジワースはイギリスの中世から存在する古い都市の形成と変化を、かつて浅瀬があったスポットと現存する橋の位置関係から読み解くなかで、川を渡ることに関していえば、古代から人々は浅瀬（ford）で動物や籠、ロープの補助を借りて渡っていたことを指摘する。ハイデガーが述べるような、橋を中心とした空間の凝集は、浅瀬の周囲ですでに起きていたのであり、橋は浅瀬によって作られた人や動物、モノの流れに合わせてその近くに後から建てられる[*6] [Edgeworth 2014]。この点から、両岸を潜在的に渡ることが可能なものとして見られるのが「人間だけ」[アーリ 2015: 36] と述べているアーリとジンメルの理解も異なった見え方をしてくる。動物が渡れるくらいの浅瀬の出現が後に橋を架ける場所を示してくれているのだ。

　エッジワースが指摘する、横断の進化論はTT村の竹橋にも共通している。TT村の居住区が位置しているのはナムター川がC字型に蛇行しているそのなかであるが、上流部の最初のカーブから次のカーブにさしかかる途中のやや浅瀬になっている位置（平瀬）に橋は設置されている。その証拠に、橋の横には、自動車が通れるだけの道が存在しており、乾季で川の水位が下がっている時はランドクルーザーレベルの自動車であればそのまま川を横断する。また、この竹橋自体、現在の幅1mほどの構造になったのは2010年頃からで、それ以前は徒歩でのみ渡れる、現在よりももっと簡素な橋だったという。さらにそれ以前は両岸にロープを渡し、掴まりながら対岸に渡っていたといわれ、その位置を示すように、川へ向かって降りていく道が現在の橋の隣に残されている。現在でも、洗濯をしたり水浴びをしたりする人々はこの道を使って川に降りてい

＊6　イギリスで、ウェリントンフォード、オクスフォードやシェフォードといった地名がつくのはかつて浅瀬（ford）が景観の中心にあった土地だからである。さらに後者の2つに関しては、その浅瀬を渡っていた動物たち——雄牛（ox）や羊（sheep）——がこれらの名前の中に隠れている [Edgeworth 2014]。

第5章　環境に棲まうインフラ——流れ橋が刻むリズムと集める空間

く。浅瀬の位置、移動手段と規模の変化に伴って川を渡る横断のモードも変化してきたのである。

エッジワースは浅瀬が橋と決定的に異なる点として、それ自体が動きのなかに存在し、河川の地形学的変化に伴い流動的で不安定である点を挙げる。たとえば蛇行した川では、異なる流速に伴って川底で侵食が起き、波のようなパターンでじょじょに下流側へと土を移動させていくなかで、浅瀬の場所も移動していく。さらに、上流側で堰やダムを設置することで下流側の水の流れと川底の侵食の動態も変化するため、浅瀬に向かって凝集してきた景観——街から延びる道路やその道路の先にある教会、広場や市場——を置いてきぼりに、下流へ移動していったり消えてしまったりする。結果、その近く、あるいは少し離れた場所に橋が設置され、古い景観はその痕跡を現在の配置の中にわずかに残し、凝集する方向性が変化するのである [Edgeworth 2014]。

繋がりの想像と橋の建設によって両岸の存在が表出するというハイデガーの議論に反し、浅瀬は時に人間が予期せぬタイミングで現れ、人や動物を他方の岸へと渡す。そして川の流れとともに移動し、また上流での人間や動物（ビーバーなど）の介入によって変化していく。蛇行した川はやがて三日月湖を残して直線になり、「両岸」だった位置は同じ空間になるかもしれない。一部を埋め立て、川の流れを変化させるという方法もとられてきた。TT村においても川が蛇行する位置は、この50年ほどで「家3軒分」ほど移動してきたと村の高齢者が語っていた。加えて、近年ではコンクリートの需要から砂の採掘が河川で行われるため、そうした場所では川底が深くなっているといわれる。これによって下流に変化をもたらし、浅瀬の位置もずれていく。私たちはしばしば山や川、湖といった自然の景観を「変わらぬもの」として捉え、固定化させ、他方で文化社会を変化するものの側に置いて場所を理解しようとする [マッシー 2014: 250–269]。しかし、私たちが思っている以上に、自然の景観とは場所を理解するための標準的な基礎にはなりえず、川、橋、人、街、村、共有林、田圃などの諸要素は、それぞれ異なる時間性を刻みながら交叉し、場所が立ち上がる [マッシー 2014: 261; 地質学的スケールの流動性については**第8章古川論文**も参照]。

そして村の高齢者らによれば、かつて橋は「それほど重要ではなかった」という。先述の通り、1970年に国道3号線が中国の支援で整備されるまで、街の中心部は現在旧市街とされる南側に存在していたため、対岸へ行くことの必要性が高くなかったのだ（しかも田圃と共有林は国道と逆側である）。そのため、

当時の形態の橋にしても5年に一度ほどのペースでしか建設せず、必要なとき
は渡し船を使っていたという。

　さらに、川はそもそも断絶よりもつながりを示すものとして認識されていた
かもしれない。山がちな地形で陸上交通が発達してこなかったラオスでは、そ
もそも川とは「高速道路」のようなものだったともいわれる。このように考え
ると、両岸の現れとは相対的なものである。同時に、モンスーン気候の地域で
は、川は季節によって変化する、そして変化によって移動と空間間の関係を形
作る、それ自体が不安定で可変的なインフラだったのだ。

7　「さらばナムター川の竹橋よ」

　これらの考古学的知見と流れ橋は、空間とモビリティについて何を語ってい
るのだろうか。一つには、偶発的な出会いのなかで立ち上がるインフラとモビ
リティについての新たな視点である。交通インフラは一般的に、派生需要と考
えられている。ある場所で需要されているものが異なる場所に存在するときに
インフラは必要となる。観光列車や豪華客船のようにそれらに乗車している時
間や経験に価値が置かれるような場合は根源的需要となるが、基本的には、交
通インフラは繋がるべき地点の存在が先立つ。だがこれまでみてきた平瀬から
の進化のプロセスを見ると、繋がるべき地点はむしろ平瀬の出現によって顕在
化する。コンポンチャムの流れ橋も、基本的には人間による作業が可能な程度
の水深と流れの速度のところに架けられる。「つながりへの意志」は、ここなら
渡れる、という見込みから湧き出てくるのだ。そして、この「ここなら渡れ
る」という「つながりの可能性」は、人間や動物が実際に川を渡る行為のなか
で身体的に得られる感覚と強く結びついている。

　2つ目に、気候変動の時代に模索される自然と融合したインフラのあり方に
ついても何がしかを語ることができるかもしれない。「渡る」という移動の
モードは、障害となる流れとの出会いとそれを越え、分断された空間同士がつ
ながることを意味する。平瀬の偶発性と流動性、そして流れ橋の抗わない姿勢
が示しているのは、障害に接触しないことでその流れをないものとするのでは
なく、文字通り半身浸しながら、渡れるときは渡る、という空間と移動する身
体の結びつき方だ。環境に棲まうインフラを志向する議論は、このある種の諦
めと骨の折れる反復を受け入れないことには、実際にそのようなインフラを社

図4　新たに設置されたナムター橋（2023年8月）

会に実装することは困難かもしれない。実のところTT村の人々も永久橋の建設を長い間強く望んでいた。偶発性と流動性のなかに身を浸すことは、どんなにエキゾチックに描いたとしても、簡単に推奨されるものにはなり得ない。そして私たちも、いわゆる伝統社会の自然と融合したインフラというロマン主義に安易に浸ってはいけない。

　とはいえ、永久橋が望まれる背景として、現在の街の凝集力が大きな役割を果たしているのは確かだ。2023年8月。新型コロナウイルスのパンデミックが収束し、新たに開通した鉄道に乗って4年ぶりにルアンナムターへ行くと、竹橋はすでに立派なコンクリート橋によって置き換えられていた。政府がADB（アジア開発銀行）からの借款を受け、各村の予算として分配し、TT村とその周辺の村が予算を合算して、大規模な交通インフラの整備を行ったということだった。かなり高架化したこともあってガラリと景観が変わった。TT村の村長は私と同じ年齢の若くやる気に満ちた青年に代わり、村内には舗装道路と街灯がつき、永久橋が設置された2022年以降、人口も増加している。地価が上がり、誰もが「便利になった」「国道沿いに住んでいた親族が戻ってき

た」と口々に述べる。沿道で暮らす女性に「車の往来が増えてうるさく感じたりしないか」などネガティブな質問をしても「ほとんど気にならない」と即答。ペーンだけが、橋の下に回って橋脚に触れながら「何年もつかなぁ」などと不吉な冗談を言う。流れ橋の不在と存在が刻んできたリズムは消え、「近代化による画一化」「場所の均質化」といったクリシェが脳裏をよぎる。近代インフラの不可視化の力は凄まじく、コンクリート橋開通からまだ1年しか経っていないのに、竹橋の写真を見せながら村の老人に話を聞くと、目を細めて懐かしそうに竹橋とこの村の歴史を語るのだ。

　だが長い目でみれば、これまで述べてきたようにTT村と街の関係、両者の間にある移動のパターンとリズムも可変的である。最後に、冒頭で紹介した中老鉄道に話を戻そう。中国との国境沿いのボーテンから南下する線路がまずたどり着くのは、ルアンナムター県都の街からはおよそ35km離れたナートゥーイ駅である。ナートゥーイからルアンナムターの街までは車で1時間ほどかかり、乗合タクシーはTT村の田園側からアプローチして、新たにできたコンクリート橋を渡って街へとたどり着く。17号線沿いに位置する現在の街は、この新たに現れた中国が先導する人と物の流れから外れているとも言える。そもそもルアンナムター県があるラオス北部地域においては、歴史的には中国、タイ、ミャンマーとの交流の流れのなかでシン郡とナムター郡が中心地であった。こうしてみると、鉄道建設によって中心地がずれ、モビリティが交叉する場所、人やものが凝集する場所も現在とは異なってくる可能性もあるのだろう。新たなダムの建設や護岸工事も進めば川の流れも変わる。絶えず固定しない多様な要素の布置のなかで、そのときどきの凝集力に引き寄せられながら、断絶を超えて向こう岸へと渡ることへの欲望と、渡れるという可能性の実感が、この地の移動を形作っていく。

＊7　村の高齢者の多くにとって、国道3号と17号を結ぶ橋が、それほど大きな橋ではないにもかかわらず1970年から4年かけて建設され、今なお事故なく存在していることから、建設期間の長さは耐久性への信頼の一つの基準になっている部分がある。調査の過程でしばしばこうした語りを聞き、また、街から西側に4kmほど行った先のランテンの村にある倒壊したコンクリート橋についてともに聞き取りを行った経験などが影響しているらしく、ペーンはややシニカルな態度をとるようになっている。あるいは、2018年に発生したラオス南部でのダム決壊事故とそれに対する政府、開発主体の対応に対して社会主義国のラオスにあって珍しく批判的な声があがったこともあり、ペーンに限らず一部のラオス人の間ではこうした剛構造のインフラに対する不安が高まっているのかもしれない。ソーシャルメディアを通じたラオスの全国的な批判的言説の高まりについては山田［2020］が紹介している。

第5章　環境に棲まうインフラ——流れ橋が刻むリズムと集める空間

参照文献

アーリ, J. 2015『モビリティーズ──移動の社会学』吉原直樹・伊藤嘉高訳 作品社.

雨宮久美 2018『謡曲『石橋』の総合的研究』勉誠出版.

石川初 2018『思考としてのランドスケープ　地上学への誘い──歩くこと、見つけること、育てること』LIXIL出版.

内村悦三 1994『「竹」への招待──その不思議な生態』研成社.

エヴァンズ＝プリチャード, E. E. 1978『ヌアー族──ナイル系一民族の生業形態と政治制度の調査記録』向井元子訳 岩波書店.

木村周平 2018「序：《特集》 インフラを見る、インフラとして見る」『文化人類学』83(3): 377 -384.

ダント, T. 2015「運転者－自動車」M. フェザーストン・N. スリフト・J. アーリ編『自動車と移動の社会学──オートモビリティーズ』新装版 近森高明訳 法政大学出版局 pp. 95–124.

難波美芸 2018「ラオス首都ヴィエンチャンの可視的なインフラと「擬似－近代」 的なるもの」『文化人類学』83(3): 404–422.

ハイデガー, M. 2019『技術とは何だろうか──三つの講演』森一郎編訳 講談社.

古川不可知 2018「インフラストラクチャーとしての山道──ネパール・ソルクンブ郡クンブ地方、山岳観光地域における「道」と発展をめぐって」『文化人類学』83(3): 423–440.

ベックマン, J. 2010「移動性と安全性」M. フェザーストン・N. スリフト・J. アーリ編『自動車と移動の社会学──オートモビリティーズ』近森高明訳 法政大学出版局 pp. 125–160.

マッシー, D. 2014『空間のために』森正人・伊澤高志訳 月曜社.

森朋也 2015「ラオス平地部における村落共有林管理についてのコミュニティ・ガバナンス──コモンプール・アプローチと社会関係資本論の観点から」『中央大学経済学研究会　経済学論纂』55(3–4): 163–187.

山田紀彦 2020「＃もしもラオスの政治が良かったら」『IDEスクエア：世界を見る眼』日本貿易振興機構アジア経済研究所 pp. 1–7.

Bowker, G. C. & S. L. Star. 2000. *Sorting Things out: Classification and Its Consequences*. MIT press.

Dalakoglou, D. 2010. The Road: An Ethnography of the Albanian-Greek Cross-border Motorway. *American Ethnologist* 37: 132–149.

Edgeworth, M. 2014. Enmeshments of Shifting Landscapes and Embodied Movements of People and Animals. In J. Leary (ed) *Past Mobilities: Archaeological Approaches to Movement and Mobility*, pp. 49–62. Ashgate.

Evrard, O. & Goudineau, Y. 2004. Planned Resettlement, Unexpected Migrations and Cultural Trauma in Laos. *Development and change* 35(5), 937–962.

Ewart, I. J. 2013. Designing by Doing. In *Design Anthropology*. Bloomsbury. 85–99.

Gibson-Graham, J. K., A. Hill & L. Law 2016. Re-embedding Economies in Ecologies: Resilience Building in More than Human Communities. *Building Research & Information*. 44(7): 703–716.

Graham, M. & S. Marvin 2001. *Splintering Urbanism: Networked Infrastructures, Technological Mobilities and the Urban Condition*. Routledge.

Heidegger, M. 1971. Building, Dwelling, Thinking. In M. Heidegger *Poetry, Language, Thought*, A. Hofstadter (Trans), pp. 143–161. Harper and Row.

Larkin, B. 2013. The Politics and Poetics of Infrastructure. *Annual Review of Anthropology* 42: 327–343.

Namba, M. 2016. Becoming a City: Infrastructural Fetishism and Scattered Urbanization in Vientiane, Laos. In P. Harvey, C. B. Jensen & A. Morita (eds) *Infrastructures and Social Complexity*, pp 76–86. Routledge.

Star, S. L. 1999. The Ethnography of Infrastructure. *American Behavioral Scientist* 43(3): 377–391.

Star, S. L. & K. Ruhleder. 1996. Steps Toward an Ecology of Infrastructure: Design and Access for Large Information Spaces. *Information Systems Research* 7(1): 111–134.

Strohmayer, U. 2010. Bridges: Different Conditions of Mobile Possibilities. In T. Cresswell, & P. Merriman (eds) *Geographies of Mobilities: Practices, Spaces, Subjects*. pp. 119–135. Routledge.

第6章 不可視性に抗して〈観る〉ために

——ジープニーをケアするインフラ労働

西尾善太

1 はじめに：パンデミックが可視化した労働者の存在

　2019年末、中国の武漢から世界中に広がったCovid-19の脅威は、私たちの日常のあり方を大きく揺さぶる出来事であった。何気なく出かけ、誰かと会い、話し、ともに食事をする。そんな些細な日々のあり方、生きているという感覚、その感覚と深く結びついたモビリティを制限・遮断した。このモビリティの危機は、政治家が繰り返し述べることで定着した（あるいは物議を醸し出した）「エッセンシャルワーカー」という日常を支え、私たちの生活に不可欠な労働者の存在に意識を向けることになった。本章が取り上げるのは、フィリピン・マニラ首都圏の交通インフラストラクチャーを陰から支える労働者とかれらのケアの実践である。なぜなら、様々な生産活動の停止・中断から再び経済が再稼働し加速化する今こそ、私たちは社会がどのように支えられているのかを改めて考えなおすことが求められているからだ。

　ウイルスが人類の歴史のなかで作られた国境を越えて広がったこの状況は、社会学者ジョン・アーリがその著作をつうじて訴えた「モビリティ」概念の有効性を証明するものであった。かれは、技術発展とともに活性化するグローバルな変動を捉えるためモビリティというメタファーを用い、近代国民国家の境界に限定されない社会を越えた社会学に向けて格闘した研究者である［アーリ 2015］。グローバリゼーションや新自由主義の深化は、国民国家の領土を越えたネットワークや技術・システムによる連動性を高め、一方、ヨーロッパでは、福祉国家という統合体の解体が進んだ。アーリのアクチュアリティは、モビリティの高まりによって従来の近代国民国家と社会の前提であった境界と領土が

不安定化する様を予想し、生じうる2つの未来像を描くことで、警告を発した点に求めることができるだろう。その未来像とは、世界中のシステムが連鎖するネクサスの世界とそのシステムが崩壊し断片化した世界であった。

　前者の未来像では、「一つのまとまりであり、その一体化は、互いが互いに同化しあうことで生まれる」ネクサス（連鎖）として世界が統合される。後者の未来像とは、そのネクサスが崩壊し、万人による万人のための闘争状態に陥った「部族取引」へと後退することであった［アーリ 2015: 143, 421–422］。奇しくも、私たちがパンデミックのあいだに経験したことは、この2つの未来の混合物であった。ネクサスがウイルスを世界中に拡散させ加速度的に進化させ、一方で物流は部分的に途絶えた。先見の明をもつ社会学者すらも予見しきれなかったパンデミックが明らかにしたことは、いかにテクノロジーによりモビリティが高まった世界であっても、またモビリティが停止した状態であっても、私たちが生きていくうえで社会的再生産を担う人間が必要だという当たり前の事実であった。そして、本章が取り上げるフィリピンという地域こそ、先進諸国の医療現場の矢面に立ってケアを施し、船員としてグローバルな物流とその船内における食事や清掃を担い、さらにオンラインサービスの高まりに対して日常的運用管理とユーザーサポートを引き受ける人材を提供している。思い出してほしい。2020年2月、日本におけるパンデミックの始まりを告げたクルーズ船ダイアモンド・プリンセスで誰が働いていたのか。そこには乗員531人のフィリピン人労働者が豪華客船に居たことを。いわば、かれら／かのじょらは世界のグローバルなモビリティを支える存在なのである。本章では、こうしたモビリティをつくり、支える労働をインフラ労働（infrastructural labor）と位置づける。

2　グローバリゼーションを下支えるインフラ労働

　先述したインフラ労働とは、インフラストラクチャーに関する人文社会科学の蓄積のなかで比較的近年論じられるようになった概念である。この概念を引き出したのは、グローバルサウス都市論を牽引する人類学者アブドゥル－マリ

＊1　「フィリピン チャーター機2機派遣 クルーズ船の約400人帰国へ」（NHK、2020年2月25日）https://www3.nhk.or.jp/news/html/20200225/k10012300381000.html

第6章　不可視性に抗して〈観る〉ために——ジープニーをケアするインフラ労働

ク・シモーヌの「インフラとしての民衆」にインスパイアされた研究群である
[Simone 2004]。グローバルノースにおけるインフラ研究がその技術的な性質
や統治性の議論を蓄積した一方で、グローバルサウスでは国家による公共財と
してのインフラが欠如するなか、「都市の居住・利用方法について明確に定義
された概念なしに作動する、絶えず柔軟で、モバイルで、暫定的な住民の相互
作用」、つまり、具体的で即興的な社会性や実践が生を支える社会インフラと
なりうることが論じられるようになった。

　インフラ労働を提起したアレハンドロ・デ・コスコルソらによれば、こうし
た労働とはメンテナンスや修理にみられるように、資源、資本、労働の継続的
な循環を維持し、回復し、確保するための行為である [De Coss-Corzo 2020,
2021; De Coss-Corzo, Ruszczyk & Stokes (eds) 2019]。つまり、資本制の生産関係
や統治形態の再生産に必要なものである。この労働は、社会的生存のために必
要であるにもかかわらず、労働者を深刻な危険と害に晒す。デ・コスコルソら
のインフラ労働という概念は、フェミニズムが家事を再生産労働として経済領
域との関係でイシュー化したように、都市やグローバルな領域において不可視
化され排除された労働の形態を明らかにするための視角である [cf. フェデリー
チ 2017]。

　インフラに対する解釈の拡張は、物質性や技術に基軸を置く研究者の立場か
らすれば、もはやなんでもインフラではないか、という懸念も生じうるだろう。
しかし、インフラとは、特異の認識に基づく概念であり、つねに特定の対象を
認識することで、不可視の世界を存在として構築する。たとえば、橋は橋自体
としてインフラなのではなく、橋によって結ばれる多様な関係性、ネットワー
ク自体がインフラであり、それを直接〈見る〉ことはできない。言い換えれば、
インフラとは、想起することで、〈観る〉ことで、立ち現れる関係的存在であ
る。本章では、見る（look）と観る（see）というパースペクティブにおける深
度を区分するマリリン・ストラザーンの議論を念頭においている[*2] [Strathern
2009]。視覚的情報を獲得するという意味においての物質を〈見る〉ことと、
その物質の背後や深部に存在する、目に見えないアクターや過去の蓄積、物語

＊2　ニューギニア高地の先住民がロンドンを訪れた際、「木々が立派で本当に背が高くて栄え
　　ている（flourishing）」と評した。誰もが知っているようにロンドンは豊かな場所だ。し
　　かし、かれらは、木を見る（look）ことで人々がロンドンの森林を切り開くことで繁栄へ
　　と導いた過去の労力を観ていた [Strathern 2009: 21–22]。社会理論家としてのストラザ
　　ーンの評価については鈴木による論考を参照 [鈴木 2022]。

を想起するという意味においての〈観る〉ことの区分は、想像力をより微細に捉えるために重要な概念である。この区分を念頭におけば、シモーヌやデ・コスコルソらの研究がグローバルサウス都市においてインフラ概念と正面から取り組んでいることがわかるだろう。かれらは、人々の行為や実践、社会関係に対し、資本蓄積を含む社会的生を支えるインフラとして位置づける。さらに、インフラ労働とは、フェミニスト経済学の蓄積を踏まえ、社会的再生産を支えながらも、不可視の取るに足らない存在として取り置かれてきた行為や実践に光を当てるための概念である。

　こうしたインフラ労働は、必然的に「エッセンシャルワーカー」という言葉と類似する。しかし、エッセンシャルワーカーという言葉は、社会に不可欠であるという点を強調しながらも、それが経済における生産や再生産という領域といかに結びついているのかを十分に考慮することができない。インフラ労働は、この労働につきまとう強固な搾取の存在をも捉えるための概念でもある。文化理論家ネフェルティ・タディアーによれば、「インフラとしての民衆」とは、社会的再生産のための「使い捨て可能な労働者」を含意している［Tadiar 2016］。先進国の都市で住み込みの家事労働者として働くフィリピン人女性は、主人の生活とモビリティを高める万能なロボットであり、より価値ある生を再生産するための「使い捨て」の存在に陥ってしまう。アーリの描く「ネクサス」としての未来像は、フィリピン人にとってネクサスの蝶番として身体と生命力（vitality）でもってその潤滑油になり、またそうでなければ止まってしまう社会を稼働させるために引き裂かれ使われ続けることを意味する［西尾 2023］。エッセンシャルワーカーの英雄視に対する批判は、タディアーが指摘するような危険と責任を押し付けられながらも、その低賃金と労働環境が決して改善されることのないインフラ労働の性質に由来しているのだ。こうした労働者は、インフラという不可視性と結びついた形容詞が示すように、往々にしてみられることはなく、それゆえに政治的な集合性を形成する困難を抱えている。しかし、インフラ労働の特徴である修理やメンテナンスへの着目は、「搾取と廃棄という問題ある関係を永続させるだけでなく、ケアの倫理への道筋を提供するという意味で、私たちの存在を根底から支えている」領域に開いていくものでもある［Corwin & Gidwani 2021: 13］。インフラ労働を捉え、その不可視性に抗して可視化することは、私たちの世界のために働く関係性と存在に気づき、資本制や搾取といった社会経済体制を一身に引き受ける人間をうみ出す構造に問いを投げかけ、同時に別様なポリティクスへと開く可能性を模索する

ことと言えるだろう。

3　マニラ：モビリティがうみ出すランドスケープ

　フィリピンは、グローバリゼーションと新自由主義の時代の申し子である。だからこそ、諸矛盾を抱え、袋小路のさなかに陥っていることもまた事実だ。モビリティの視角は、1,000万人を越える海外出稼ぎ労働とその送金で成長し続けるマニラを捉えるためには不可欠である。繰り返す出稼ぎ労働者のモビリティとフローーこそが貧富によって垂直状に分断された都市をうみ出し続ける原動力なのだから。フィリピン経済における送金額はGDPの10％を占め、さらに移民労働者も1億人のうちの10％が海外にいる。世界有数の移民送り出し国家であるフィリピンは、社会の境界を越えて外と結びつくことで経済成長を続けている。

　海外出稼ぎという選択肢は、1980年代に生じた経済危機のなかで国家政策として打ち出された。不況によって仕事がないフィリピンではなく他国での外貨獲得が奨励された。現在では100か国以上に渡航し、かれらの送金額は2000年と2019年のあいだで69.6億ドルから335億ドルへと劇的に伸び続けた。国内ではフィリピン海外渡航庁という国家機関が海外の雇用需要を調べ、それに即した訓練や資格を提供することで移民をつくりだしている。こうしたフィリピン国家による積極的な労働者の輸出は、国民の売買を仲介するブローカー国家として批判もなされている［Guevarra 2009］。出稼ぎにいった人々は様々な方法でフィリピンに物資を、金を送り続ける。そうした金によって農村ではコンクリートの豪華な住宅が立ち、都市でも高層マンションや自家用車が購入される。マニラの都市景観は人と金の循環によってかたちづくられてきたのであった。多くの出稼ぎ労働者は一度海外に向かったらその後、なんどもその動きを繰り返していく。出稼ぎのモビリティは、マニラの景観を変え続け、またかれらを出稼ぎと消費の循環に晒し続けるのだった。フィリピン人労働者が国民国家の内と外という境界に限定されず、グローバルなインフラ労働者となる状況は、アーリが予想したネクサスに包摂されているからに他ならない。それは他者のモビリティを高めるため、資本のモビリティを高めるための潤滑油だ。モビリティが交錯する場として、マニラという都市のランドスケープはうみ出されている。

図1　ジープニー

4　荒廃からうまれたジープニーと労働者

4-1　ジープニーの誕生

　本章がこのフィリピン・マニラを舞台としてインフラ労働を検討することは、現在のグローバリゼーションと新自由主義が最も深く染み渡る社会をどのようなインフラ労働が支えているのかシリアスに考え抜くためである。グローバリゼーションのモビリティを支えるフィリピン人労働者を支えているインフラと人々はどのようなものなのだろうか（モビリティを引き受ける身体性については本書**第2章萩原論文**を参照）。

　ジープニーは、色鮮やかなグラフィックで装飾されたフィリピンの文化的なアイコンとしてたびたび取り上げられるが、最も安く民衆の足として利用される公共交通機関である（**図1**）。ジープニーの歴史は、市井の人々が第二次世界大戦後に廃棄された軍用車両（ジープ）を交通車両に作り変えたことで始まった。ジープニーは、壊れやすいけれど耐久性のある車両が人々の手で修理され、役人への賄賂によって路線網を拡大し、ストライキを通じて政府の取り締まりや規制に反発することで現在まで維持されてきた［西尾 2021, 2022］。山間部では悪路を越えて点在する村々をつなぎ、増水した河川を渡し、また都市部では膝上が浸かる洪水のなかを走り抜け、ジープニーは人々の日常生活の基盤とな

り、人々の移動を通して経済活動を支えている。

　アーリのいうネクサスとモビリティを念頭に置けば、20世紀初頭の植民地都市マニラは、近代的な都市計画、上下水道、電力網、路面電車、時刻表に基づくバスといった統合されたネクサスとして計画された。これらの統合的ネットワークは、統治者であるアメリカ人にとって生活しやすい空間をつくり出すためであった。マニラとは、近代と発展を象徴するモデルであり、その体現による統治の正当化の手段であり、フィリピン全土の統合に向けた実質的な基地拠点でもあった。しかし、1945年2月、日本軍の占領から解放を求めるアメリカ軍とのあいだで1か月にわたる市街戦が生じた。市街戦による死者は、日本人1万2000名、アメリカ人1,010名、市民10万人に及んだ。

　マニラ市街戦の壊滅的な被害について、歴史家ダニエル・ドッパーズは食糧供給網の根本的な破壊から説明している［Doeppers 2016］。かれは、食料供給網の破壊が飢餓を生じさせ、多くの市民が犠牲となり、「マニラの死」へと至ったと指摘する。路線バス車両、長距離トラック、自家用車などは、軍事利用のために日本軍によって徴用された。市街戦により市街電車、バス車両も破壊された。インフラとは集合的な生を支える基盤であり、インフラの全面的崩壊は、集合的な生を危機に晒し飢餓を引き起こした［Larkin 2013］。

　近代的交通網は失われた。喪失を埋め合わせるために、アメリカ軍が残していった軍用車両を人々の身体と社会関係、そして実践知がつくり替え、インフラとしていった。レベッカ・ソルニットがハリケーン・カトリーナについて統合性を欠いたなかで生じた社会性にひかりを当てているように、人々がつくり出した社会性が恒久的なインフラへとなっていった［ソルニット 2010］。これは、資源、資本、労働の継続的な循環を維持するために、人々がインフラ労働者として都市の一部に深く埋め込まれることで可能となった。こうしたインフラ労働は、ジープニーが公共サービスを担う交通機関でありながらも、その運営においてはインフォーマル性を内包する結果をもたらした。

4-2　ジープニーを運行する労働者

　ジープニーは、現在に至るまでマニラの主要な交通手段であり、人々にモビリティを提供する存在である。時刻表もバスのような停留所もないジープニーは、ドライバーと乗客のコミュニケーションによって運行する。ドライバーは、その目でもって路上を隈なく見渡して客を探し、フロントミラーで車内の乗客から運賃を受け取り、片手で器用にお釣りを取り出して手渡し、ギアを小まめ

に入れ替えながらハンドルを操作する。かれらだって目も手も2つしないし、頭は1つしかない。けれど、その身体は、ジープニーの車両と分かちがたく結びつき、かれらの身体と車両の結びつきが交通インフラを構成している。エリヤチャーのことばを借りれば、ジープニーのような交感的労働は都市の実効的なコミュニケーションのコードをつくり出す［Elyachar 2010］。

　しかし、ジープニーのモビリティは、高度な技術的ネクサスによって統合されたインフラではない。むしろ、各々のドライバーは、独立した自営業者であり、自らの収入を最大化するため他のジープニーを追い越そうとする。ジープニーは、車両を運行するドライバーと車両を所有するオペレーターの組み合わせからなる。ドライバーはオペレーターにレンタル料を支払って、その車両を借りている。レンタルの間、いかに運行するかはドライバーに委ねられている。日々のレンタル料とガス代を超えた分だけかれらの収入は増加する。ドライバーは競走し合い、乗客を求めて路上を走り抜け、街角に駐車して乗客が満ちるのを待つ。

　上述のようにドライバーは被雇用者ではない。ドライバーと車両を所有するオペレーターのあいだには雇用契約はなく、他のグローバルサウス都市と同様にインフォーマルな労働者である。かれらは法的に守られることはなく、また自らの身体を酷使することでより多くの収入を得ている。そのため、時には文字通り命を削ることもある。定期的に噂話になるのは、運転のしすぎによる過労死である。たとえば、2019年10月マニラ首都圏タギッグ市の路線で42歳のドライバーが亡くなった。彼には、7人の子どもがおり、養うために毎日、14時間から16時間の運転を続けた。結果、渋滞するジープニーのなかでかれは心臓発作によって亡くなった。路線組合は、メンバーで金を出し合い、彼の妻に1万ペソを香典として手渡した。他にも、ケソン市の路線やマラボン市の路線でも高血圧や発作で亡くなるドライバーの話を聞く限り、多くのドライバーは同様なリスクを抱えている。社会保障も整わないジープニーセクターにおいて、かれらの家族を支えるのは、自身の運転だけであるため、ドライバーは風邪を引いても抗生物質と痛み止めを飲んで運転する。

　ドライバーの労働は、単に保護されず、リスクに晒されているだけではない。ギドワニの指摘にあるように、インフラ労働とは「都市の中間層のライフスタイルを支える労働者であるにもかかわらず、都市の貧困層は蔑視」されている［Gidwani 2015: 590］。これはインド・デリーの例であるが、マニラにおいてもドライバーは蔑視の対象である。乗客をめぐるドライバー間の競争やかれらの

運行方法は、渋滞の原因となり、時に深刻な事故を引き起こすなど交通の秩序を乱すとみられている。制御不可能なドライバーたちについて、マニラ市交通局は、獣（*hayup*）、悪魔（*demonyo*）と蔑称を用いてきた。近年においても、2017年には、ドゥテルテ前大統領が「お前たち（ジープニー関係者）が貧しいかって？　困窮して腹ペコだって？　くそったれめ！　そんなこと知るか！それ（交通インフラ）はフィリピン人たちのためのものだ。人々を危険に晒すな！」と述べ、さらに運輸省局長だったマーク・デ・レオンは「それ（ジープニー）は合理的なストリートの使い方ではない。かれらは公共交通を生活手段と考えて、ときに競争しあう。だが、私はこう言いたい。公共交通を生活手段と捉えるのは間違っている！」と非難した［Rappler 2017; PS 2018］。日常的にジープニーの交通に支えられている都市住民も、その荒くれ運転や排気ガスといった諸問題を取り上げ、またかれらが十分な教育を受けていない田舎出身者であることから低く評価する傾向にある。

5　インフラ労働者によるケアの諸実践

5-1　インフラにおける修理とケア

　インフラにはケアの実践が欠かせない。というのも人類学者シャノン・マターンの指摘にあるように、「インフラはどこでも、常に崩壊の最中にある（中略）今や破壊は、私たちの認識論的、経験的な現実」である［Mattern 2018］。インフラ労働者は、循環するインフラの一部として単に下支えするだけでなく、そのインフラが緩み、たわみ、削れ、千切れていくことをその目で見て、インフラを維持するためのケアを施す人々である。ケアとは、ある対象の状態を健全な状態へと回復させる実践、さらにその実践を可能にする社会関係と認知の能力として本章では位置づける。先述したデ・コスコルソは、破れて流れ出す水道インフラに対しメキシコ市水道局の労働者が実践知を用いた即興によって修理とケアを施す事例からインフラ労働を論じている［De Coss-Corzo 2020］。

　「修復の再考」においてスティーブン・ジャクソンも、「目新しさ、成長、進歩ではなく、侵食、破壊、崩壊を出発点とする」必要を主張し、「安定が（中略）維持されている継続的な活動への深い関心、豊かで耐久性のある生活が分解の圧力に抗して維持する修復の技術」であるという［Jackson 2014: 222］。グローバルサウスのインフラ研究は、インフラに対する修復、とりわけその実践

的な側面を強調してきた。こうした修復の技術や実践は、労働者の存在がインフラの稼働と維持に深く埋め込まれているため、労働者とかれらが生活の基盤となっている対象へのケアをも含意するものである。

　ジープニーの例に引きつければ、インフラ労働は、社会的再生産をその行為によってつくり出し続けているが、その労働者の身体もまた翌日の労働のために回復を必要とし、その車両も日々の運行による損傷を修復する必要がある。肉体的、創造的能力を補充するためには、休息とケアが不可欠である。本章の事例は、2018年から2023年まで行っているマニラ首都圏タギッグ市のジープニードライバーとオペレーターへのフィールドワークに基づいている。

5-2　脆弱な車両のマテリアリティ

　ジープニーに対する修復とメンテナンスの事例に入る前に、車両がいかなる物質性を帯びているかについて概観する。当然のことだが、ジープニーは自動車の一種であるため機械である。機械である以上、部品と部品が噛み合う必要があり、そこでは摩擦が生じ、少しずつすり減りながらずれてゆきいずれ故障する。とりわけ向こう見ず／無謀といわれるジープニーの運転は、車両内部にずれと歪みをうみ続ける。

　ジープニーの車両の物質的な特徴は、脆弱性を抱えながらも耐久性を有することである。一見、矛盾する2つの物質的性質がジープニーの車両を特徴づけている。どういうことだろうか。まず脆弱である性質について、ジープニーの車両には、排気ガス規制によって廃棄された日本のいすゞや三菱の中古トラックエンジン、クラッチシャフト*3が用いられている。こうした部品が職人の手作業で組み合わされることで車両が生産されていることからも、決して頑丈なものとはいえない。車両の修理には、正規メーカーの純正品だけでなく、中古部品やコピー部品も用いられる。JICAの報告書は、中古エンジンの利用について「ジープニーが改造車とみなされ、正式な公共交通手段として分類されておらず、国が定める車両に関する各種規制の対象とはなっていないことによる。また、一度搭載したエンジンを不具合が生じるごとに自己流に修理しながら、走行不能になるまで使うというのが一般的慣行」であると締めくくっている[JICA 2007: 37]。

＊3　日本製の2〜4トントラックの中古ディーゼルエンジン、いすゞ製C190、C240や三菱製4DR5など1970から80年代に作られたものが流用されている。

それにもかかわらず、なぜ耐久性があるのだろうか。それは車両が状況に対して柔軟に対応可能だからである。ジープニーの車両は、故障したとしても様々な部品が組み合わされたもののため、容易に交換することができる。もちろんこの耐久性は、人の手の存在を前提とする。たとえばF1のような自動車では、部品同士の綿密で複雑な組み合わせによって成立し、ネジ1本とっても専用部品から成っている。しかしジープニーは、代用と流用、間に合わせによって成立するため、不具合が生じたとしても多少ガタつきながら動き続ける。とても複雑で専門的なF1は、部品も希少であり専門家以外が直すことはできない。ジープニーの耐久性とは、メンテナンスの容易さや修理の実践、つまり開かれたケアを前提とするときに現れる社会的な物質性である（インフラの未確定性については本書**第5章難波論文**を参照）。

5-3　ケアの実践をめぐる関係性と知識

　コーディングの日と呼ばれる運行禁止日には、ドライバーとオペレーターがガレージに集まりメンテナンスあるいは修理を行う。日常的な修復やメンテナンスは、英語を用いて「メンテナンス」や「アラガ」（*alaga*）と呼ばれる。

　1995年、交通渋滞の緩和を目的とするナンバープレートの末尾の数字に基づく運行禁止日が設けられた。これはナンバーコーディングと呼ばれる。それに伴い、公共交通機関であっても特定の曜日はジープニーも運行の規制対象となる。コーディングの日は、ドライバーにとって休息日のような位置づけであるが、かれらはオペレーターとともに車両に蓄積された1週間分の汚れや損傷に対してアラガ（メンテナンス・修理）を行うのである。

　アラガとは、人、動物、モノに対する保護と支援を意味するタガログ語であり、養育する子どもに対するケア、あるいは、豚や牛などに対する飼育などを意味する。広くケアの行為を意味するアラガは、乳母との関係において「養君」を意味する言葉としても用いられている。ここでは、養君は乳母からのアラガの受け手であり、同時に、アラガを引き出すエージェンシーを内包する対象でもある。多くの場合、対象との情緒的な関係を捉えることからアラガの用法は、女性が子に行う行為として考えられてきた。アラガというケアは、対象を健全な状態に維持し、望ましい成長と滋養を与え、またアラガの受け手の脆さや特性によって引き出される／喚起される ［Francisco-Menchavez 2018: 33–34］。

　ジープニーでは、アラガという語彙が車両のメンテナンスや修理を示す言葉

として用いられる。一見、上述の子どもに対するアラガとはまったく異なる行為であるが、どちらも対象に対するケアを施すという点では共通する。ドライバーやオペレーターはジープニーを「強い、耐久性がある」と評するが、それは、このアラガが適切に施されている限りにおいてである。製造年度が不明なエンジンとトランスミッションを載せた車両はとても脆い。ジープニーもケアを受けるアラガとして、ドライバーとオペレーターの関与や行為を引き出すエージェンシーが備わっている。ジープニーは、単に人々の関心を受けて修理されるだけではなく、故障やトラブルをとおして人々から行為を引き出したり、新しい実践や関係をうみ出したりするのである。ドライバーもオペレーターもジープニーの状態によって日々の所得は左右される。つまり、ジープニーに対するケアは、かれらの生活を安定化させる行為とも言える。

コーディングの一日

　一般的なコーディングの一日を描写しよう。早朝、ドライバーのジェフと会った。私が「今日のアラガは何をするの？」と尋ねると、かれは「マッサージだけだ！　手術はない！」と笑いながら「昼には終わるからダブルライツ（大衆向けブランデー）を買っておいてくれ！」と答えた。1週間走り続けると、ブレーキパッドが削れて位置にずれが生じ、ホースからエンジン・オイルが漏れ、トランスミッションとフライホイールの噛み合わせ、エンジンから電気を作るオルタネーターのベルトが緩んでいく。コーディングの日とは、様々な中古部品から組み上がったジープニーのずれや隙間を見つけて、「マッサージ」して適切な状態に合わせる日のことである。常に磨耗し続けるジープニーにはメンテナンスが不可欠だ。ジェフは、「完璧なアラガ？　そんなものないよ。だいたいどこか悪い老人みたいなのがジープニーだ。完璧な状態なんてあるわけない」と、メンテナンスは、不具合と上手くつきあっていくためのものだと説明する。

　2020年2月14日、このコーディングの日は、ブレーキの調子をメンテナンスすることが目的であった。しかし、ボンネットを開いてみると、ラジエーターを固定しているネジが1本紛失している。年長のドライバー・ザルディが「なんじゃこりゃ、早く買ってこい」と、若年ドライバーであるジェフに指示を出す。さっさとメンテナンスを終えたいザルディであったが、ジェフは、「いやいや、まずは昼ごはんを食べてからにしよう」という。ザルディとジェフの年齢は、親と子ほど離れているが、両者のあいだで敬語が使われることは

図2　一服するドライバー

少ない。ザルディは経験豊富なドライバーだが、決してジェフよりも上位の立場という訳ではない。若者にメンテナンスの知識が十分ではないためジェフはザルディよりも手を汚して作業を行うが、これは上達の過程で必要な実践として位置づけられている（**図2**）。

　午後になった。後輪のショックアブソーバーのアライメントが取れていない、ジャッキで車両全体を持ち上げようとしたらジャッキごと壊れる。「また仕事が増えた！」と文句を言いつつ、ザルディはジェフに2軒隣に住んでいるノリ（元海外出稼ぎ労働者）を呼ぶように伝える。「アイツはこういう修理が得意なんだ」。メンテナンスは3時の休憩を挟んで、トランスミッションとフライホイールの整備にはいった。2つの部品がうまく分離できなくなって壊れてしまっている。「まだフライホイールは新しい。もったいない。外せれば、誰かに売れる」と話をする。

　ザルディとジェフの事例は、アラガを行う際のドライバー間の対等な関係性を示している。両者はジープニーのメンテナンスをするために協働しているが、双方の自律性は維持されている。道具を修理できる隣人や中古部品の情報は、アラガを行う際に重要な役割を担っている。特に、部品の情報は、ドライバーやオペレーターのあいだで「この前誰々がフライホイールを交換したから、ガレージに部品を持っているはず」と記憶され、必要な場合に売買の相談が持ちあがる。ジープニーの部品の多くは、オペレーターの自宅やガレージに保管さ

図3　アラガの様子

れる。また、自分が所有していない道具や、高度な溶接などの技術は、それら
を有する隣人を呼び出し、工場に持ち込むより安く済ませている。

　アラガが終わる頃、夕方のラッシュアワー前に稼いだドライバーがガレージ
に帰ってきた。オペレーターがブランデー 2本とバーベキューを持ってきた。
そのままタガイを始める。タガイとは、車座になって一つのグラスに酒を注ぎ
ながら、一気に飲み干し、隣の人へとグラスを渡す、飲みの形式である。主に
酒を買ってきた者がタンゲーロ（*taguelo*）となり、酒を注ぐ役をする。多すぎ
ず少なすぎない量を注ぐことが重要である。その日の稼ぎが良かった者、前は
酒を買わなかった者が酒を買う。

　このアラガを終えた後のタガイは、オペレーターとドライバー、またドライ
バー間での関係の調整が行われている時間とみることもできるだろう。コー
ディングの日に行われるアラガは、基本無給の労働である。オペレーターがメ
ンテナンスの費用を負っているとはいえ、ドライバーにとっての休日は削られ
てしまう。しかし、ドライバーにとっても商売道具として大切な車両のメンテ
ナンスであり、ドライバーの収入は車両の状態にかかっている。また、車両の
メンテナンスは、オペレーターにとっての私財をメンテナンスすることであり、
運行やメンテナンスをめぐって両者のあいだにも鬱憤が溜まる場合もある。タ
ガイの時間とは、こうした社会関係を修復するためのひと時でもある（**図3**）。

修理のために必要な技術と知識

つぎに、ドライバーやオペレーターの技術や知識で対応できない修理の事例をみていく。より専門性を必要とするエンジンの修理では、インフォーマルなエンジニアの手を借りなければならない。すでに道具の修理の際にご近所さんが呼び出されていたように、ジープニーのケアは広がりのある関係性によって可能となっている。しかし、ケアとは、無数にあるつながり、あるいは可能性から選択することでもある。そこには、可能性と関係性の束からケアに必要なものを観る能力が求められる。

2018年1月中旬、オペレーターのレオとドライバーのタディンは、エンジンの故障に伴う大規模な修理と格闘していた。この修理は路地裏の空間で行われた。最低限の器具しかないなかで、ストリートをガレージへと変えるのはかれらの身体と知識である。このガレージの空間的特性は、その解放性によって様々な友人や知人が立ち寄ることができ、その友人らの存在をも修理の重要な一部とする。

レオとタディンに指示を出すインフォーマルなエンジニアであるロニーは、1957年にイロイロ島ロハス市に生まれた。彼は、ジープニーについて非常に富んだ知識と経験を持つエンジニアである。しかし、エンジニアの知識と技術は、学校で得たものではない。農家出身のかれは、13歳から農業用のポンプの修理を通して知識を得て、壊れた日本製のバイクエンジンを分解・修理するなかで機械の構造を学んだ。マニラに移住してからはトンド地区のスラムに住みながら港湾近くで小型ボートの修理も学んだ。港湾には多くのジープニーが走っており、かれらから「ジープニーも修理できるか」と聞かれ、とりあえずやってみたことが現在まで続いている。ロニーの指導のもとでエンジンを組み直し、足回りも整備する。ロニーの指示のもとで、新品のレリーズベアリング（クラッチの主要部品）を交換する。ベアリングの裏面に木材を当て、目で見ながら微修正する。本来はプレス機で圧力をかけて修正するが、そのような機械は路上のガレージにはない。ロニーはロッカーアーム[*4]を合わせるため、噛み合わせの強弱を確認するために極薄の金板をもちいて調整し、シフトをエンジンに合わせるためハンマーで叩く。エンジンは繊細なものではないのかと尋ねると、「乱暴に扱っても壊れるモノではない、じゃないとこの国で走ることな

＊4　ロッカーアームとは、エンジンにおける動弁系部品の一つで、カムシャフトの力を受けてバルブを作動させる役割を果たす。

んてできない」と返事をする。

　レオのジープニーがいよいよエンジンの試運転を行うため、ガソリンを入れ、ラジエーターに水を入れる。すると、経年劣化によって目詰まりを起こしたラジエーターから水がドバドバと流れ出ていく。ラジエーターを外し、その修理に特化したエンジニアのもとへともっていく。ひと穴150ペソで修理してやるよと路上のエンジニアはいう。彼の修復方法は、ラジエーターの目詰まりを取るのではなく、ガスバーナーで鉛を炙り、その列ごと押し潰し、ラジエーターを部分的かつ的確に破壊し動くように改変することだった。しかし、穴を塞げば塞ぐほど、他の箇所が漏れていく。この様子をタディンが電話すると、レオはそのエンジニアの修理に怒り狂い、「なんで何列も潰す必要があるんだ！」と、そのすぐ近くにある他のエンジニアであれば「決してそんなやり方はしないのに、なぜそのエンジニアのところにいった！」とタディンを叱咤した。すでに穴は5つになっており、ラジエーターの5列は潰されていた。

　ラジエーターの事例は、適切な技術を誰が保有しているかという知識／技術と社会関係の重要性を示している。タディン（同行する私にも）には、路上に並んでいる修理工は同一に見えており、レオのラジエーターに必要な修理を可能なのが誰なのか観えていなかったのだ。タディンは、異なる地区に住んでいるため、レオのようにこの地域のエンジニアに対する知識が十分ではなかった。しかし、さきのエンジニアが悪いわけではなく、かれの修理方法が適切な場合も存在する。また、技術を保有するという点ではエンジニアである必要はない。技術を持つ者は様々な形態で存在する。劣化した車両やエンジンの溶接には、中東諸国などで建設労働者として働いた経験がある者が呼び出される。溶接工の経験がある者は、ドライバーの友人や、近隣住民からこうした仕事を頼まれている。そして、これらの技術を適切にケアへと変換するためには、観る能力が確かでなければならない。

　レオの友人であるアルフォンソが手伝いにきた。レオとアルフォンソの雑談が始まる。アルフォンソがやってきたのは、ただ手伝いに来たわけではない。両者のジープニーで利用されている差動装置（ディファレンシャル）は同じモデルで、レオが2002年製「8−43」の組み合わせに対し、アルバートは同年の「7−41」という歯数だった。レオのセットはハイスピードのエンジンにハイスピードの差動装置、アルフォンソはロウスピードのエンジンに、ロウスピードの差動装置である。エンジンを交換することはできないが、2人はそれぞれのディファレンシャルの交換を通して、セッティングの修正を試みる。アル

図4　エンジンのオーバーホール

　フォンソは、一速にギアを入れた時の動作が遅く、十分に加速しないことを問題としており、一方のレオは、一速でガンっとギアが入り、速度が出てしまうピーキーな運転を問題に思っていた。重要なのは、アルフォンソにとってレオの故障が自身の車両をケアする契機として観られていたことだ。個々のジープニーの情報は、よく共有されているだけではなく、それぞれにとって修理に必要な対象なのである。そのため、レオの車両へのケアは、アルフォンソの車両へのケアと結びついていた。

　翌日、ロニーに同行して別のガレージに向かった。そこでは、他のエンジニアがエンジンをオーバーホールしていた（図4）。ドライバーたちはロニーを取り囲みながら修理の様子をみて、時折、質問をなげる。修理を覚えるのは、「見様見真似だ（*tigin-tigin*）」だという。これはロニーがジープニーの修理を覚えた方法だが、彼の手先を多くのドライバーが見ることで技術が伝達される。ロニーは、この部品を新品に交換しろと指示した。部品の調達を待つ間、ロニーは隣のジープニーをオーバーホールする別のエンジニアをみて、「あんなやり方はよくない」と少しむっとした顔でいった。そのエンジニアを手伝い、

第二部　作り出す／反転する——インフラストラクチャー

3名のドライバーがクランクシャフトを取り出して人力で研磨し、部品を軽油で洗浄する。「壊れている部品をわざわざ時間をかけて修理することで、何週間もジープニーが動かない状態にさせている。良いエンジニアとは、いろんなことを汲み取る。金はかかるがはやく直せば、その分、かれらも稼げることをわかってなきゃならない。マニラは部品の手に入らない山奥じゃない、そこら中にジャンクショップがある。それに、壊れているものを直すために費用をかけることはもったいない」と、オーバーホールなどしていないで、さっさと交換部品を買ってきた方がオペレーターとドライバーのためになると他のエンジニアのやり方を批判した。

　ジープニーの修理の仕方は、規格化されているわけではない。エンジニアやオペレーターによって、都市あるいは田舎なのか、それらの差異によってまったく違ったケアが要請される。こうした要望は、修理やメンテナンスのあり方自体を変容させうる。たとえば、オートサプライで働くロニーの友人は改造ピストンを製作・販売している。通常のジープニーのピストンリングは3つだが、それを改造して4つに増やす。^{*5}改造ピストンは排気ガスをかなり抑えることができるという。「これを使えば、オペレーターは高い金（賄賂）を払わなくても車検をクリアできる。こうした改造は、新品のピストンを4つも5つも購入できない資金のないオペレーターがいるから作られている」とロニーは説明する。こうした技術は、人々が車両を具に見ること、そしてそこで見えたものに基づいて様々な選択肢から必要なものを観る能力、それに基づいて創り出す能力からうみ出されている。

5-4　ジープニーを支える関係の網の目、インフラ労働に宿る〈観る〉能力

　ここまでみてきたように、ジープニーの壊れやすい車両に耐久性を与えているのは、人々が日常的に行うアラガの実践であった。上述の事例は、個々のジープニーに対して施されるメンテナンスや修理という些細な行為に見えるかもしれない。だが、こうした実践は、自生的知識や経験、また技術を生み出す創造性を内包し、さらにジープニーを起点に社会関係を拡張している。これらの実践の集積がジープニーに耐久性をもたらし、都市全域のインフラをケアする効果をもたらしている（潜在的な資源のなかに住まう感覚は**第10章中野(歩)論文**を参照）。インフラ労働としてジープニーに関わる人々をみることは、社会的再

＊5　トップリングとオイルリングのピストンに、無理やりセカンドリングを付け加えている。

生産を支えながらも不可視のインフラとして取るに足らない存在として取り置かれてきた行為や実践、人間、それらの関係に光を当てる。

　スターによるインフラの定義の一つには、他の構造の中に「埋め込まれていること」がある［Star & Strauss 1999］。ジープニーの事例では、車両が社会関係の網の目に埋め込まれているだけでなく、同時にそれは人々をも「埋め込んで」いる。この「埋め込み」や包含は、重層的な不可視性をもたらす。時として、人間は巨大なシステムの一部として機械のように埋め込まれる。ジープニーの場合、その車両には何十年にもわたる過去のケアが埋め込まれている。そのため、アラガというケアの実践において重要なのは、その重層性を観る能力であった（不可視性に対する別の知覚のあり方については本書**第9章中野(真)論文**を参照）。なぜなら、過去のアラガの履歴は、その車両を一台一台異なる存在へと変容させており、ブレーキやアクセル、またはその操作性、その一つ一つが異なっているからである。オペレーターがジープニーを他のオペレーターから購入する時、ドライバーが付属してくることがある。こうしたドライバーは、そのジープニーの車両を熟知しており、かれなくして良いアラガを行うことはできないからだ。

　そうした関係や修復の積み重ねとしてジープニーが存在するため、車両を購入することはトヨタやホンダの車の購入と異なる。ドライバーのロルダンは、「ジープニーは人間みたいだ（*parang tao*）」だといい、「どこが悪いのか、どこをアラガするべきなのか、それは1週間やそこらじゃわからない」と述べた。よいアラガとは、不可視性に抗して具体的な状態を見ること、それをとおして何が必要か、誰が必要なのかを観ることだ。このマニラ首都圏だけで4万5,000台以上（非公式には7万台とも8万台ともいわれる）、フィリピン全土では26万台のジープニーが存在しており、それらがジープニーという交通インフラ、社会のモビリティ、生産と再生産を下支えしている。インフラ労働とは、このジープニーを支える基盤なのである。

　ジープニーのようなインフラが関係的な存在であることは、すでに人類学におけるインフラ研究では何度も指摘されてきた。そしてジープニーの事例から明らかなように、修復やメンテナンスを含むケアの実践がその基軸にあった。このケアはジープニーに引き出されるものであったが、インフラ労働者が様々な方法で観ることももう一つの基軸であった。ジャクソンは、修復がオルタナティブな認識論であると指摘する。修理をする人は、「デザイナー」や「ユーザー」とは異なるモノを知り、異なる世界、つまり、機械やインフラに埋め込

まれていた多様な関係を観ている［Jackson 2014: 229］。このような人は、知識と経験を用いて一般の人に見えない部品同士の関係を読み解き、正しく直す能力を宿している。観る能力は、ジープニーを考察する上でも重要な視点であった。ロニーのようなインフォーマルなエンジニアは、こうした知識と経験を持つ存在だろう。しかし、ジープニーのケアにおいて重要だったのは、モノの状態を見極めるだけでなく、誰が修復可能なのか、車両だけでなくドライバーの収入を含めて修理を考案するなど、関係の束から適切なつながりや過去のアラガをも観ることだった。

　ジープニーのあり方は、森田が調査したタイにおける改造トラック・イーテンの事例と類似している［森田 2012］。かれが描いたエンジニアもジープニーを支えているインフラ労働と多くの共通性を有する。タイにおける自生的エンジニアリングの民族誌は、エンジニアによる社会に埋め込まれた技術とその実践に着目することで、日本でつくられた自動車やコンバインを解体／再構築し、タイに根ざした機械にし、社会を支える共通知と社会的生がうみ出される過程を描く。ジープニーのエンジニアやドライバー、さらにはタイのエンジニアたちがかれらの眼で観ているのは、この具体的な機械に内包されている社会関係と具体的な実践の累積物、場合によって馴染みのない機械の潜在力であった。修理あるいはケアという行為は、機械を社会に根づかせ、農業生産や都市の交通をうみ出す創造的なものである。崩壊していこうとする対象を具に観察して、また可能な範囲での使えるものを見出し、その対象自体を別様な存在へと改変しながら存続させる。それらは、観る能力に由来する。ケアを施すインフラ労働とは、不可視の世界に捨て置かれていることであり、また社会を支えるために不可視性に抗して深部を〈観る〉ことで世界を別様につくり変えていくことでもあろう。

6　おわりに：不可視性に抗するポリティクス

　本章の目的は、私たちは社会がどのように支えられているのかを改めて考えなおすことであった。その際、フィリピンという地域とグローバル経済が取り結ぶ歪な関係、マニラ首都圏におけるインフラ労働とそこで行われるケアの実践を論じることで、本章は不可視化に抗していかに観ることができるか試みてきた。この試みは、日常のモビリティを支えるインフラ労働が不可視性のなか

で働き、捨て置かれていく問題に人類学的にいかに介入できるかということでもある（政治と可視化の関係については本書第11章村橋論文を参照）。スーザン・リー・スターは、不可視の仕事（invisible work）を「公的（the public）に可視化すること、それこそが問題であり、（中略）大きな挑戦でもある」と述べている［Zachry 2008: 450］。インフラの民族誌的研究を含むかのじょの経歴を貫くものとして「私がほぼすべての学問的キャリアにおいて取り組んできたこと（中略）は、社会科学にとってのある種の不可視性を共有することで結びつく」と反芻し、可視性と不可視性を規定する分類化、標準化、形式化の学知の基盤を問い続けてきた［Zachry 2008: 441］。スターの指摘とは、「何を仕事（work）とするかは定義の問題であることを理解すると、指標の関係が異なる条件でどのように現れるか、つまり見える仕事と見えない仕事のマトリックスを観ることができる。私たちは、他人が汗をかき、苦しんでいるのを観察しても、その労苦を仕事と見なさないことが可能であることを知っている」のである［Star & Strauss 1999: 15］。

　そのため、インフラ研究の興盛は、スターの指摘にあるように極めてポリティカルな関心に貫かれている。なぜなら、目に見えない領域を扱うこの概念は、つねに不可視性をつくり出すシステム、ネットワーク、定義、規範に抗して観続けることをするからである。スターによる介入は、あるカテゴリーが他のカテゴリーを不可視化し、思考の対象外へと切り捨てるマトリックスに問いを投げかけるものだ。インタビューで語っているように、かのじょは不可視化に対する社会正義としてフェミニズムを位置づける［Zachry 2008: 449］。不可視性に抗すること、それはフェミニズムや政治思想が取り組み続けてきたことであった。活動的生にかんするハンナ・アーレント、より近年でいえば諸身体の集合的な現れに対するジュディス・バトラーが、「政治的なるもの」の本質を「現れ」という可視性の領域においてその存在が見／観られることとして指摘するように、不可視性に抗することが問われている。フェミニズムはジェンダー規範がどのように分類化、標準化、形式化して女性を不可視性に捨て置くかを明らかにしてきた。アーレントを引き受けたバトラーの試みとは、単に統一的な政治的スローガンや集団性を有しない諸身体が集合（assembly）することだけではなく、そうした諸存在が「現れ」、見られることで「観える」ようになることにあった［バトラー 2018］。観ることの想像力は、ある一人の傷ついた身体、本章の事例でいえば脆弱なジープニーから、私たちの目をその表面から不可視の内部あるいは内包された過去へと連れ出すのである。

パンデミックがもたらした裂け目が社会のインフラ労働者を露わにし、取り繕われ不可視の領域へと戻ろうとする現在に立つ私たちは、この不可視性に抗して〈観る〉術を学びなおす契機とする必要があるだろう。ジープニーの事例が示しているのは、グローバリゼーションと新自由主義に深く埋め込まれた社会においても、脈々と受け継がれつづけるケアの実践であり、荒廃したマニラの復興からいまに至るまでのインフラとなった一つのプロトタイプである。本章の試みとは、このインフラに携わる人々とかれらのケアを不可視の領域に留めず、描き現すことでこの社会に自生した別様な社会に向けた想像力を引き出し、目に観えるようにすることであった。こうした試みは、「資本蓄積を加速させるための資源や道具としてではなく、相互に関連するケアのネットワークとして、いかに関係を奨励し育むことができるかを考える」ことに対する重要な貢献となるものであろう [Corwin & Gidwani 2021: 9]。

参照文献

アーリ, J. 2015 『モビリティーズ——移動の社会学』吉原直樹・伊藤嘉高訳 作品社.

鈴木越生 2022 「〈論文翻訳〉1989年の討論 社会の概念は理論的に時代遅れである（下）」『京都社会学年報』30: 129–161.

ソルニット, R. 2010『災害ユートピア——なぜそのとき特別な共同体が立ち上がるのか』高月園子訳 亜紀書房.

西尾善太 2021「分断都市マニラにおける「公共性」の地層——生活インフラストラクチャーとしてのジープニー」京都大学博士論文.

——. 2022『ジープニーに描かれる生——フィリピン社会にみる個とつながりの力』風響社.

——. 2023「再編される親密性——生政治と死政治に引き裂かれる人々」『現代フィリピンの地殻変動——新自由主義の深化・政治制度の近代化・親密性の歪み』花伝社.

バトラー, J. 2018『アセンブリ——行為遂行性・複数性・政治』佐藤嘉幸・清水知子訳 青土社.

フェデリーチ, S. 2017『キャラバンと魔女——資本主義に抗する女性の身体』小田原琳・後藤あゆみ訳 以文社.

森田敦郎 2012『野生のエンジニアリング——タイ中小工業における人とモノの人類学』世界思想社.

JICA. 2007「フィリピン・マニラ首都圏における公共交通機関の燃料効率向上及び大気汚染緩和事業調査 | CDM/JI 事業調査結果データベース」. 公益財団法人地球環境センター（GEC）.

Corwin, J. E. & V. Gidwani 2021. Repair Work as Care: On Maintaining the Planet in the Capitalocene. *Antipode*, https://doi.org/10.1111/anti.12791

De Coss-Corzo, A. 2020. Patchwork: Repair Labor and the Logic of Infrastructure Adaptation in Mexico City. *Environment and. Planning D: Society and Space* 39(2): 237–253.

—— 2021. Maintain and Repair: Rethinking Essential Labor through Infrastructural Work. *Society for the Anthropology of Work.* https://doi.org/10.21428/1d6be30e. 1220879d

De Coss-Corzo, A., H. A. Ruszczyk & K. Stokes (eds) 2019. *Labouring Urban Infrastructures.* http://hummedia.manchester.ac.uk/institutes/mui/Infrastructures Zine191007.pdf

Doeppers, D. F. 2016. *Feeding Manila in Peace and War, 1850–1945.* University of Wisconsin Press.

Elyachar, J. 2010. Phatic Labor, Infrastructure, and the Question of Empowerment in Cairo. *American Ethnologist* 37 (3): 452–464.

Francisco-Menchavez, V. 2018. *The Labor of Care: Filipina Migrants and Transnational Families in the Digital Age.* University of Illinois Press.

Gidwani, V. 2015. The Work of Waste: Inside India's Infra-economy. *Transactions of the Institute of British Geographers* 40(4): 575–595.

Guevarra, A. R. 2009. *Marketing Dreams, Manufacturing Heroes: The Transnational Labor Brokering of Filipino Workers.* Rutgers University Press.

Jackson, S. J. 2014, Rethinking Repair. S. J. Jackson, P. J. Boczkowski & A. Kirsten (eds) *Media Technologies: Essays on Communication, Materiality, and Society*, pp. 221–239 MIT Press.

Larkin, B. 2013. The Politics and Poetics of Infrastructure. *Annual Review of Anthropology* 42(1): 327–343.

Mattern, S. 2018. Maintenance and Care. *Places Journal* November. https://doi.org/10.22269/181120

Philippine Star (PS). 2018. WATCH: DOTr says Public Transportation Should Not be 'Livelihood', September 20, 2018. https://www.philstar.com/headlines/2018/09/

20/1853174/watch-dotr-says-public-transportation-should-not-be-livelihood

Rappler. 2017. Duterte to Jeepney Drivers, Operators: Modernize by Year-end or Get out. October 17. https://www.rappler.com/nation/185600-duterte-jeepney-drivers-modernize-get-out/

Simone, A. 2004. People as Infrastructure: Intersecting Fragments in Johannesburg. *Public Culture* 16 (3): 407–29.

Star, S. L. & A. Strauss 1999. Layers of Silence, Arenas of Voice: The Ecology of Visible and Invisible Work. *Computer Supported Cooperative Work* 8: 9–30.

Strathern, M. 2009. Land: Intangible or Tangible Property? *Land Rights: Oxford Amnesty Lectures*. Oxford University Press.

Tadiar, N. X. M. 2016. City Everywhere. *Theory, Culture & Society* 33 (7–8): 57–83.

Zachry, M. 2008. An Interview with Susan Leigh Star. *Technical Communication Quarterly* 17(4): 435–454.

第6章　不可視性に抗して〈観る〉ために――ジープニーをケアするインフラ労働

第**7**章　未知の故郷への帰還

──ソロモン諸島マライタ島の道路建設にみる
インフラストラクチャーの両義性

橋爪太作

1　はじめに

　2019年1月9日朝6時半、起きたばかりの筆者がベランダでひげを剃っていると、向こうからホストファーザーのデイヴィッドが興奮した面持ちでやって来た。「不法侵入（trespass）だ！　ロギングのブルドーザーが土地GKに入った!!」。彼が属するFクランの故地（'ae fera）に、隣のSクランの土地で操業していた森林伐採企業が勝手に道路を作り始めたという情報が、今しがたSクランの内通者からもたらされたという。人々は色めき立ち、この辺り一帯に居住する主立ったFクラン員に向けてただちに伝令が飛ばされた。

　それから1時間後、筆者はデイヴィッドが所有する中古トラックの荷台に乗ってマライタ島の山中を走っていた。Fクランの故地は彼を始め大半のクラン員が居住するマライタ島西岸部から15km以上離れた内陸にあり、数十世代前に最後の住人が離れて以来誰も住んでいない。そこに至る唯一の経路はSクランの土地を横断する林道である。荷台に乗っているのは筆者以外にはFクランの長老である60代のビタとブアガ、それに彼らの息子やイトコである20〜30代の若者たちだ。険しい山々を縫うようにして、白い砕石が敷き詰められた道が続く。

　海岸からおよそ13kmほど内陸に入った頃、突然ビタが進行方向右手を指さした。「おい、見ろよ。あの谷（dari）が我々とAクラン〔別のクラン〕の境界だ」。連れられて若者たちもそっちを見る。ビタもブアガも非キリスト教徒（p: ukita=wicked）として山中で生まれ育ち、自らの故地を含めこの辺りの土地

図1 マライタ島の山を歩く

第7章 未知の故郷への帰還──ソロモン諸島マライタ島の道路建設にみるインフラストラクチャーの両義性

のことを熟知している。だが沿岸部で生まれたキリスト教徒（*p: skul*=school）[*1]
である若者にとっては初めて見る光景だ

　16km地点で砂利道が終わった。トラックを路肩に止めてキャタピラーの轍
が刻まれた下り坂を歩く。すぐにS川（Fクランの主張では、これがSクランとFク
ランの境界とされる）を越えて向こう岸の斜面を登ろうとしている2台の重機が
見えた。木が倒されるバキバキという音が響き、ディーゼル排煙の匂いが辺り
一帯に立ちこめる中、ブアガを先頭に若者たちは一斉に川を飛び越え、まるで
戦争映画の突撃シーンのように重機めがけて登っていく。「不法侵入」の証拠
としてオペレーターの顔を撮ることを命じられていた筆者も、ビデオを回しな
がら必死で後を追う。

　筆者が追いついたとき、ちどブアガがブルドーザーの車体に手を当ててオ
ペレーターに大声で話しかけているところだった。日焼けした華人の男がピジ
ン語で「私はただの労働者だから！（*p: Mi wakaman nomoa ya!*）」と叫び、ブアガ
は「いいから行け」と身振りで示す。もう1台の重機のオペレーターとの間で
も同じようなやり取りがあって、2台の重機は川向こうの基地へと引き上げる。

　重機が切り開いた道路は川からおよそ20mで終わり、その先は鬱蒼とした
熱帯林が続いている。目的を果たし帰ると思いきや、長老たちはこの先も道路
開削予定ルートに沿って進み、土地GK全体を巡検するという。ここでデイ
ヴィッドともう1人の中年の同行者が「太った自分にはこの先はとうてい進め
ない」と脱落する。筆者は一瞬の躊躇の後、同行を決意した。

　しばらく伐採会社がつけた赤いテープのマーキングに沿って斜面に平行に進
む。しかしこれまでとは大違いな「道」である。湿度100％の林床は地面が濡
れて滑りやすい。しかも場所によっては45度近くの急斜面を平行に進まなけ
ればならないが、足と靴の間に泥が入り込んでずるずる滑るのでうまく踏ん張
れない。先行するブアガらが切り倒したシダ類や小枝を掴みつつ必死で進むが、
切った枝からゼリー状のよくわからない物体が出ていたり、掴もうとした枝の
裏側にナメクジのようなものを発見してしまう。だがもう気色悪いとか毒が
あったらどうしようとか気にしていられる状況ではない（海外旅行保険には救難
費用無制限のオプションをかけてあるが、ここで滑落して意識不明になってもヘリはやっ
て来ないだろう……）。とにかく掴めそうなものは何でも掴んで先に進む。ただ
うっかりするとトゲのあるシダ類を掴みそうになるので、それだけは気をつけ

＊1　本章ではソロモン諸島共通語であるピジン語を "*p: ～*" の形式で表記する。

図2 L川

ないといけない。

　30分ほど歩いて一休み。やっと鞄からカメラを取り出す余裕ができる。周りには樹高30 〜 40m以上あろうかと思われる高木が並び、そこから蔓（oko）が何本も垂れ下がっている。イロニモとブアガがその1つに取り付き「えい、えい」と引っ張る。何回も試みているとやがて上の方で蔓が切れ、2人の頭上にドサドサッと落ちてくる。それを見てみんな笑う。

　それからしばらく進んだところでテープの印がなくなり、山の稜線を進む。これまでのように斜面にへばりつくのではなく、両足を均等に踏ん張って歩けるようになった。数日前のサイクロンで倒れたばかりの大きな木がシダ（lumulumu）に覆われた地面の上に横たわり、その一帯だけは熱帯の強烈な光が降りそそいでいる。「今歩いているのはマライタ島東岸に向かう古い山道（taale）だ」とビタが言う。

　やがて一行はS川と本流のL川が合流する地点に戻ってきた。L川の澄んだ

水は、さっきの重機が削った表土が流れ込むS川との合流地点で茶色く濁って
いるが、若者たちは気にせず歓声を上げて淵に次々飛び込んでいく。最年長の
ビタとブアガもいつの間にかその仲間に加わっている。

　Fクランの人々によれば、今日歩いた土地GKは「ほんの一欠片（kada gano)」
であり、本当のFクランの故地はさらにL川の上流、ここから15km以上離れ
たマライタ島東岸にまで広がっているのだという。川岸を覆い尽くす熱帯の
木々は筆者の立ち入りを拒みつつ、同時にその闇の奥へと誘っていた。

2　メラネシアから移動を考える

2-1　新たな移住の運動

　メラネシア・ソロモン諸島マライタ（Malaita）島では、今世紀初頭から個人
やクランの「本来の土地」とされる場所への移住が活発化している［宮内
2011; 里見 2017］。20世紀初頭からキリスト教化・植民地化が進んだマライタ
島では、それと同時に内陸部の山（tolo）から沿岸部（fafo asi）への人口の移動
が起こった。ところが人口増加による沿岸部の土地不足と、その解決策として
の隣島ガダルカナル（Guadalcanal）島への移民が1998年に勃発した両島民間
の紛争以降はほぼ不可能になってしまったことにより、1世紀近く放置されて
きた伝統的な居住地である内陸部が新たなフロンティアとして関心を集めてい
るのである。

　この土地不足は本論のフィールド[*2]である西ファタレカ（West Fataleka）地域
を含むマライタ島北部において著しい。同地域はマライタ島北部方言の1つで
あるファタレカ語話者の居住地域のうち西半分にあたる。2009年の人口は
2,477人であり、その大部分は海岸線沿いを通る幹線道路沿いに居住している。
これらの人々のほとんどはキリスト教徒（英国国教会、ローマ・カトリック、福音
派プロテスタント）であり、さらに大半の世帯ではイモ類を中心とした焼畑農耕
と、コプラやカカオなどの商品作物を組み合わせた自給的な生業形態を営んで
いる。

　現在の西ファタレカの人々が内陸部に移住する理由は、直接的には「現在の

＊2　本章のもととなる調査は2017〜2020年の期間、合計14か月にわたり行われた。なお本
　　論では人名、地名、集団名などの固有名詞は基本的に仮名を用いる。

土地での生活がよくない（*mauria shee kii nao si lea*）」——つまり現住地ではイモ類などの自給作物が十分にとれず、またコプラやカカオも現金収入源としての魅力を低下させている——こと[*3]にある。これに対し何十年も使われていなかった内陸部の土地は概して肥沃であり、タロイモ（*aro*）を代表とする伝統的作物に加え、オセアニア地域で広く嗜好品として好まれるカヴァ（kava）など付加価値の高い商品作物を栽培することができる。

　他方で内陸部への移住には土地権の問題が立ちはだかる。マライタ島の親族は父系出自であり、土地も原則的には父系を辿って継承される。クラン（*'ae bara*）の伝承では、始祖が無人の土地を発見し子孫が各地に広がることを通じてクランの故地が形成されていった過程が語られる。故地とクラン員の間には強い紐帯が存在しており[*4]、これは代々の子孫にとって譲渡し得ない不可侵な権利であるとされる。そのため一族が何らかの事情で土地を離れる場合、無人の土地はそのまま放棄されるか、傍系親族によって代理所有された。

　つまり現在ほとんど無人の内陸部は、当事者にとっては過去数十世代にわたる祖先の系譜と歴史的事件が刻まれた場所であり、今もなお本来の所有者を待ち受けている。現在のマライタ島で進行している故地への帰還は、第一義的には経済的・人口学的な要因に動機づけられた移住でありながら、同時に人々が自らの過去を遡り、そこに立ち帰るべき〈起源〉の場を発見するという、アイデンティティの変化でもあるのである。

2-2　「生きた」土地との遭遇

　ただしマライタ島民にとって帰るべき〈起源〉の地は、国家の土地登記のような「客観的」証拠を通じて見出されるものではない。ソロモン諸島のおよそ8〜9割を占める慣習的所有地では、土地所有は主に祖先系譜のようなローカルな伝承を通じて確定される。しかしそうした語りには複数の異伝や解釈のぶれがあり、それは時に土地権をめぐる争いを招く。また個人にとっては自己の祖先が関係を持った土地は男系クランの故地以外にも複数あり[*5]、その中でど

---

* 3　2000年代初頭のオーストラリア政府援助機関の調査によれば、化学肥料を使わない焼畑農耕において通常10年以上確保すべきとされる休閑期間が、マライタ島北部では事実上連作状態となり、地力の持続可能性の限界に直面しているという［Allen et al. 2006］。

* 4　この紐帯は土地を獲得した人物が男性小屋に埋葬され、子どもたちがその場所で彼を祭祀することに始まる。

* 5　具体的には（男系）祖先が血讐の報償（*finisi*）として獲得した土地、婚姻関係を通じて二次的利用権を獲得した傍系親族（*futa ni keni*）の土地などがある。

第7章　未知の故郷への帰還——ソロモン諸島マライタ島の道路建設にみるインフラストラクチャーの両義性

れが「帰るべき土地」となるかはアプリオリには決められない。人々はこれま
でもこうした複数の可能性の中からその都度の居住地を見出してきたのであり、
それは目下進行中の事態においても例外ではない。

　これまでのマライタ島の民族誌は、こうした一見すると定住的でありながら
アドホックな移動を繰り返してきた同島の社会のあり方について、自己に与え
られた関係性の中から新たな居住地を選択する個人の行為主体性という観点か
ら説明してきた [e.g. Keesing 1982: 16–18]。たとえば近隣のアノケロ（Anokelo）
村で2000年代初頭に調査を行った社会学者の宮内泰介は、その当時一部のクラ
ンが計画していた故地への帰還について、帰還を推進する側の語りと彼らの
「故地」認識の正当性に疑義を呈する側の語りを提示しつつ、故地とその本来
の所有者とされるクランが「何か大きな知識体系から合理的に判断されるとい
うより、その場その場の日常的実践のなかでその枠組みが選択的、〈便宜〉的
に認識され、実践されてきた」[宮内 2011: 309–310] ものだと述べる。彼の議
論を敷衍すると、常によりよい暮らしを求め、使えるものは何でも使いつつ移
動を繰り返している人々としてのマライタ島民像が浮かんでくる。つまり、
人々が移動を繰り返してきたマライタ島の社会は、部分的な合理性に基づき定
住／移住を選択する主体に着目すれば理解できるということである。

　これに対し本論が主張したいのは、冒頭で見たFクランとその「故地」の関
わりの事例が、そうした観察者の立ち位置を揺り動かす可能性を秘めていると
いうことである。むろんこの事件を含むFクランとSクランの土地境界をめぐ
る一連の問題が、森林伐採およびその後の土地への入植という政治的文脈の中
にあることは確かである。数年来続く土地境界の争いにおいて、両クランは
「われわれの土地」を客体化し戦術的に動員していた。けれども人々が現実の
土地と向き合ったとき、動いているのは土地であり、人間はその土地に突き動
かされていた。十数世代前の祖先がこの土地の譲渡に関わったとされるある男
性は、筆者が撮影したL川の映像を観て「われわれの土地は生きているぞ！
(gano kalu mauri 'u'a!)」と感嘆の叫びを上げた。このように、この日のFクラ
ンの人々がとらわれていた根本的な気分は、クランの土地権の確保や自分の将
来の生活の安定ではなく、むしろ突如目の前に現れた自己の〈起源〉と向き合
う驚き──「これがわれわれの土地なのか!?」──であったように筆者には思
われる。

　そもそもなぜ彼らは係争中の土地で道路造成中の敵対クランの勢力（華人が
操縦する2台の重機）をただ追い払うだけでなく、祖先の時代そのままの道なき

森に踏み込んだのだろう。また蔓を採取し川で泳いだのも、単なる行き掛けの駄賃で済まされることだろうか。言い換えれば、彼らの身体化された「その場その場の日常的実践」が関わる土地は、物言わぬ不動の基盤以上の何かではないか。筆者が試みたいのは、こうした「過剰な」土地を既存の認識枠組みに当てはめるのではなく、反対に枠組みそのものを可動化する [cf. アーリ 2015; Holbraad & Pedersen 2017] ことである。

2-3　道路の両義性

　メラネシアという特定の地理空間から「移動」をめぐる我々の思考の枠組みを揺さぶる試みには、すでに先例がある。人類学者マリリン・ストラザーンは、「場所はとどまり、人々が動く」欧米的な移動観に対し、「人々はとどまり、場所が動く」メラネシアのそれを対置する [ストラザーン 2015: 278]。前者はこれまでのマライタ島民族誌が描いてきた「より良い暮らしを求めて複数の場所を取捨選択する人々」という移動のあり方を含め、西欧近代の自然／文化分割に基づき、場所と人間を本来的に分離したものとして捉える社会科学の移動観全般が当てはまる。これに対し後者の視点を取ると、土地のような一見不動のものこそがむしろ移動と変化を潜在的に畳み込んでいる。たとえば同じマライタ島北東部アシ／ラウ（Asi/Lau）地域で調査を行った里見龍樹は、長年にわたり海上居住を営んできたアシの人々による「故地への帰還」運動を、現在地に住み留まること自体が含み持つ微細な揺れ動き——海面下に沈みゆく島、生い茂る草木、移住の歴史を体現する墓地——によって可能にされ、またそれを拡大したものとして論じている [里見 2017]。

　不動なものの逆説的な可動性を論じるストラザーンと里見は、〈故地〉に突き動かされ帰還を目指す西ファタレカの人々とも響き合う。ただし、本論の事例においてこうしたメラネシア的な「移動」のあり方は一般的な意味での移動と対立するものではなく、むしろ両者は一つの現実の両義性として見出される。

　ここで考察の鍵となるのは、通常の社会生活を可能にする不動で不可視の背景であり、同時にそうした背景をモノとして客体化＝可視化するという両義性を持つ「インフラストラクチャー」の概念である。沿岸部と故地を結ぶ道路は、故地への帰還を目指す人々が切実に求めるインフラである。Sクランによる道路建設を阻止したFクラン員たちも、故地に道路が通じることには多大な期待を寄せていた。何しろほんの10年前まで一面の熱帯林であったSクランの土地は今や新たな畑地となり、木材資源搬出のために敷設された道路を使えば、

かつては半日がかりの道のりであったマライタ島中心部にわずか3～40分ほどで到達してしまう。そのさらに奥にあるFクランの土地も、ひとたび道路が通じれば同様の開発が可能になるだろう。このように現在の西ファタレカで建設が進む道路は、あくまで現在の生活を延長し、さらにこれまでにない新たな豊かさをもたらすものとして人々の期待を一身に集めている。ここには「自然界を「支配」し、安全を確保し、管理し、リスクを減らしてきたプロセス」[アーリ 2015: 26]である近代の技術インフラが持つ性質が確かに認められる。

　他方2000年代以降に盛んになった科学技術およびインフラの人類学的研究は、通常の社会生活を可能にするそれ自体では不可視の地（グラウンド）とされるインフラが、それを図（フィギュア）として切り出す別の視点——政治的威信や未来の発展の象徴、あるいはインフラを通じた市民社会共同体の包摂と排除をめぐる政治など——によって反転され、可視化されうることを論じてきた [Larkin 2013; Harvey et al 2017; **cf.第6章西尾論文**]。科学人類学者の吉田航太は、こうしたインフラをめぐる図地反転は、そもそもインフラの社会科学的研究を創始したスーザン・スターが、当事者にとって不可視なインフラを可視化するという構図をとった時点で始まっていたことを指摘する。インフラの人類学的研究はそうした反転の営為を分析者以外にも認めることで、たとえば問題のある技術的インフラを通じた社会批判の立ち上がりを描き出してきたのである [吉田 2022: 82–83; cf. Star 1999]。

　つまりインフラとは現在の生活を支える見えない秩序であり、同時にそれを見えるようにするモノ＝視点である。西ファタレカの場合、故地に作られる現実の道路は、土地を飼い慣らし現在の自己にとってのよい暮らしを実現するだけに留まらず、それまで人間がこのようなものとして認識していた土地の背後にある「地」を露わにする。そしてこの不穏な故地と向き合う人々は、そこで起こる様々な出来事を通じて、それまでの「自己」と「よい暮らし」を根本的に問い直されるのである。これから述べるのは、新たな土地に移動し住みつく人々の、こうした自己の延長と変容のプロセスである。

3 見出される道、伸び広がる身体

3-1 身体＝インフラ

　冒頭の記述からわかるように、マライタ島の大半を覆う熱帯林は決して移動に適した空間ではない。険しい傾斜と見通しのきかない視界、湿度100％の森の中で生い茂る熱帯の植物たちが移動の障壁となって立ちはだかる。このような空間を前にして怖じ気づくのは筆者のようなよそ者だけではないということは、一行のうち2名（全員が沿岸部で生まれ育った世代）が残ったという事実からも見て取れるだろう。

　しかし、ずるずる滑る急斜面で靴と足の間に泥が入り込み悪戦苦闘する筆者を尻目に、若者や老人たちは事もなげに進んでいった。マライタ島民が持つ靴底のように固い素足は、こうした場所では最高の装備である。道中しばしば通り抜けできそうにない茂みに出くわしたが、彼らが手に持ったブッシュナイフを2、3回振り下ろすと、その後には人がすり抜けられるくらいの隙間ができていた。また川に行き当たるとそのまま腰の辺りまで浸かりながら川底を歩き始めた。

　西ファタレカで道を指す言葉には2種類ある。1つはピジン語の「ロッティ（*p: rotti*=road）」であり、これは政府が管理する幹線道路や伐採企業が作った林道のような、自動車が通れる道のことである。もう1つは「ターレ（*taale*）」と呼ばれる、人がやっと通れるくらいの幅の小道である。「ターレ」は川の中や木を1本渡しただけの橋など、とても道とは思えない経路を辿ることが少なくない。

　後者の移動は、ティム・インゴルドが言う「徒歩旅行（wayfaring）」［Ingold 2010: 126］の特徴を持つ。インゴルドによれば、目的地に向かって平坦で摩擦なく整備された道路（road）を行く「輸送（transport）」とは異なり、小道・経路（path, track）を行く徒歩による移動は、その時々の環境中の肌理と向き合う即興的なものである。ちょうどドローイングの線が何本も重なりつつモノの輪郭を描き出すように、こうした経路が積み重なることで道は生成する[*6]［Ingold

---

*6　この観点から興味深いのが、マライタ島の伝統的な移動方法である。1960年代に北マライタのバエグー（Baegu）地域で調査したハロルド・ロスは、現地の人々が「まるで海の上を航行するように」［Ross 1973: 118］移動すると述べている。まず目標となる場所を定め、太陽の向きと地形から周囲の状況を推定しつつそこに向かって進む。もし道から外れたように思えたら、高い木に登って周囲の状況を確認する。ロスによれば、離れた場所

第7章　未知の故郷への帰還──ソロモン諸島マライタ島の道路建設にみるインフラストラクチャーの両義性

さらに、このような徒歩移動を可能にするマテリアルな条件を考えてみると、ここでは移動する身体と道路のような人工的インフラは分離しておらず、むしろ後者は前者の中に畳み込まれている――あるいはその度ごとに「道を作り出す」[古川 2020: 225]――ことがわかる。このような人々が移動するために多くのものは必要ではない。自動車による移動が普及した現在でも、マライタ島の山中には東西南北に走る細い小道があり、慣れた人なら乗り合いトラックよりも速く移動することができるという。[*7]

3-2　拡張する移動

こうした徒歩旅行的な移動は、現地の人々が「戦争の時代 (kada omea)」と呼ぶ伝統的なマライタ島社会のあり方とも相関していた。植民地政府の実効支配が始まる1920年代以前、マライタ島の人々はクランや姻戚関係によって分断され、それらの間では「オメア (omea)」と呼ばれる集団間戦闘が頻繁に発生していた。たとえ地理的に隣接する集団でも潜在的な敵であり、殺害や食人の対象となり得た[橋爪 2022: 128]。このような状況において自集団や友好集団のテリトリーを離れることは多大な危険を伴うものであり、あえて移動するということはそれ相応の覚悟と目的があってのことであった。[*8]

だがこのような時代であっても、特に目的無く移動する者もいた。その代表格が戦士 (ramo) と呼ばれる血気にはやる男たちである。若く失うもののないラモは、妻となる女性や伝統的な財である貝貨を求め、日頃から社会的境界を超えて移動する数少ない人々であった。彼らにとって最大のチャンスは、先の「オメア」に参加し報奨金 (finisi) を手に入れることであったが、そこには貝貨などの動産だけでなく、場合によっては土地も含まれた。こうして手に入れ

の往来はこうしたいくつかの目標地点を繋いで行われ、中でも頻繁な箇所には定まった道ができるという。

＊7　幹線道路は南北に長いマライタ島の沿岸部に沿って走っているため、東西方向の移動であれば徒歩の方がはるかに距離的に短い。

＊8　この時代に一般の人々が移動する理由として最も一般的であったのは、マオマ（maoma）と呼ばれるクラン単位での儀礼への参加であった。たとえ女性であっても、出身地で行われる「女のマオマ（maoma ni keni）」に参加する目的で一時的に婚出先を離れることはあり得た。しかしこうした移動は、後述する戦士の移動と対比すると、あくまですでにある社会関係によって規定された「目的のある移動」であり、社会関係を創設・拡張するものではなかった。

た土地に定住した戦士は、やがて新しいサブクランの祖先となった。このように物理的な移動のあり方だけでなく、通婚や移住といった社会構造もまた、伸び広がるドローイングの線の積み重ねのような即興性を備えていたのである。

　こうした人々の伸び広がりは、事後的にクランという同一性に回収された。キリスト教宣教以前のマライタ島では、畑の収穫から戦闘の勝利に至るまで、生活のあらゆる側面が祖霊（*akalo*）の加護によって成り立つと考えられていた。この中心はクランの始祖が眠る故地の祭祀地であり、各地に散った子孫は、現住地の祭祀地で供犠を捧げ祖霊の名前を呼ぶことでその力を引き出した。戦士が見知らぬ土地で無事に報奨を手に入れ、新たな一族の祖先となったことも、このように媒介された祖霊の力の発現と考えられた。そして彼自身が死後に自らが築いた集落の祭祀地に眠る祖霊となり、子孫の願いに応えて加護を与えたのである。

　またこの祭祀地と祖霊のネットワークは、時間と空間の懸隔を飛び越えて内部にあるアクター同士を直接的に関係づけるものであった。現地の言い回しでは、祖霊は人間が何か願ったり、あるいは過ちを犯したら「ただちに結果を示す」という。生者に起こる出来事は不可視の祖霊による働きかけの結果であり、それを見る（*soi*）ことで「真／偽（*mamana/suke*）」を知ることができるとされた。祭祀地という凝縮された時空間の中で、始原の真理はそれを求める者の身体の上に直接書き込まれ、新たな力へと転じたのだ。

4　断絶と翻訳

4-1　断絶する移動

　伝統的なマライタ島社会では、長大な移動インフラは身軽な身体へと畳み込まれ、環境に応じて柔軟に変化する。またそうして成し遂げられる移動は、祖霊の現前を通じて意味づけられる。結果として現れるのは、自らの身体がそのまま道になり集落になり祖霊の社となっていく、伸び広がるネットワークとしての自己＝祖先である。

＊9　祖先祭祀の論理では、始祖を含む重要な祖霊に直接呼びかけることはできず、まず自分を知っている祖霊——典型的には自らの父親——に呼びかけ、その祖霊が別の祖霊に呼びかけ……という伝言ゲームを経て、ようやく目当ての祖霊を呼び出すことができるとされている。

このような自己拡張的な移動を断絶させたのが、20世紀初頭から始まったキリスト教の受容と沿岸部への移住である。

　西ファタレカの人々が祖先のキリスト教改宗を物語るとき、必ずといっていいほど使われるのが「山から降りる (koso mai faasia tolo)」という表現である。ここに見られるのは、キリスト教受容と山間部の居住地の放棄を一体の出来事として見なす、現地の歴史意識である。宣教に当たった神父や牧師、教誨師は、いずれの宗派でもそれまで実践されていた祖先祭祀を「悪魔 (p: debol=devil)」崇拝と呼び、改宗者がこれらの儀礼に参加することを厳禁するとともに、祖先の遺物に火をかけるなど積極的な破壊を行った。また改宗者にとっても祖霊は恵みをもたらすと同時に恐ろしい存在として理解されており、沿岸部の宣教拠点への移住はそうした自らの過去を断ち切って、それらより上位にある神 (arei langi) の庇護の元に逃げ込むという意味を持っていた。

　このアイデンティティの断絶と空間的な断絶を背景として、「キリスト教／非キリスト教」の区分が「切り開かれた畑や集落／鬱蒼とした森」の空間的対比に重ね合わされてゆき、祖先と「山」の他者化をもたらした。現在のキリスト教化した沿岸部（ファフォアシ）の成立は、キリスト教徒の増加と開発の進展によってこの区分が次第に拡大・確定していった先にある。

　西ファタレカ地域の沿岸部も、戦後しばらくは人口もまだ少なく、至るところに極相林や発達した二次林がある、現在の山間部のような景観が広がっていた。デイヴィッドの妻のヴィクトリア（50代）は、自分が若い頃に沿岸部のそこかしこにいた得体の知れない野生の霊 (akalo kwasi) が、キリスト教徒が増え「祈り (foa)」の力が増すにつれていなくなったと語る。

　ただしこれらの霊は消滅したのではなく、あくまで祈りの力によって不活性化され「眠って (maleu)」いるだけだとされる。その行き先については、祖霊であれば遺体がある祭祀地へと戻ったのだろうと推測する者もいる。ただそれ以外にも定まった場所を持たない野生の霊が多くおり、これらは未だ山中をうろつき人を襲うとされる。海岸線の背後に聳える山は、今となっては祖先の地というだけでなく、うかつに足を踏み入れられない危険な異界としての側面を持っているのである。

4-2　対外拡張の行き詰まり

　祖先を置き去りに山を降りた西ファタレカの人々は、島外に新たな発展の可能性を見出していく。19世紀後半からオーストラリア北部のクイーンズラン

ドおよびフィジーのサトウキビプランテーションへの労働交易（labour trade）が始まると、かつてチャンスを求めて他集団の土地へ危険な旅を行った戦士たちは、今度は海の向こうにあるこれらの土地へと渡航するようになった。イギリス植民地政府が1911年に労働交易を全廃すると、今度はガダルカナル島などにある国内のプランテーションが新たな出稼ぎ先として登場する。さらに第二次世界大戦後、戦災で荒廃した旧首都ツラギ（Tulagi）に代わってガダルカナル島北部の連合軍基地跡に新首都ホニアラ（Honiara）が築かれると、復興の労働力として大量の労働者がマライタ島から渡航する。やがてマライタ島民たちはガダルカナル島の土地を取得し、移住先を新たな故郷へと変えていった。

　ところが1998年に起こったガダルカナル島民との紛争により、この移住先は消滅してしまう。ガダルカナル側の紛争当事者であるイサタンブ解放運動（IFM）は、マライタ島民に「自分たちの土地へ戻れ」と告げ、その財産を徹底的に破壊したのである。だが着の身着のままでマライタ島に逃げ戻った人々が住むべき沿岸部の土地はいくらも残されていなかった。[*10]

4-3　自己知識の翻訳

　2000年に紛争の和平合意が結ばれたが、その前後から西ファタレカ地域における山間部の故地への帰還に向けた動きはすでに始まっている［宮内 2011: 295］。しかし自らが逃げ出してきた場所に、どうやって再び戻るというのか。その鍵となるのがキリスト教化以前の伝統——ピジン語で「カストム（*p: kastom*=custom）」と呼ばれる——の客体化である。

　「山から下りる」移動によって、西ファタレカの人々は自らの過去との断絶を経験したが、他方で教会によってもたらされた「書く（*kedea*）」能力は、もはや祖先祭祀を通じて身体化されることがなくなった祖先の知識を、新たな時代に再生させるものと考えられた。元来口承で伝えられてきた系譜を文字化する試みは1930年代に始まるが、一般化したのは第二次世界大戦後にマライタ島全土を席巻したマーシナ・ルール運動（Maasina Rule Movement）［ワースレイ 1981］と呼ばれる反植民地・自治運動以降である。この運動において、伝統的な系譜や禁忌はピジン語で伝統的な慣習を意味する「カストム」と呼ばれ、植

---

*　10　西ファタレカには紛争以降にできた大規模集落がいくつかある。その1つであるN集落は沿岸部の幹線道路から2.5kmほど内陸に入ったところあり、そこに至るには徒歩で30分以上かかる。

民者に対抗するアイデンティティの確立のため、その記録が奨励されることになる。

　共通の「カスタム」を中心としたマライタ島民の政治・経済的一体化という運動の目標は、政府の弾圧や内紛により結局実現することはなかった。だが、自己知識の文書化はその後もクランや個人単位で実践され続け、さらにマーシナ・ルール運動以後、植民地政府によって現地の慣習の公的な法制度への取り込みが推進されたことにより、こうした翻訳と循環のサイクルはますます拡大していった。

　しかしどんなによい翻訳であっても、そこには翻訳元とのギャップが含まれている。かつて生活の安寧を祖先に呼びかけ、発される先から虚空に消えていた言葉は、今やノートに取られるようになった。フェティッシュ化された知識はそれ自体が目的となり、循環・比較される。クランの有力者たちはそうしたノートをいくつも隠し持ち、他の集団が語り伝える内容が、自分が父から聞いた内容と違っていることをいぶかしむ。

　このように文書の宇宙が拡大していく過程で、客体化された自己知識と「本当の」それという乖離の感覚が、そのメディア論的効果として密かに生み出されていく［橋爪 2022: 95–99］。現代において裁判に勝訴し開発事業を推進するためには、幾重にもこんがらがった（*kanifilitai*）伝承を半ば恣意的に取捨選択し、自分の目で一度も見たことのない土地や祖先の名前をあたかも本当の故地であるかのように取り扱わなければならない。

5　故地に帰る

5-1　知識を実行し、道路を作る
　ソロモン諸島の慣習的所有地における森林伐採事業の法的枠組みの中に、土地権についての具体的な規定はない。[*11] だが実際には政府から伐採ライセンスを取得する際に、伐採対象の土地の地図およびその権利についての同意を証明する書類が必要とされる。[*12] ここで土地所有の証左とされるのが、その土地を

＊11　「森林資源および木材利用に関する法（Forest Resources and Timber Utilisation Act）」では、慣習的土地所有者の存在はあくまで前提として扱われている。

＊12　これは裁判所の判決のほか、チーフ連合（House of Chiefs）と呼ばれるクラン有力者による半公式的組織が行う裁定も用いられる。

獲得し定住した祖先が築いたとされる祭祀地である。森林伐採事業に乗り出すクランのリーダーは、方々つてを辿って情報を集め、伝承で語られる場所を特定する。こうして得られた知識は、特定の祭祀地を築いた祖先とその子孫を、一定の土地を共有する利害共同体として客体化する。

とはいえ、一面の森林に覆われた土地のどこに祭祀地があるのかは一見して明らかではない。祭祀地といっても建造物があるわけでもなく、唯一それと見て取れる痕跡は、歳月の中で苔むした石塚くらいである。また、こうした人工物の中には、過去に移住してきた他クランによって築かれたものも多くある。そのため、伝承を辿ってそれらを築いた人々の子孫に連絡を取り、操業中に誤って破壊されないように祭祀地の周りをテープやカラースプレーでマーキングする必要がある。しかし同一クラン内のサブクラン間でも伝承に相違があったり、あるいは交渉に当たるリーダーの出身集団がその土地と関係が薄くそもそも伝承を知らないといった事情から、取りこぼしも生じてくる。

土地境界をめぐるFクランとSクランの争いが始まる直前の2017年頃、Sクランの土地で操業中の企業が祭祀地に被害を与えてしまった。事前の取り決めに従い企業は祭祀地の所有者に賠償金を支払おうとした。ここで、問題の祭祀地はSクランのものではなくFクランのものであるという認識がSクラン内部であったようである。そのためSクランのパラマウントチーフ兼ライセンシーであるスティーブンが、Fクランのパラマウントチーフ・モタに賠償金の受け取りを照会してきた。しかしモタは件の祭祀地を自分たちのものではないと言ってスティーブンの申し出を断った。

そのうちGK[13]という名前の集団が名乗り出て賠償金を受け取った。これに関してFクランでモタと同世代の年長者であるビタは次のように語っていた。

> GK集団についてSクランに訊いても、彼らは「GK集団はFクランだ」と言うばかりだった。しかしこの間カンパニ（森林伐採企業）が祭祀地を破壊したとき、我々のパラマウントチーフはそれを自分たちのものではないと言った。そこで名乗り出たのはGK集団で、彼らは企業から賠償をもらった。彼らは自分たちがSクランであるということを本当にした（*Kera faa-*

---

* 13　この GK という名前は、冒頭で出てきた土地 GK と同じである。ここでは詳細は省くが、土地 GK 近辺で行われていた S クランの伐採事業との絡みで、GK 集団が土地 GK と関係があるのか／ないのか、あるとしたらその関係はいかなるものかということは、調査当時きわめて論争的な問題であった［橋爪 2022: 128–135］。

mamana wane GK ki, kera wane 'ae bara S）。（2018年12月、Fクラン・ビタ）

　Sクランは祭祀地をFクランのものと理解していたが、それは当事者によって否定され、代わりにまったく別のGK集団が名乗り出た。このように、どこに誰の祭祀地があるかは、実際のところやってみるまでわからないことだらけである。だからこそ重機による道路の開削や伐採は、必ずと言っていいほど祭祀地へのダメージと、それに対する賠償の請求を引き起こす。

　もし祭祀地がちょっとでも破壊されたら、正当な賠償を受け取るまで子孫たちは怒った祖霊による祟りを受ける可能性があるとされる。このように土地自体の不確定性は、どこにあるか・誰のものかわからない祭祀地や、キリスト教化した日常の背後で呼び覚まされる祖霊への怖れとして、意識の中で焦点化される。

　これを制御するのが、GK集団がSクランから賠償を受け取ったような、「壊された祭祀地の本来の所有者が賠償を受け取る」という論理である。賠償を受け取った人々の心が落ち着く（*mantana aluke*）と、祖先たちも同様に満足して祟りをやめるとされる。この時、壊されてしまった祭祀地はそのまま放置される。だが賠償さえ支払われれば特に問題はないという。系譜に象徴されるクランの抽象的な同一性を前提とすれば、祭祀地がブルドーザーで削られようと、はたまた一面の森が赤茶けた荒れ地に変わろうと、故地は同じ故地である。こうして、何が起こるかわからない他者性を秘めた山間部は「我々の本来の土地」へと飼い慣らされていく。

　「土地所有者」を確定することで政府から森林伐採ライセンスの取得が可能になる。ここから企業による林道建設が引き出され、貨幣収入・学校教育・医療サービスといった現在の生活に不可欠な、脱身体化された移動の体制が山間部へと延長されることを人々は期待している。このように現地の社会的文脈において、文書として客体化された自己知識は、伐採事業や道路に変わり、最終的には自分たちにとっての新たな「良い暮らし」へと変換されると考えられている（cf. 第8章古川論文）。

5-2　揺れ動く土地

　しかし道路建設は文書や賠償の論理に沿って一方的に進められるのではない。客体化された故地がより強力に構築されればされるほど、その傍らにはこれらの知識や技術によって飼い慣らせない土地の他者性が立ち現れる。そして入植

地の景観において、この対極的な両者はあくまでフラットに併存している。

　森林伐採事業のため、2018年前半からLAクランの土地を横断する道路建設工事が行われた。ブルドーザー、パワーショベル、ダンプカーなどの重機を艀で陸揚げし、海岸から徐々に内陸部に向かって道を作っていく中で、道路はいくつかの祭祀地の近傍を通ることとなった。

　ところが2018年8月、建設中の林道を歩いていた男が突然気が触れるという事件が起こった。彼が事件に遭遇したのは、夕刻に山中に住む親族のところに向かっている時であった。現場は幹線道路から2kmほど入った林道の曲がり角であり、ちょうどその向かい側には森林伐採事業で残された祭祀地の茂みがある。彼がここで道路を外れ、藪の中を歩き出してまもなく、何者かに足をすくわれて転んだ。起き上がって目にしたのは木よりも高い巨人の姿であった。すっかり正気を失った彼を見た親族たちは、キリスト教の祈りやカスタム・メディシン（伝統薬）を与えて治療した。

　この祭祀地は土地所有者であるLAクランのものであったので、彼を襲ったのはLAクランの祖霊の仕業と考えられた。LAクランの祖霊は巨人の姿をとるという慣習的知識も、この推定を後押しした。他方で、なぜLAクランの祖霊が自らの子孫ではなく禁忌も犯していない無関係の人間を襲ったのかということが謎として残された。

　「ロギングによって祭祀地の近くまでマシンが入り、寝ていた彼らを揺り動かして起こしてしまった（igia saegano ka faa'ada kera）ため、こうしたことが起きている」というのが、道路建設に当たった会社で警備員として働いていたイシマエルの指摘であった。彼もこの近くの出小屋で会社の機材を警備する仕事をしていたとき、雨の中を傘を差して歩いていたら突然後ろから何かに押さえつけられるような異様な感覚がしたことがあるという。しかし彼は教会でもらった聖なる塩（Holy Salt）とロザリオを持っていたので難を逃れることができた。

　こうした土地に由来する怪異は、重機を用いた大規模開発が引き起こす劇的なそれだけではない。より頻繁に語られるのは、本来の土地所有者ではない者が土地に対し不適切な働きかけをしたために起きたとされる、身体の不調や生業の不振などである。

　西ファタレカの沿岸部は、元々SBというクランが所有していたとされているが、SBクランの男系子孫は途絶えてしまっており、現在では傍系のLAクランが所有者として振る舞っている。そして何十年も前から「本来のSBクラ

図3　怪異が起きた LA クランの祭祀地

　ンの男系子孫」を名乗る人物が入れ替わり立ち替わり現れては、LA クランを相手取った訴訟を起こし、さらにその一部は実際に土地に家を建てて居住した。だが彼らの試みはどれも長続きしなかった。

　この理由について、付近に住む筆者の友人のキーキーは「あの人たちはここに住んでも生活が良くなかった（*mauria shee kii nao si lea*）」から帰ったのだと語っていた。この言葉は耕作の不振や現金収入が得られないことを理由とする故地への帰還と同じである。だが彼の発言はそうした表面的な不運の背後にある、それらが「なぜよりにもよってこの土地に住む自分に起こるのか？」というより根本的な理由、言い換えればマライタ島における土地をめぐる呪術的リアリティと関わっている。移住者らは自らの身体に現れる土地からの徴候を解釈し、ここが自分の土地ではないということを「知った」ために、土地権の主張を諦めて去ったのである。

　F クランの人々が係争中の土地で蔓を採取し川で泳いだことも、その時はただの生業活動や遊びとしか見ていなかったが、思えばこうした土地に対する「試し」の一環だったのかもしれない。数十世代ぶりに「帰還」した彼らは、故郷の土地と身体がまだ十分に結びついておらず、あくまで不安定な状態にあ

る（cf. 本書第4章左地論文）。だからこそ積極的に身体を土地と交わらせ、自己の知識が真理であることを証さなければならない[*14]。やがてこの地に道路が通じ、人々が家を建てこの土地で育ったイモを食べるようになったとき、その身体は故地と同化し、真の帰還を果たすことになるだろう。

5-3　変わる自己

　自クランの土地を書類上の権利へと変換し、四輪駆動車に乗って伐採後の開けた空間に入植する人々は、そこで人間によって把握された土地の外部と直面する。この足元の土地が本当に自分のあるべき土地なのか、もしかして不適切な土地にさまよい出ているのではないのか……。真理は土地と土地に眠る祖霊だけが知っている。

　こうした潜在的な緊張下にある人々は、様々な手段で土地と自分自身の関係をしっかりした（ngasi）ものにしようとする。この最も顕著な事例が、定住地に親族の遺体を埋葬し、新たな墓地を作る動きである。

　LAクランのナサニエルは2010年代に死去した父ラエガの墓を、幹線道路から1kmほど入った山の中腹にある自宅の裏に作った。ラエガは1970〜80年代にかけて地元選出の国会議員を務めた土地の名士として知られていたが、それと同時に、生前にLAクランの土地権をめぐる裁判を何度も戦い、多くの敵を作った人物でもあった。ナサニエルが自宅近くに父の墓を築いた表向きの理由も、遺体を他の人々と同様にRコミュニティにあるカトリック共同墓地に埋葬したら、仇敵が墓を掘り返して邪術を仕掛ける恐れがあるということであった。

　一見したところ、ラエガの墓は一般的なキリスト教徒の墓と何ら変わりない。遺体が土葬された地面の上には死者の名前が刻まれた長方形のコンクリート製墓石が載り、そこには何本もの空き缶に入った花が手向けられている。墓石全体には日差しや雨から守るサゴヤシ葺きの屋根が差し掛けられ、周囲をドラセナの木が取り囲む。

　ところでナサニエルの家の付近はLAクランの始まった場所――正確には、

＊14　このような考え方は現代のマライタ島でも根強く残っている。筆者の州都での寄宿先であるマライタ島北西部出身の女性ネリーは、SBクランの男系子孫を主張する一族の一員である。彼女は筆者に対し、以前西ファタレカを訪れた際に幼い甥が川で5回、海で5回泳ぎ、その度ごとに無事に戻った（ワニやサメの餌食にならなかった）ことを、その土地が自らの一族のものであることの根拠として語った。

図4 ナサニエルと父ラエガの墓

Nクランからやって来た祖先が最初の祭祀地を築いた場所——であり、ここを起点としてクランが広がっていったとされる。沿岸部からの帰還先にここを選び父の遺体を埋める彼の行為は、表面的なキリスト教の意匠の背後で、明らかにLAクランの起源の再生を意図している。のみならず、そのような形で死者を埋めることは、その土地が紛れもなくLAクランのものであることを誇示し、将来にわたって証立てる行為となる。現在最も人口過密な沿岸部を抱えるLAクランでは、不在のSBクランをめぐる土地争いのように、長年にわたり土地争いが絶えなかった。こうした事情を考えると、ラエガの墓にはその争いがこれ以上内陸部に波及することを防ぎ、子孫の安定的な土地利用を可能にする働きがあると考えられる。

　今後山間部への入植が進むにつれ、ますます同様の機能を持った墓地は増えていくであろう。今や墓地は個人的なものであることをやめ、過去とは違った仕方で、しかし同じように子孫の生活を支える重要性を持ちつつある。

　このように人々はキリスト教的な葬送実践を、かつて祭祀地を築いた祖先たちの行為と類似性を持ったそれへと改変し、故地との根本的な遠さを新たな実践によって代替しようとしている。沿岸部から山間部への空間的移動の過程で、すでに「キリスト教徒」であることの意味はズレ始めているのである。

6 おわりに

　植民地支配以前の西ファタレカにあった身体化された移動と祖先祭祀のネットワークは、山から沿岸部への移動とキリスト教への改宗を通じてその様態を根本的に変えてしまう。人々はもはや自らの身体ではなく、船や自動車道路といった脱身体化されたインフラによって移動する。そして故地から遠ざかり祖先祭祀も禁じられた新たな状況の中で、祖霊の現前は不動の文書へと凝固する。

　現在の故地への帰還運動において、こうした知識の客体化は森林伐採事業を可能にし、自動車道路をはじめとする近代的インフラを備えた帰るべき故地を具現化する。他方、現実の土地を改変することを通じて、表象された土地の外部——祭祀地や個人の身体に焦点化される、土地そのものの他性——が一つの視点として立ち上がる。この曖昧で恐るべき他者こそが、「本当の故地」を証すもう一つの基準である。帰還した人々は自らの生を徴候として読み解きつつ、この不確定な状況に適応すべく、キリスト教徒という自らの根幹的なアイデンティティを密かに変貌させている。

　あくまで現在の暮らしの必要性の上に構築されるインフラは、同時にそれと絡み合う他なる力をも可視化してしまう、不安定な人工物である（cf. **第5章難波論文**）。このインフラが持つ両義性は、時に社会生活の表層的な流れを止め[Harvey et al 2017: 13]、現在に潜在する別様な可能性を浮上させる。そして自己と世界は過去から未来まで一直線に続く道路ではなく、いくつもの枝分かれに満ちた山道のようなものとして現れるのである。

参照文献

アーリ, J. 2015『モビリティーズ——移動の社会学』吉原直樹・伊藤嘉高訳 作品社.

里見龍樹 2017『「海に住まうこと」の民族誌——ソロモン諸島マライタ島北部における社会的動態と自然環境』風響社.

ストラザーン, M. 2015『部分的つながり』大杉高司ほか訳 水声社.

橋爪太作 2022「土地と向き合う人々——現代メラネシア・マライタ島西ファタレカにおける社会と自然の民族誌」東京大学総合文化研究科国際社会科学科相関社会科学専攻博士論文.

古川不可知 2020『「シェルパ」と道の人類学』亜紀書房.

宮内泰介 2011『開発と生活戦略の民族誌——ソロモン諸島アノケロ村の自然・移住・紛争』新曜社.

吉田航太 2022「ダークインフラの合理性——インドネシアの廃棄物最終処分場における不可視の動員とその効果」『文化人類学研究』22: 80–105.

ワースレイ, P. 1981『千年王国と未開社会——メラネシアのカーゴ・カルト運動』吉田正紀訳 紀伊國屋書店.

Allen, M. G. et.al 2006. *Solomon Islands Smallholder Agriculture Study. Vol. 4: Provincial Reports*. AusAID.

Harvey, P. et al. 2017. Introduction. In P. Harvey et al. (eds) *Infrastructures and Social Complexity: A Companion*. Routledge.

Holbraad, M. & M A. Pederson 2017. *The Ontological Turn: An Anthropological Exposition*. Cambridge University Press.

Ingold, T. 2010. Footprints through the Weather-World: Walking, Breathing, Knowing. *Journal of the Royal Anthropological Institute (N.S.)*. 16(SI): S121-S139.

Keesing, R. M. 1982. *Kwaio Religion: The Living and the Dead in a Solomon Island Society*. Columbia University Press.

Larkin, B. 2013. The Politics and Poetics of Infrastructure. *Annual Review of Anthropology* 42: 327–343.

Ross, H. M. 1973. *Baegu: Social and Ecological Organization in Malaita, Solomon Islands*. University of Illinois Press.

Star, S. L. 1999. The Ethnography of Infrastructure. *American Behavioral Scientist* 43(3): 377–391.

第三部

探る／流動する──環境

第8章 ヒマラヤ山岳観光のモビリティと斜面の質感
──山間部の移動をめぐる変化と連続性について

古川不可知

　私が調査をおこなってきたヒマラヤの村は、標高4,000mの峠を越えておよそ3,500mまで下ったのち、再び300mほど急斜面を登り返した山腹に位置する小村である。谷底の橋を渡ると、山道が右手上方へと蛇行しながら立体的に続いているのが目に入る。荷物の重さで後ろに倒れないよう、私はザックの肩紐を締めて無意識のうちに前傾姿勢を取り、一歩ずつゆっくりと足を踏み出してゆく。ざらついた砂の斜面に足は滑り、体重を支える親指の付け根とふくらはぎは重だるさを増してゆく。薄い空気に喘ぎながら30分ほど登ってゆくと、斜面はさらに角度を増して山道はつづら折りとなり、頭上には五色の旗が見えてくる。仏塔の横の急坂を登りきると、段々畑状になった山腹の緩斜面に緑色の屋根の家々が点在するのどかな村の姿が一気に広がる。槌音とヤクの鳴き声が聞こえ、ロッジの控えめな英語の看板が見え隠れしている。隠れ里とはこのような場所をいうんだな、と、はじめて訪れたときに息を切らせつつ感じたことをいつも思い出す。

1　はじめに

　観光は現在のいわゆるグローバルな世界状況を典型的に示す現象である。世界中を覆い尽くす観光者のフローは、いまではエベレストの頂上にまで至るようになった。現代における観光の重要性を指してジョン・アーリが言うように、「国際旅行はいまや世界貿易の十二分の一以上を占めている。これは、世界史上もっとも大規模な人々の越境移動をはるかに凌いでいる」［アーリ 2015b: 90］。

国連世界観光機関による統計によれば、2019年の国際観光客到着数は14億6千万人を数えたという [UNWTO 2020]。本章執筆時点の2020年代初頭はコロナ禍の影響で数字を落としているものの、遅かれ早かれ観光移動が再び拡大を続けることは疑いないだろう。

　本章が対象とするネパール東部のソルクンブ郡は、「世界最高峰」エベレストの南に位置するヒマラヤの山岳地帯である。かつては「秘境」とされたこの険阻な高山地域も、現在は登山やトレッキングを中心とする山岳観光の名所として知られるようになり、世界各地から観光客が訪れるようになった。観光客にとっては山中を移動する苦しい過程こそ山岳観光の経験を「真正な」ものとする一方で、現地の人々にとって車道のない山道は発展していないことの象徴である。平らな土地が存在しない山間部で、世界各地から訪れた人々、収入機会を求めてネパール各地からやってくる人々、および現地に住むシェルパの人々は、斜面を別様に意味づけながらそれぞれのやり方で山中を移動していく。そして現在は、この地域を首都へと接続するべく、低地地方から車道の建設工事が次第に進んでいる。

　本章の目的は、近代的な移動インフラの辺縁でありつつグローバルな観光移動の焦点でもあるネパール・エベレストの山岳地帯を舞台に、移動に伴うモノや質感という観点から人々の移動について考察することにある。具体的には、①近代都市を前提に展開したモビリティの議論を山間部の実践へとどのように適用しうるか、②それ自体も天候や地質学的時間のなかで流動する山間部の斜面を人々はどのように意味づけ、移動してきたのか、そして③車道という新たな移動インフラがどのように建設され、その上で人々はいかなる実践を行っているのかについて明らかにしたい。

2　モビリティと流動する斜面

　序章でも確認した通り、社会学者ジョン・アーリは現在の流動性を増した世界状況と、それを捉えるための新たな学問的パラダイムの双方を視野に置いて「移動論的転回（mobilities turn）」を提唱した。実際にエベレスト地域にも観光客が押し寄せるようになり、シーズンになると山間部の飛行場には小型機がひっきりなしに着陸しては飛び立つ。低地地方からはこの地域に向けて車道の延伸工事も続いている。他方で険しい山岳地帯であるこの地域では、高速道路

のような通念的な意味でのインフラは将来的にも想像しがたい。本章の関心の
ひとつは、平滑な近代都市空間とその延長を前提とするアーリの議論を、ヒマ
ラヤ山間部の状況から捉え返したときに何が起きるのかということである。こ
こでは非－西洋近代、平滑ではない斜面、流動する大地という3点を通してヒ
マラヤからモビリティ概念を考えてみたい。

2-1　辺縁から考えるモビリティとインフラストラクチャー

　「移動論的転回」の議論は現代世界の状況を、西洋に発する近代が地球上を
覆い尽くす過程として捉えているように見える。たとえばアーリが「複雑性」
という言葉を用いながら移動性を増した現代の世界を論じるとき、それが予期
せぬ帰結をもたらすにせよ、セダンティあるいはグローバルな複雑性（global
complexities）それ自体は世界を一枚岩的に取り巻いているかのようである[アーリ2014]。また延伸する移動インフラは時空間を平滑で同質的なものへと
変えていくものとみなされ、とりわけ鉄道や航空機は従来の地理的な起伏や障
壁を無効化し、同じ直線距離を同じ時間でたどり着けるようにすることで均質
な空間を生み出すことが論じられてきた［アーリ2015a: 98–99; ハーヴェイ2022:
410–492も参照］。航空機の経験について述べるエリオットとアーリの記述では、
西洋近代から周縁へと触手を伸ばすように広がっていく近代の移動インフラの
もとでは、東京でもニューヨークでもドバイでも類似した景観や移動経験を伴
うことが暗意されている［エリオット・アーリ 2016; オジェ 2017も参照］。

　他方で人類学的な観点からインフラストラクチャーを考察する一連の議論が
明らかにしてきたのは、新たなインフラも既存のインフラを基盤として構築さ
れ、従来の慣習との連続性を保ちながら展開していくことであった［e.g. Star
& Ruhleder 1996］。海外旅行などに行けばすぐ気づくように、たとえば日本と
アメリカとネパールでは道路上の実践も制度も物理的配置も異なっているだろ
う。本章では、ヒマラヤ山間部における移動がどのような連続性と変化のもと
に展開してきたのかについて、とりわけ山間部に建設されつつある車道がいか
なるものとして現れつつあるのかに着目する。

＊ 1　ランデルが批判的に指摘するのは、むしろ複雑性理論こそモビリティーズ・パラダイムの
　　　根幹をなしていることであった［Randell 2018: 213–215］。それは「モビリティを強調し
　　　た複雑性／システム理論のハイブリッド・パラダイムである。（中略）しかし、このパラ
　　　ダイムが識別可能なのは、（中略）事実上あらゆるものが複雑系として、またシステムと
　　　して記述できるためである［Randell 2018: 216］。

ここで人類学者アルジュン・アパデュライを参照するならば、彼がグローバル化をスケープとして説明したとき、そこに見出されていたのは中心−周縁の図式ではなく、地球をめぐる乖離的な5つのフローがそれぞれの場所あるいは個別の身体に対していかなる見えをもたらすかであった［アパデュライ 2004］。この観点は、地球上を移動する人々のフローがそれぞれの地域において別様に現れるやり方や、同じ場所にいたとしてもインフラや移動が様々に意味づけられることを理解する手助けとなる。だがアパデュライの議論でも、前提となっているのはあくまでも平滑な空間であるように見える。そこで次に、移動をめぐる議論のなかに斜面という空間をどのように位置づけることができるかについて考えてみたい。

2-2　流動する斜面の質感

　モビリティ研究では多くの場合、大地は平滑で安定したものと前提されてきた。移動論的転回や空間論的転回の議論では、確かに空間が非均質であることはしばしば強調されている。だがそこで論じられる非均質な空間とは、遠くから見た山々のようにあくまでも観念的な想定であり、実際に山中を歩くときの物理的な起伏や、喘ぎながら斜面を行き来する人々が否応なく感じる質感は取り逃されているようである。別言するとモビリティをめぐる議論において、周囲の事物と関係を取り結びながら移動していく実際の身体はしばしば不在であった（cf. 第2章萩原論文）。

　他方で人類学者ティム・インゴルドが述べていたのは、そもそも丘や谷とはあらかじめそこにある実体ではなく、身体の登り下りや、視線が地形の輪郭をたどるその動きによって経験されるものだということである［Ingold 1993］。ヒマラヤに寄せて言うならば、遠くから眺められる「美しく」隆起した山々は、実際にそこを行く者にとっては消失し、ただ連続する起伏としてのみ経験される。それは非均質な斜面の身体感覚そのものなのである。

　生態心理学者のジェームズ・ギブソンはアフォーダンスという観点から、物理的環境が可能とする生物の移動を論じていた。彼は、平面は歩行動物に対して立つことをアフォードすると述べ、「開かれた環境は、地面の上をどの方向にも移動することをアフォードするが、さまざまなものが入り乱れている環境は限られた空地でのみ移動をアフォードする」［ギブソン 1985: 38］と述べる。だが「斜面」は、「平坦な地面との角度およびその「肌理（質感、texture）」によって、歩行移動をアフォードしたり、しなかったりする」［ギブソン 1985:

39] ものである。そして人類は「環境が人間にアフォードするものを変えるために」[ギブソン 1985: 140]、その「環境の形や物質」を変えてきたと指摘する。この議論をエベレスト地域の文脈で考えるならば、ヒマラヤの人々は斜面に自らの居住や移動を可能とする環境を見出し、また手近な素材を用いてそれを作り出してきたということである。

　ただし次節で述べる通りヒマラヤの斜面そのものもまた長年の造山運動によって形成され、現在も変化を続けている［酒井 2023］。キム・ウィルソンは、山それ自体も動きのなかにあり、人々は流れ出す山を用いて建材や道といった事物を作り出すことを論じていた［Wilson 2018］。またモノのモビリティを扱うベス・キューレン［Cullen 2020］は、同様の観点からバングラデシュのレンガを取り上げ、レンガを取り巻くとともにその内にたたみ込まれた天候について論じる。キューレンによれば、物質の流れのなかで山はレンガになり、道になり、建築物になる［Cullen 2020: 7］。「レンガおよびそれが構成するインフラは、こうした〔天候の流れとそこに含み込まれた人間との〕絡まり合いの物質化」［Cullen 2020: 13］であり、それはやがて雨水によって劣化して再び土に帰っていく。

　もちろん私たちが呼吸して排泄するように、流動する物質は私たち自身の一部でもある。インゴルドが「天候－世界（weather-world）」という概念を提示しながら論じるように［インゴルド 2017］、人間も他の事物や大地と等しく物質の流れに浸された存在である。そもそも人間が世界を知覚するためには、世界と混淆し合っていなければならないのだとインゴルドは言う［インゴルド 2017: 180–181］。雨に濡れた斜面を行くとき、確かに私は同様に雨に打たれ、濡れて重くなった足をぬかるみに取られぬよう、また滑らかな岩に足を滑らせぬよう、地面のざらつきを靴底で確かめながら歩いていく。

　天候の流れのなかで、人々は変化する斜面の質感を身体で知覚しながら移動し、斜面に働きかけて「環境の形や物質」を変化させようと試みる。本章がモビリティ研究に対して取るもう一つの視座は、起伏に満ちたヒマラヤ山間部にある身体の経験を中心に移動を捉え直すことである。

2-3　相対的な動きとしてのモビリティ

　移動論的転回におけるインフラストラクチャーの重要性はアーリも繰り返し指摘するところであった［アーリ 2015a］。ただし都市空間では通常、移動するのは人々であり、それを堅固な下地が支えていることが前提とされている。対

照的に山間部では、山道は雨が降ればぬかるみ、土砂崩れによって押し流され、氷河や雪渓の上ではそもそも固定的な平面も存在しえない。人間と同様に大地の側も顕著に動き続けている。

　「人新世のモビリティ」を提唱するアンドリュー・ボールドウィンらは、「「自然」や「環境」は、モビリティそのものが媒介され、経験され、概念化される物質的な実体としてよりは、副次的なものとして扱われてきたようである」［Baldwin et al. 2019: 290］と指摘していた。われわれが拠って立ち、その上を移動する大地は、通常そうみなされるような安定した舞台ではなく、実際のところそれ自体も動き続けている（cf.第5章難波論文、第9章中野(真)論文）。またブロニスラフ・セルシンスキーは「惑星的モビリティ」の概念を提示しながら、「無生物的なもの、生物的なもの、技術的なものをアプリオリに区別せず、地球上のあらゆるモビリティを、惑星が物理法則と制約の下で自己組織化することによって生まれる、生起しつつある現象として捉える」［Szerszynski 2016: 614］ことを主張する。彼によれば、機械化された移動さえもまた地球そのものの動きと連続的なものである。

　他方で地理学者のピーター・アデイは「すべてがモビリティであればそれは無意味だ」と題された論文において、モビリティとはあくまでも相対的な認識であることを指摘していた［Adey 2006］。国際移動する人々は確かに移動しているが、たとえば空港もまた増築され、メンテナンスされ、解体されるというように少しずつ移動している。地上スタッフは空港に比べると動的ではあるものの、乗客に比べると不動である。そこには「絶対的な不動性などなく、不動だと誤認されるモビリティ、つまり相対的な不動性とも呼ぶべきものがあるだけ」［Adey 2006: 83］なのである。モビリティを研究するに際しては「すべては移動的（mobile）であり、その移動的なもののあいだの差異を認識しなければならない」［Adey 2006: 91］ということになる。

　こうした人間以上のモビリティとその相対性をめぐる諸点は、地質学的なスケールの流動を可視化するヒマラヤの斜面からはとりわけよく見て取ることができる。次節で詳しく見るように、シェルパの人々は観光産業に携わる以前から常に国境を越えて山間部を移動し続けてきた。のみならずヒマラヤでは山そのものも動き続けており、その上に据え付けられたインフラもまた不動のものではない。ここにあるのは無数のモビリティであって、むしろ観光移動だけがモビリティだと捉えられる傾向にこそ問われるべき近代志向のバイアスがあると言えよう。

192

3 流動する人々と大地

3-1 調査地概要

　本章の舞台であるネパール東部のソルクンブ郡は、エベレストの南麓にあたるヒマラヤの高山地域である。とりわけ北部のクンブ地方は、標高およそ3,000mからエベレストの頂上8,848mに至る険阻な山岳地帯であり、トレッキングや登山を中心とする山岳観光の名所として世界的に知られている。ヒマラヤのガイドとしても有名なシェルパの人々が住むこの地域には、新型コロナウイルス流行前の2019年には年間5万人を超える外国人観光客が訪れていた。

　車道のないクンブ地方では、基本的にすべての移動は徒歩である。観光客の多くは、クンブ地方の南に位置するルクラ飛行場をアクセスポイントとしてこの地域を訪れる。標高2,800mのルクラから、エベレスト・ベースキャンプやゴーキョといった目的地まで、およそ10日から2週間ほどのトレッキングがこの地域の主たる観光活動である。すなわちクンブ地方は、いまだ車道の到達しない近代的な移動インフラの辺縁であると同時に、世界中の人々がエベレストを一目見ようと（あるいは登ろうと）「まなざし」［アーリ 1995］を投げかける、グローバルな観光移動の焦点でもある。

3-2 エベレスト地域における移動の歴史

　シェルパは移動のなかに生きてきた人々である。16世紀の半ばにチベット側からナンパ・ラと呼ばれる峠を越えてヒマラヤ南面に定着したシェルパの人々は、高地でも生育するオオムギやソバの栽培を生業としてきた［Fürer-Haimendorf 1964］。家畜としてヤクを飼養し、夏の間は高地の放牧場に移動させ、冬になると本村に戻すかたちでの移牧は現在まで続いている。1960年ごろにチベット動乱の影響でチベットとの国境が封鎖されるまでは、移住路であったナンパ・ラを越えてチベットとヒマラヤ南面を結ぶ交易にも携わってきた。またチベットからの移民や難民はナンパ・ラを通じて断続的に流入し、一部はシェルパ社会の成員ともなっていった。他方で農耕に適した土地の少ないシェルパ社会では、男子はしばしば独身僧となり、チベット側の僧院で出家生活を送るのがかつての慣習であった。

　19世紀になると英領インドを経由して導入されたジャガイモがこの地域の主作物となり、シェルパ人口は倍増したとされる［Fürer-Haimendorf 1964: 11］。人口圧の高まりはさらなる人々の移動を促すこととなり、新天地を求めるシェ

ルパの人々の足は、当時の英領インド政府が避暑地として開発を進めていた西ベンガル州のダージリンへと向かった［Ortner 1989; 鹿野 2001］。すなわちヒマラヤでは、観光地化の以前から人々は現在の国境を越えて文字通り縦横に移動していたのである。

　同じ19世紀には、ヒマラヤ地域は西欧列強とりわけ英国による領土的野心の対象となる。ダージリンはヒマラヤ探検の基地として発展し、ここに移住していたシェルパたちは19世紀の後半より西洋のヒマラヤ探検隊にポーターとして雇用されるようになった。ネパール開国直後の1953年にはエドモンド・ヒラリーとテンジン・ノルゲイ・シェルパによって「世界最高峰」エベレストの初登頂も成し遂げられる。こうしてネパール・ヒマラヤは外部からの「まなざし」の対象となり、世界各地から人々が訪れる場所となった。そして誰よりもヒマラヤを移動してきたシェルパたちは、ガイドやポーターとして外国人たちの移動を支える人間－インフラともなったのである（**cf. 第6章西尾論文**）。

3-3　流動するヒマラヤと「世界最高峰」エベレスト

　ここでヒマラヤそのものに目を向けるならば、そもそもヒマラヤ山脈が形成されたのは長年の隆起の結果である。現在は世界最高峰とされるエベレストもかつては海の底にあった。5,500万年ほど前に現在のインド亜大陸がユーラシア大陸に衝突したことで隆起を開始し、4,500mの高さに達したのはおよそ1,500万年前のことと推計されている［酒井 2023: 6］。ヒマラヤは現在も地殻変動によって変化を続けている（**図1**）。山の高さは隆起速度と土砂の崩れる削剥速度の差によって増減するため、エベレストについても実際のところ高くなっているのか低くなっているのかは未確定だという［木崎 1994: 168］。

　現在エベレストと呼ばれる山が世界最高峰として「発見」されたのは19世紀のことである。英領インド測量局は鎖国中であったネパール領内のヒマラヤの山塊に対してインド平野部から計測を進め、1852年の大三角測量によって当時は英国人からピーク15と呼ばれていた山が世界最高峰と推計された。だが1953年の初登頂以降もエベレストより高い山がヒマラヤに存在するとの説は根強く、後に訂正されたものの、1986年にパキスタンのK2が「最高峰」であると報告された事実もある［クラカワー 2018］。そもそも世界最高峰の定義そのものも決して明確なものではなく、海のないネパールの山を海抜で測ることもある意味では倒錯した発想であろう。それはあくまでも複数の尺度のうち

図1　造山運動のなかにあるヒマラヤの景観

の一つにすぎない。[*2]

　だが曖昧であったエベレストの「世界最高峰」性は、国家間の思惑のもとで
人々が測量や探検を進める過程において、次第に事実としての度合いを増して
いった。同時にその隆起した岩塊に過ぎないものが「エージェンシー」を発揮
するようになっていく。1924年にエベレスト初登頂の謎を残して死を遂げた
ジョージ・マロリーが「そこにそれ（エベレスト）があるから」と述べたように、
命をも捧げうる対象とさえ捉えられ始めるのである。そして1953年の「初登
頂」によって、エベレストは「世界最高峰」として（ほぼ）確定されることと
なった。

　それ自体も動き続けるエベレストは、そこを行き来する人々によって事実化
を遂げていった。ドリーン・マッシーは言う。「場所についての特別なことと
はまさに、〈ともに投げ込まれていること〉であり（中略）ひとつの〈ここ−

＊2　なお麓からの比高、地球の中心からの距離、ベースキャンプからの登高距離もいずれも最
　　大の山はエベレストではない（それぞれハワイのマウナケア、アンデスのチンボラソ、ア
　　ラスカのデナリとなる）。

と－今〉を交渉するという避けがたい難題なのである。そして、その交渉は人間と非人間の両方のただ中で、あるいはその間で行われなければならない」[マッシー 2014: 267]。ここでは固定的な自然／動的な文化という対立ではない地質学的想像力が必要になるのだと彼女は言う[マッシー 2014: 261]。本章の論点に惹きつけて述べるならば、固定的な大地やインフラ／その上を移動する人々という図式ではなく、折り重なりしばしば反転する相対的なモビリティを想像することが必要だということである（**cf. 第7章橋爪論文**）。

4　斜面をめぐる複数の認識／実践

4-1　登ることの経験

　それでは人々は揺れ動く斜面をどのように意味づけ、移動していくのだろうか。クンブ地方を訪れる観光客は、その多くがトレッキングと呼ばれる活動を目的としている。いわゆる登山とは異なり、トレッキングでは山頂を目指す以上に山間部を歩くことそのものが目的となる。また一般にロングトレイルと呼ばれるような長距離の徒歩旅行に比べると（**cf. 第1章土井論文**）、トレッキングの場合には山道の登り下りにこそ価値が見出されている。つまりここでは、山間部の斜面それ自体が観光の魅力を構成している。

　これまで筆者がインタビューした登山家たちの多くは、ヒマラヤの高峰に登ることを「自分への挑戦」として語り、一般のトレッキング客も自らの旅をしばしば探検の文脈に位置づけて語る。なにしろこの地域のトレッキングは、登山隊のルートであった「エベレスト街道」をたどり、「ベースキャンプ」を目指すのである。沿道には登山家たちの追悼碑が立ち並んでおり、ここでは死の臭いもまた一種のアトラクションとなっている。特に日々形状の変わる氷河の横断はこの地域のトレッキングのハイライトである。たとえパッケージ旅行で訪れたトレッキングツアーであっても、それは「平凡な私の人生の中で唯一命を懸けた、冒険の旅」[中川 2007: 5] として表現される。

　観光客にとって斜面の険しさは、その経験が「真正」であることの証となる。

事例 1

　2013 年の秋、天候不順が続いて一週間ほどフライトが途絶え、ルクラの村は飛行機を待つ人々で溢れかえっていた。筆者は混雑するルクラにとどまり、

人々の様子を観察していた。空港前のカフェには飛行機を待ち、天候の話題をしながらコーヒーを飲む日本人のグループ。聞くとはなしに話を聞いていると、旅装の若い日本人男性が現れる。グループの誰かが飛行機も飛ばないのにどうやって来たのかと尋ねると、ジリから歩いてきたと答える男性[*3]。「ジリから登って来たの、すごい」とグループの一同。男性は少し得意そうに、「ルクラより下の方が大変でしたよ、道も悪いし」と言う。（2013年10月30日フィールドノート）

　この事例では、登ることがより辛いほど真正な経験と捉えられ、「道の悪さ」がその要因とみなされている。実のところ、アーリ自身も次のように述べていた。「多くの人びとにとって、ウォーキング（また登山やサイクリング等）という空間的実践には苦労の観念がつきものであった。自然の地形は、そこに辿り着く（または登頂する）までの現実の労苦が伴ってこそ初めて正当に評価されるというわけである。（中略）そうした実践では、何の苦労もなしに距離の摩擦を克服するということなどあり得ない。自然を讃えるためには、人は旅をしなくてはならない」［アーリ 2015b: 98］。
　とりわけ山岳観光の場合、想定よりもなだらかであったり、山道の整備が進んでいたりすれば、それは失望の種ともなる。

事例2

　2013年のある日、筆者は70代の日本人男性3人組とネパール人ガイドおよびポーターからなるグループについて調査を行っていた。ナムチェ村に向かう登り坂は日本語のガイドブックに「急登」と表現され、標高およそ2,600メートルから3,400メートルまでの標高差800メートルを一気に登る。ラバの群れに追い越されながらゆっくりとした足取りで斜面を登ってゆく一同、筆者はその歩みの遅さにいささかうんざりしつつ後に続く。ナムチェ村の入口に着くと男性たちは言い交す。「急登と聞いていたけど、それほどでもなかったね」「もっときついかと思っていたよ」。（2013年10月26日フィールドノート）

　もちろんここには、「それほどでもなさ」を強調することによってお互いに

---

* 3　ルクラ飛行場建設以前のトレッキングの開始地点で、ルクラまで徒歩1週間ほどかかる。

自らの強さを競う心理が働いていることだろう。それでもこの事例からは、さらなる「きつさ」こそ「本当のヒマラヤ」だと考えられていることは見て取れる。とはいえ山道が一般の観光客には通れない険しさではそもそも観光が成立しない。たとえば2015年の大地震の後には各所で土砂崩れが起き、多くのトレッキンググループは「道がない」と言いながら引き返していった。斜面は「ほどほどに」険しく、通行可能な程度に流動することこそ山岳観光にとって肝要なのである［古川 2018 も参照］。

4-2　斜面という苦痛

　他方でクンブ地方のトレッキングは、たとえば日本の山登りとは異なり、観光客はすでに生活が営まれている村落のあいだをめぐる。ここでは住民と観光客、またネパール各地からやってきたガイドやポーターがそれぞれの思惑と身体をもって物理的には同一の斜面をともに歩いていく（**図2**）。

　観光客にとっては「真正な」体験をもたらす斜面も、重い荷物を頭紐（namlo）と竹籠（doko）を用いて運ぶポーターたちにとっては苦痛以外のなにものでもない[*4]。筆者は調査中に何度となく、「日本にはこんな道はないんだろう」、あるいは「日本では機械で運ぶんだろう」などと尋ねられた。他地域から働きに来るガイドたちにとっても、ヒマラヤの斜面は「登ったり下ったりするだけ」の辛く単調な作業である。斜面を登ることはまた冷たく薄い空気のなかへと入っていくことでもある。ガイドにしてみれば、「どうせ働くなら（暖かい）ポカラあたりののんびりしたトレッキングの方が望ましい」ということになる。

　同様に現地に暮らすシェルパの人々にとっても、山中を歩くことは単なる苦痛（dukha）であり、「発展していない」ことの象徴である。車道建設の進むソルクンブ郡の南部に住む友人と、新しくできた車道を歩きながら斜面の登り下りの話をしていると、彼はシェルパ語で「平らな道を歩くのは楽しい（ラム・タラ・ユルラ・ケルムノ）」とつぶやき、車道をいかに待ちわびていたかを説明した。

　ギブソンが言うように、「斜面は角度と肌理によって、歩行移動をアフォードしたり、しなかったりする」［ギブソン 1985: 39］。さらに斜面は揺れ動き、

---

*4　トレッキングのポーターで30kg弱、一般のポーターは平均すると70kg程度の荷物を担いで斜面を往来する。

図2　ガイド、ポーター、観光客

その角度と肌理に応じて生物だけでなくその上にある事物を支えたり下へと押しやったりすることになる。次は2015年ネパール大地震の直後の記録である。

事例3

　　長い横揺れのあとにはいたるところで斜面が崩れ、土砂崩れが発生していた。村はずれでは、道端に集まっていた住民たちが「道はない」「土砂崩れで行き止まりだ」などとネパール語やシェルパ語で呼びかけて引き留める。先を見ると申し訳程度の崩落防止フェンスが崩れて一メートル立方ほどの岩と土砂が道をふさぎ、青臭い土の匂いが立ち込めている。集まってきた見物人に、「ゆっくり行け」「急げ急げ」などと好き勝手な声をかけられながら通過する。（2015年4月25日フィールドノート[*5]）

　このとき私の足はまだ柔らかくほぐれて傾斜をなした土に沈み込み、踏まれた土は重みで崖下へと崩れ落ちていった。だがしばらくすると斜面は通行者によって踏み均され、手近な岩や板切れを置くことによって人間の移動を可能とする角度と肌理を備えた足場が即興的に生み出されていった。潜在的に通行可

＊5　この事例は［古川 2016］からの再掲である。

図3　雪の斜面を行く人と動物

能な場所に周囲の事物を取り集めることで、「環境が人間にアフォードするものを変えた」のである（cf. 第5章難波論文）。「ネパールは地質学的に若い国であり、いまも変化の渦中にある。そのため土砂崩れや地震は頻繁」［Hossain et al. 2015: 114］であると指摘されるように、ヒマラヤの斜面は流動し続けており、そこには地質学的時間と同時に移動する人々の痕跡が刻み込まれている。

　また斜面は天候に応じて質感を変える。

事例4

　2013年1月、村の登山学校に参加していた筆者はアイスクライミングの訓練に向かうグループについて川を渡り、村の対岸の斜面を登って氷結した滝へと向かっていた。日陰の斜面は夜間の冷気で凍り付き、根雪がアイスバーン状になって私たちの足を滑らせる。するとグループを先導して歩いていたシェルパの登山家は、持っていたアイスアックスで凍り付いた斜面を耕すように手際よく足場を切り、フィックスロープを張ってゆく。ザラメ状になった氷を踏み均して土をかぶせると、一同は再び滝に向けて移動を続ける。（2013年1月27日フィールドノート）

　ギブソンが述べていたように、斜面が通行可能であるか否かは角度だけでな

く肌理によって変わる。気温に応じて斜面は凍結してはぬかるみ、角度が緩やかであっても凍り付けば人間の移動を不可能にする。バングラデシュのレンガとインフラを考察したキューレンが述べていたのは、天候がレンガへと結晶化し、道を構成することであった［Cullen 2020］。ヒマラヤではより直接的に、文字通り天から降ってきたものが踏み均され、整形されて道となる（図3）。人々は足場を切って斜面の傾斜を緩め、手近な素材を用いて肌理を変化させることで自らの移動を可能にする。換言すればそれは大地の流動性を縮減し、人間の相対的なモビリティを増すことである。

5　車道というインフラ

　現地の人々にとっては、生活道である山道は広く固定的であるほど「良い」ものとみなされる。新型コロナウイルスの流行も落ち着き始めた2022年8月、筆者が2年半ぶりにクンブ地方を訪れると、ルクラから上に向かう山道は驚くほど広くなり、土や石の斜面は場所によってはセメントで固められた階段となっていた。村の友人たちに尋ねると、観光客が途絶えたあいだに整備が進んだと言い、みな得意げに「道が良くなっただろう」「今回は政府がいい仕事をしたよ」などと話してくれる。ガイドの友人は、良い道が整備されていれば観光客がたくさんやってくるし、観光客も（滑落などして）行方不明にならずに済むのだと語る。斜面を平坦にし、大地の流動性を抹消することによって、「観光モビリティ」［e.g. 遠藤 2017］は増していくものと想像され、それは発展（*bikas*）に近づくことと捉えられている

5-1　斜面に車道を作る
　かくして山間部では車道の到来が待望される。ソルクンブ郡の郡庁所在地であるサレリが首都のカトマンズと車道で接続されたのは2010年ごろのことであった。現在はサレリから飛行場のあるルクラ村に向かって車道の建設が進められており、2023年3月の調査時にはルクラまで徒歩でおよそ一日半の地点で工事が行われていた。サレリ－ルクラ間で最大の村であるカリコーラ村には2019年春に車道が到達し、調査時点では村内に35台の二輪車が所有されるようになっていた。村にはまた乗合ジープの乗り入れもはじまっており、以前は徒歩で2日ほどかかったサレリまで6時間ほどで到達できるようになった。車

図4　車道の建設現場

　道は確かに人々の相対的なモビリティを高めつつある。

　だが車道とはいうものの、それは既存の山道を拡幅した土砂の路面にすぎない。従前のとおり雨が降れば路面はぬかるみ、車道を横切って流れる小川は雨季になれば奔流となって道をあちこちで寸断する。2022年8月にはカリコーラ村の渡河地点の構造物が増水によって流され、車道は通行止めとなっていた。ここでは車道は世界のいずことも同じようなまったく新しい生活や経験をもたらすというよりは、既存の斜面の特性を引き継いだまま延伸を続けていく。

　2023年3月に道路建設が行われていた標高3,000mに位置する峠では、監督者と3名の作業員がドリルで岩盤に穴をあけたのち、ダイナマイトを用いて破砕する作業を行っていた（図4）。その後に重機が入って車両が通行可能となるように路面の障害物を除去し、凹凸をならすことで車道はいちおうの完成となる。ここでなされているのは山道の補修作業と同様に、車両の移動を可能とするように斜面の角度を部分的に減らし、路面の肌理を変化させることである。

　監督者の説明によると、最初は首都にいるエンジニアの計画通り現在よりも上の位置で車道の開削を行っていた。だが地盤が安定せず、落石が頻繁に起きて下の集落や歩行者に危険が及んだため、既存の山道を拡幅する方向で計画を修正したのだという。「数億ルピーと数か月が無駄になってしまった」とアシ

第8章　ヒマラヤ山岳観光のモビリティと斜面の質感――山間部の移動をめぐる変化と連続性について

スタントを務めてくれた友人は小声で教えてくれる。この事例からは、斜面の形を変えることが予期せぬ大地の流動を引き起こしうることを示唆している。加えて既存の歩行ルートが相対的に安定した位置を通過していたことも読み取ることができる。

　また斜面を切り通して作られた平坦な土砂の路面は、ときに事物を下へと押しやる斜面以上に天候を反映することにもなる。路面に降った雨の一部は流れ落ちることなくその場にとどまってぬかるみとなり、タイヤを捕えて車両を立ち往生させる。乾燥して砂が深く積もれば風や車両の通行によって巻き上げられる。筆者と一緒に車道を踏査していた先の友人は、「いまは雨季だからぬかるみ（hilo）ができて大変だけど、もう少しして乾季が来れば乾いて移動も容易になる。いまよりはずっと楽だ」と言う。だが別な友人は「乾けばほこり（dhulo）、雨が降ればぬかるみ。どっちも大変だよ」と述べた[*6]。斜面の流動性を抹消しようとする試みは、むしろ人々の移動を妨げることにもつながる。

5-2　歩くことと運転すること

　それでは最後に、実際に山道を運転するとはどのようなことだろうか。乗合ジープの運転手たちは、「良いドライバーとは何よりも安全運転であること。道をよく見て行けるか行けないかを判断するんだ」と語る。山中を運転するにあたってなにが大変かと運転手たちに聞いたときに、まっさきに挙げられるのは、土砂崩れ（pahiro）とぬかるみである。彼らは、「土砂崩れが起きたら引き返すほかはない」、「ぬかるみはゆっくり、他の車と助け合いながら進む。歩くときもそうだろう？」などと語る。ここでは山中を歩くことと運転することは流動する斜面の上の類似した実践として捉えられている。

　こうした斜面の運転は登山と同様の危険性をはらむ。

事例5

　車道の延伸に伴って、渡河地点のアンデリでは橋が架け替えられ、車の通行が可能になった。だが橋の両端は土手の上へとつながる砂の斜面につづら折りの轍がついただけの状態である。ジープはある程度高度を稼ぐと、バックで切り返して反対方向へと再び登るということを繰り返す。エンジンが強く

＊6　友人はぬかるんだ道を指して、「本当は石畳の道にするべき」なのだと述べた。ここでは変化する地面の肌理は、徹底して固定化されるべきだと考えられている。

図5　車両と家畜

うなってタイヤは空転し、砂は斜面を崩れ落ちてゆく。以前はトレッキング・ガイドをしていたという運転手に「怖くないのか」と尋ねると、「怖かったら運転できないよ」と答える。(2022年8月24日フィールドノート)

　このような危険と怖さについての語りは、村に住む高山のガイドたちから聞かれるものと重なり合う。ガイドたちは手触りや音によって雪や氷の質感を探り、クレバスや雪崩を察知しつつ、最後は「勇気」で登っていくという。「怖かったら山には登れない」のであり、たとえ雪崩にあっても「怖いのは一瞬だけ、つねられたときの痛みのように引いていく」とガイドたちは言う。運転手たちもまた「運転するときに一番気を付けているのは、よく音を聞くこと」であり、「他の車の音や周りの音をしっかり聞けば土砂崩れだって察知できる」という。彼らは車体を通して流動する斜面の質感を捉え、ある種の賭けとして山道を運転していく。

　乗合ジープの運転はまた、仕事としてもガイドと類似したものと捉えられている。トレッキング・ガイドからドライバーに転業したというある運転手は、「どちらも道を見て安全か判断しながらゆっくりゆっくり進んでいく仕事」だと言い、「客を連れて店や宿に行けば自分はタダになる。やることはガイドと

第8章　ヒマラヤ山岳観光のモビリティと斜面の質感——山間部の移動をめぐる変化と連続性について

同じ」なのだと述べた。山間部を運転することは、実践の面でも労働の観点でも歩くことと連続的なのである。

　他方で転倒の可能性がある二輪車の場合はまた少し斜面とのかかわり方が異なってくる。ある若者に山間部を運転するコツを聞くと、停車した二輪車の前でこぶし大の石を指さしながら、とりわけ段差に弱い二輪車の場合は「石を踏まないようにするのが大事」だと説明する。付け加えて彼は「雨が降るともっと危ない」と言い、「泥が溝に入ってタイヤがつるつるになり、そうなると滑って転倒しやすい」のだと述べる。身体は異なった機械と結びつき、斜面の質感に対して少しずつ異なった振る舞いを必要とするのである（cf. **第4章左地論文**）（図5）。

　山間部の二輪車は路面の起伏によって激しく振動する。後ろに乗るときには、下り斜面では重心を後方にそらしてシートの後部をつかむことになる。運転者に過剰な重量がかかれば運転者の行動を阻害するのみならず、前転して転倒することにもつながるためである。反対に登り斜面では運転者の腰をつかんで身体を密着させるように乗る必要がある。すると重心が後ろに寄りすぎず、段差に振られて車体のバランスを崩す危険性が減る。村への急坂を登る私がザックを密着させたように、斜面をゆくには適切な重心の取り方を身につけなくてはならない。

　したがって車両の単なる同乗者であっても、それは圧縮された時空間を経験することではなく、大地の質感に応じてその都度なされる実践である。これはジープであっても同様であろう。8人乗りの車体に十数人が詰め込まれて山中の悪路をゆく際、乗客もまた斜面の角度や肌理を観察し、次の揺れを予期してそれに応じた体勢を取らねばならない。斜面では歩くときも運転するときも、また乗客の一人であろうとも、流動する周囲の環境に注意を払い自らの身体を調整しながら移動していくのである。

6　おわりに

　本章で試みてきたのは、主に西洋近代の平坦な都市空間を前提として展開してきたモビリティの議論を、ヒマラヤ山間部から捉え返すことであった。筆者はそれが斜面を登り下りする経験を捉えきれていないことを指摘し、身体を用いて斜面の質感を探りながら山中を行き交う人々の姿を描いてきた。

ヒマラヤを移動するのは観光客だけではなく、観光地化の以前からシェルパの人々もヒマラヤの山中を縦横に移動してきた。のみならず、本章ではヒマラヤそれ自体もまた流動し続けていることを確認し、観光客にだけモビリティを認めることの背後には、近代を特別なものと捉えるバイアスがあることを指摘した。

　険しい斜面は、観光客に対してはその経験が「真正」であることを裏付ける一方、そこで生活する人々にとっては「苦痛」そのものであった。山間部の人々は斜面の角度や肌理を変化させることによって車道を作り出し、大地の流動性を消去することで人々の移動性を高めようと試みる。だが山間部の車道は、既存の山道と同様に流動し続ける。その上では、私たちは歩くときも運転するときも、またたとえいち乗客であったとしても、天候のなかで身体を通して斜面の質感を知覚し、適切な注意を払いながら移動していくのである。

参照文献

アーリ, J. 1995『観光のまなざし——現代社会におけるレジャーと旅行』加太宏邦訳 法政大学出版局.

—— 2014『グローバルな複雑性』吉原直樹・伊藤嘉高・板倉有紀訳 法政大学出版局.

—— 2015a『モビリティーズ——移動の社会学』吉原直樹・伊藤嘉高訳 作品社.

—— 2015b『〈改装版〉社会を越える社会学 ——移動・環境・シチズンシップ』吉原直樹監訳 法政大学出版局.

アパデュライ, A. 2004『さまよえる近代 ——グローバル化の文化研究』門田健一訳 平凡社.

インゴルド, T. 2017「大地、空、風、そして天候」古川不可知訳『現代思想』45(4): 170–191.

エリオット, A. & J. アーリ 2016『モバイル・ライブズ ——「移動」が社会を変える』遠藤英樹監訳 ミネルヴァ書房.

遠藤英樹 2017『ツーリズム・モビリティーズ——観光と移動の社会理論』ミネルヴァ書房.

オジェ, M. 2017『非－場所 ——スーパーモダニティの人類学に向けて』中川真知子訳 水声社.

鹿野勝彦 2001『シェルパ　ヒマラヤ高地民族の二〇世紀』茗渓堂.

第8章　ヒマラヤ山岳観光のモビリティと斜面の質感——山間部の移動をめぐる変化と連続性について

木崎甲子郎 1994『ヒマラヤはどこから来たか——貝と岩が語る造山運動』中央公論社.

ギブソン, J. 1985『生態学的視覚論——ヒトの知覚世界を探る』古崎敬ほか訳 サイエンス社.

クラカワー, J. 2018『エヴェレストより高い山——登山をめぐる12の話』森雄二訳 朝日新聞出版.

酒井治孝 2023『ヒマラヤ山脈形成史』東京大学出版会.

中川豊 2007『ヒマラヤ・トレッキング紀行——カラパタールの丘へ』文芸社.

ハーヴェイ, D. 2022『ポストモダニティの条件』吉原直樹監訳 筑摩書房.

古川不可知 2016「2015年ネパール大地震ノート（フィールド報告）」『未来共生学』3: 395–410.

—— 2018「インフラストラクチャーとしての山道——ネパール・ソルクンブ郡クンブ地方、山岳観光地域における「道」と発展をめぐって」『文化人類学』83(3): 423–440.

マッシー, D. 2014『空間のために』森正人・伊澤高志訳 月曜社.

Adey, P. 2006. If Mobility is Everything Then It Is Nothing: Towards a Relational Politics of (Im)mobilities. *Mobilities* 1(1): 75–94.

Baldwin, A., C. Fröhlich & D. Rothe 2019. From Climate Migration to Anthropocene Mobilities: Shifting the Debate. *Mobilities* 14(3): 289–297.

Cullen, B. 2020. Constellations of Weathering: Following the Meteorological Mobilities of Bangla Bricks, *Mobilities* 15(6): 862–879.

Fürer-Haimendorf, C. v. 1964. *The Sherpas of Nepal: Buddhist Highlanders.* University of California Press.

Hossain, A. S. M. F. et al. 2015. Characteristics and Consequence of Nepal Earthquake 2015: A review. *Geotechnical Engineering* 46(4): 114–120

Ingod, T. 1993. The Temporality of the Landscape. *World Archeology* 25(2): 152–174.

Ortner, S. 1989. *High Religion: A Cultural and Political History of Sherpa Buddhism.* Princeton University Press.

Randell, R. 2018. No Paradigm to Mobilize: The New Mobilities Paradigm Is Not A Paradigm. *Applied Mobilities* 5(2): 206–223.

Star, S. L. & K. Ruhleder 1996. Steps Toward an Ecology of Infrastructure: Design and Access for Large Information Spaces. *Information Systems Research* 7(1): 111–134.

Szerszynski, B. 2016. Planetary Mobilities: Movement, Memory and Emergence in the

Body of the Earth. *Mobilities* 11(4): 614–628.

UNWTO 2020. *International Tourism Highlights 2020*. UNWTO.

Wilson, K. W. 2018. Untimely Mountains: Entangled Matter. In C. Kakalis & E. Goetsh (eds) *Mountains, Mobilities & Movement,* pp. 171–186. Palgrave Macmillan.

第8章　ヒマラヤ山岳観光のモビリティと斜面の質感——山間部の移動をめぐる変化と連続性について

第9章　多島海のナヴィゲーション
──環境のなかを動く身体

中野真備

1　はじめに

　思っていた景観ではなかった。それがバンガイ諸島の第一印象だった。

　かつて船を住まいとして移動性の高い生活を営んでいた海洋民サマ／バジャウ人（以下、サマ人）は、その生活様式から「漂海民（sea nomads）」と称されることもあった。定住化を経て、東南アジア島嶼部3ヶ国に拡散居住した現在でも、その主な生活の場は穏やかで浅いサンゴ礁の海にある。インドネシア東部スラウェシ島周辺域も彼らの中心的な生活圏のひとつである。

　中スラウェシ州最東端に位置するバンガイ諸島に初めて上陸したのは2016年のことだった。運よく彼らの漁船に乗せてもらい、陸路ではアクセスの難しいサマ人の海上集落を目指していた。海上に切り立つ大小の岩や、入り組んだ湾、沖へ迫り出す岬、いくつもの小さな島々が横を過ぎ去ってはまた現れる。深い藍色の海をしばらく進んでも、目的の集落に到着するまで視界に入る岩や島が途切れることはなかった。どこかで想像していた海のナヴィゲーション──見渡す限り水平線の広がる海で月や星を目印に進んだり、あるいは発達したサンゴ礁の海で海底を視認しながら進んだりするような──とは、ほど遠く感じられた。本音を言えば、これだけ岩や島が見えるなら迷いようもなく、わざわざ「道」を探す必要もないのだろうと、当てが外れたような気持ちになっていた。

　そうしてバンガイ諸島のサマ人集落のひとつを拠点に調査を始めてしばらく経ったころ、隣の島にあるATMへ行くために定期的にスピードボートに乗る機会があった。GPS（Global Positioning System：全地球測位システム）はもちろ

209

んのこと、コンパスなどもない小型船舶だ。何度も乗るうちに、どうもこの運搬船の航路でも舵の取りかたには規則性があるらしいことに気づいた。目的地の船着場を目がけて最短距離を直線的に進むのではなく、まっすぐ進んではある地点で方向転換をし、また別の地点で方向転換をし、ジグザグと折れ線グラフのような進み方をするのだ。興味深いことに、複数あるこれらの転換点はどの操船者であってもほぼ同じ地点であるようだった。あるとき、船の走行中にエンジンの調子が悪くなり、操船者が後部のエンジンまわりを確認しに移動したことがあった。するとたまたま乗船していた元漁師が当たり前のように操船を代わり、やはり同じようにジグザグと舵を切った。

こうした島と島をつなぐスピードボートのような移動では、視界を遮る障害物さえなければ少なくとも目的地は遠方から視認することができる。ところが漁撈のために海を移動しようとすると、経路はもちろんのこと、目的地、つまり漁場も基本的には遠方から視認することはできない。経路も漁場も海に広がっている（ものを漁師らがそれと捉えている）ものであって、ブイや旗、あるいは岩のように、誰もが知覚できる物質として海上に存在するわけではない。岩や島を見失うことがないからといって、それらの間に広がる海へただがむしゃらに船を漕ぎ出していては、視えない経路をたどって漁場に到達することはできないのだ。バンガイ諸島の漁師たちの海のモビリティを可能にするナヴィゲーションは、このように常に何かしらの自然物に囲まれた海上と、必ずしも可視的ではないような海中・海底から成る景観において実践される。

本章では、こうした生態学的・地理的特徴を有する広義の「多島海」とも言うべき海域で、サマ人漁師たちが目的地（漁場）を目指して経路を探索し、安全かつ効率的に海上を移動するために培ってきた身体技法に着目する。海を移動する人々の在来のナヴィゲーションにおいて、広大な海で天体を視認すること［秋道 1981］や浅い海で海底を視認すること［高橋 2018］がその典型例としてそれぞれ位置づけられるとすれば、大小の島々や岩が点在し、少しく漕ぎ出せば深い海が広がるような海を移動するための技法をどのように捉えることができるだろうか。本章では、島嶼間の距離が離れた海域や海底を視認できるほどの浅海域とは別様な、多島海における海のナヴィゲーションのありかたを景観や身体に着目して描き出そうとする。

2 海のナヴィゲーション

　ナヴィゲーションとは、一般的にある場所から別の場所に向かう道（経路）を見つける方法や行為の総体を指す［Forman 1967; Montello 2001］。すぐ目の前の障害物を避けたり、単に接近したりするような移動（locomotion）に対して、遠くの見えない空間に向かうナヴィゲーションはウェイファインディング（wayfinding）とも呼ばれ、これは出発地と目的地の間の経路（path）またはルート（route）を決定し、それに従うプロセスと位置づけられる［Golledge 1999:6］。ウェイファインディングの構造とプロセスを分類・系統化したヴァイナーらによれば、ナヴィゲーションを補助するようなもの（たとえば地図や標識など）がなく、特定の目的地に向かって経路を探索する場合には、目的地（destination）の知識、ルートの知識、環境（environment）の知識のそれぞれを探索者が参照可能か否かによって、ウェイファインディングのプロセスが分岐する。ルートの知識とは目的地へ向かう経路の知識であり、環境の知識とはサーベイ（survey）あるいは認知地図的な知識（cognitive-map-like knowledge）、つまり空間的配置の知識である［Wiener et al. 2009］。GPSやコンパスを使用せずに目的地を目指す漁師たちのナヴィゲーションにおいては、このような知識を参照できるかどうかが航行を左右する。言い換えれば、漁場に到達するために航行すべきルートがどのようなものか、さらに出発地と目的地、それらをつなぐルートがどのように布置されているのかという、漁師ら自身に内在する知識がナヴィゲーションの要となるのだ。

　バンガイ諸島を訪れる前に筆者が想定していたような、別の環境条件下における海のナヴィゲーションについて考えてみよう。たとえば島嶼間の離れた海で行われる技術はオセアニア航海術とも呼ばれ、これは天体の配置や自船を取り囲む島々の想像上の位置関係などをもとに目的地への航路を導き出すものである［秋道 1985; Ammarell 1999］。他方、発達したサンゴ礁の海では、岩や礁路、礁原などの海底微地形を地図的に記憶し、海底を視認しながら漁場への安全な航路が探られる。「目的地を目指し、経路を見出す」という同じような海の移動であっても、それが実践される環境の諸要素が異なれば、ナヴィゲーションの技法もまたそれぞれに適応した様相で編み出されていく。

　バンガイ諸島のサマ人漁師らの場合は、多島海の特徴をもつ浅海〜沿岸域に適した空間認識を発達させ、海上景観に基づく岩や岬などの目標物への命名（nomenclature）を行うことによっても利用可能な自然物を見分けてきたことが

わかっている［中野 2020, 2021］。しかし一方で、手がかりとなる自然物のすべてが機械的に分類され、命名されているわけではなく、実際には各人の身体感覚に依存するような探索も多分にある。不可視の領域を見出すために漁師たちがナヴィゲーションを実践するとき、彼らの身体感覚や道具はどのような意味を持つのだろうか。本章はこの点にも留意して、彼らのナヴィゲーションを考察したい。

3　バンガイ諸島の概況

　2000年に実施された国勢調査によれば、インドネシア国内におけるサマ人の人口は約16万人に達する［長津 2009］。1906年にバンガイ諸島を訪れたオランダ人の記録からは、同地域には船上居住と陸上居住を合わせて約1,000人のサマ人がいたことがうかがえる［Goedhart 1908］。現在、バンガイ諸島で社会的に最も中心的なサマ人集落は4,000人近い人口を有する。スラウェシ本島の半島部に位置する現在のバンガイ県は、コメやロウ、19世紀には布や綿などを産出してきた。一方、バンガイ諸島のように大型船の航行が困難な岩礁周辺では、こうした半ノマド的なサマ人たち（semi-nomadic Bajau populations）が海上交易に重要な役割を担ってきた。17世紀から18世紀にはベッコウ、18世紀後半から19世紀にかけてはナマコがその主な交易品であった［Velthoen 2002:103］。同地域ではソッペ（*soppe*）と呼ばれる家船が少なくとも1921年まで利用されていたことが写真資料からわかっており、住民らによれば1940年代頃には杭上集落に定住するようになったという。しかしながら上記の記録に基づけば、家船居住から杭上集落に移行する以前にすでに陸上に居住（定住）するサマ人も少なからずいたと考えられる。サマ人の定住化は、バンガイ諸島に限らず東南アジア島嶼部3か国のいずれにおいても進み、今日いわゆる「漂海民（sea nomads）」的な生活様式［羽原 1992］の人々はみられなくなった。しかし、漁撈やその関連労働は依然として彼らの主な生業であり続けており、広範な人的ネットワークに裏打ちされた高い移動性を備えている［長津 2018］。
　生態学的・地理的環境についていえば、バンガイ諸島はインドネシア東部のバンダ海とマルク海に挟まれた離島群で、堆積岩に覆われた小大陸地殻の断片から成る島々である［Hinschberger et al. 2005］。小規模ながらも離島や堡礁、沈没環礁、局所的な環礁や裾礁が広がり、固有種アマノガワテンジクダイ

（*Pterapogon kauderni*）の生息地であ
ることから、サンゴ礁を含む海洋
保護にかんする調査が積極的に行
われている地域でもある。沿岸部
の後背地には、岩礁に由来する石
灰質の大きな岩山が迫っている
[Whitten et al. 1987: 474; Allen &
McKenna (eds) 2001]。社会的にも
政治経済的にも中心的な島である
ペレン島やバンガイ島には、切り
出された真っ白な石灰岩の合間を
縫うようにして、高低差のある砂
利道が不便ながらも島の幹線道路

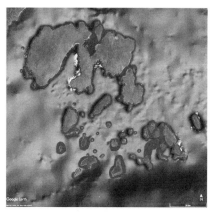

図1　バンガイ諸島の位置関係［Google Earth より］

として敷かれている。道路沿いには農業や畜産業を営むバンガイ人たちの集落
とその農地が形成されている。沿岸部に下る急斜面を抜けると複雑な海岸線が
続き、その合間に砂浜海岸やマングローブ林、小規模な漁村が出現する。その
多くがサマ人を中心とする集落である。両島をつなぐ冒頭の運搬船を操船して
いる男たちも周辺集落のサマ人が多い。サマ人だけでなく他民族の一部の人々
も漁撈に従事するが、サマ人からすれば漁船の型や漁法、身なりや振る舞いか
らして非サマ人と見分けられるので、海上で見かけたりすれ違ったりしても、
互いに話しかけることも近づくこともない。

　そもそもバンガイ諸島沿岸部にサマ人たちが集住していることの環境条件的
な背景は、家船居住をおくる彼らにとって島々が都合のよい風除けとなったこ
とが挙げられる。加えて、汽水域を覆うマングローブ林は煮炊きの燃料となる
木材を供給し、湧水や河川などの淡水源は貴重な生活用水となってきた。船を
係留しやすい浅瀬があることも、半ノマド的なサマ人たちの休憩・補給地点と
しては魅力的な環境だったと考えられる。陸の視点からすれば一見、交通や生
活には不便そうに見えるバンガイ諸島沿岸部だが、海を生活の場とする人々か
らすれば、一時的に滞在し、やがて定住するには充分な条件を備えていたので
ある。

　蝶々のような形のペレン島を含む主な島々は裾礁に縁どられるが、そこを抜
けるとすぐに海底の見えない深い海に到達する。海峡によっては、局所的に水
深100mまで達するところもある。サマ人たちは、島々の沿岸部に部分的に接

するか、あるいは完全に陸地からは離れるかたちで海上集落を形成してきた。バンガイ諸島周辺で最大規模のサマ人集落も、かつては沿岸から完全に離れた浅瀬付近に建てられた杭上家屋群だったが、2000年に発生した大地震の被害により倒壊、やむなく分散・移住し、陸海にまたがる現在の集落を形成した経緯がある。

　海上の景観に目を移すと、いくつもの岩や島が散らばっていることに気づく。特徴的なものは、サマ語でトゥコー（*tukoh*）と呼ばれる海食柱のような離れ岩である。「島」はインドネシア語と同様にサマ語でも「プラウ（*pulau*）」だが、サマ語におけるトゥコーはこのようなプラウとは明確に区別される。トゥコーは、後述するように海上を移動するために最も重要となる自然物である。島が有する様々な地形にも、サマ語の名称がつけられる。たとえば島の少し先細ったような端部は臀部を意味するブリ（*buli*）、より大きな島から沖合に伸びた尖端部である岬トロー（*toroh*）といったようなものがある。バンガイ諸島には火山島のように際立って高い島はみられないが、沖合に出るといくつか山になって見える部分がある。ペレン島のブッル・ガッラ（*Bullu galla*）、バンガイ島のレッゲ・トッル（*Regge tellu*）という2つの山は、各島から漕ぎ出すとほとんどの沖合から視認することができる。前者はブギス語を借用しているとみられるが、後者はサマ語で「3本の刺」を意味する。

図2　トゥコー周辺で漁をするサマ人男性（2017年9月13日）

第9章　多島海のナヴィゲーション——環境のなかを動く身体

4 バンガイ諸島のサマ人漁師の移動実践

4-1 漁法と漁船

　サマ人の漁撈活動の特徴は、卓越したサンゴ礁における多様な漁法による沿岸性漁撈にあるとされてきた［小野 2011］。これは、実際にサンゴ礁域を生活の場とするサマ人が多いだけでなく、実地調査を基盤とする比較的初期のサマ研究がフィリピン南部からマレーシア・サバ州にかけての海域を対象としており、それがサンゴ礁の豊かな浅海だったという背景もある。これに対してバンガイ諸島周辺のサンゴ礁はサマ人の居住地としては極めて小規模であり、サンゴ礁における沿岸性漁撈のみに依存していないという特徴がある。

　バンガイ諸島のサマ人による主な漁法は、手釣り漁、延縄漁、網漁、素潜り漁、爆破漁などが挙げられる。手釣り漁には、魚類を対象とした擬似餌漁のほか、イカやタコ、エビを模した手製の擬似餌によるタコ釣り漁がある。汽水域ではカニを採捕したり、潮間帯では女性たちや子どもが貝類やウニを採集したりする。季節的にはキリンサイ科の海藻アガルアガル（*agar-agar*）の養殖も一部行われている。また、ブギス人やマカッサル人を船長とする、パジェコ（*pajeko*）と呼ばれるトロール船と契約して一定期間乗船し、月齢周期に連動して出漁・休漁生活をおくる漁師もいる。

図3　動力化された漁船ボロトゥ（2017 年 9 月 6 日）

本章で扱うのは、主に魚類を対象として手釣り漁に従事する漁師たちの事例である。ただし、ひとつの漁法のみに従事する漁師もいるが、実際には複数の漁法を併用したり過去に経験していたりすることが多いため、ある知識をそのまま各漁法の従事者に特徴的なものとして位置づけることは難しい。

　一般的に用いられる漁船は、1〜3人乗りの木造船ボロトゥ（bolotu）である。ボロトゥは合板に用いる板の数や、船の全長、幅、形状などに差があり、一様ではない。漁師の所有するボロトゥは大部分がエンジンを積載した動力船である。ジョロル（jolor）はボロトゥ全般よりも大きい動力船で、全長は9m前後にもなる。近年ではガラス繊維化プラスチックで塗装された耐久性の高いジョロルもみられる。ボロトゥと比べれば、ジョロルは爆破漁など一度に大量の漁獲を得る漁法や、複数人が乗船して行う漁のために利用されることが多い。いずれも木製の水棹や櫂、船底に溜まった水を掬って捨てるためのプラスチック容器などの道具が積まれている。

　バンガイ諸島のサマ人集落にエンジンが導入された正確な時期は不明だが、1970〜80年代頃に華人系住民がペレン島のサマ人漁師に貸し付けたことが始まりと考えられる。エンジン導入以前には、ボロトゥに帆を張った帆船ボロトゥ・ラヤー（bolotu layah）が用いられていた。バンガイ諸島の他民族（バンガイ人など）の漁船と比べると、同地域のサマ人の漁船はボロトゥ・ラヤーから現在のボロトゥに至るまで、ダブルアウトリガーを用いない船型のようである。

　夜明け前の深夜2〜4時頃、家族が寝静まるなか漁師はひっそりと出漁する。予定する目的地までの距離にもよるが、一般的には気温が上昇する前の朝6〜7時頃に漁場に到達するように逆算して出漁時間を設定する。とはいえ、出漁前に予定していた漁場でずっと漁をすることもあるし、波の状態や天候、魚の「食いつき」などによって行先を変更したり移動したりすることもある。正午前には帰漁することが多いが、漁法や漁場、個人の趣向やこだわりによっては出漁・帰漁時間は異なる。たとえば夕方に出漁し、数匹釣って夜21時頃に帰漁する者もいないわけではない。漁獲物は村内の公設市場や、近隣の農山村にバイクで売ってまわる行商人などに販売されるか、換金性が高い村外向け・輸出向けの漁獲の場合には集荷人が買い取りに来たり、集荷人・仲買人の家に直接水揚げされたりすることもある。

4-2　出漁

　漁師たちはあらかじめ目的地の漁場をある程度絞って出漁する。これは特定の魚介類がよく釣れる漁場を狙う、あるいは季節風を考慮して出漁範囲を限定するためで、そのほか複数の要素を考慮して予定を立てる。手釣り漁師たちは、深夜に出漁するとまず目的地へのおおよその方位を把握して進む。月が満ちているときは容易に島影を視認することができるが、それほど明るくない天体は見えづらくなる。月が欠けていると島影は視認しづらいが、天体はより明瞭に捉えることができる。天体は、惑星や恒星、星団を区別せず、ママウ（*mamau*）あるいはマウ（*mau*）、ッマウ（*mmau*）と総称され、色や配置が特徴的なものはそれぞれサマ語で命名されている［中野 2021］。空が雲に厚く覆われていたり、霧が立ち込めていたりすると、島影も大体も十分な手がかりとはならない。漁師たちは風が肌にあたる感覚から風位・風向を捉えたり、波の動きから方位を読み取ったりすることもある。漁師のひとりは、「ある島はその形をもっているし、その形がその波をもっている」という。つまり、それぞれの島を中心とした波紋のようにして寄せては返す波の形を読み、その波の先にある島と自船の位置関係を把握するのである。こうしてある程度進むと、今度は沖合に点在する小さな島や岩、岬、湾、山などの景観を目標物として、日本でいうところのヤマアテ／ヤマタテのような位置特定方法が用いられる［卯田 2000; Igarashi 1974; 五十嵐 2017 (1977)］。

　バンガイ諸島のサマ人漁師らが行うヤマアテ方法は、目標物の見えかたの利用方法によっていくつかに分類することができる。その認知構造と手順の詳細は別稿に譲るとして、これらの方法の原理を端的にまとめるとすれば、「適切な景観を視認できる位置に自分が移動すること」である。「適切な景観」というのは、その景観が視認できる位置に自分がいるときに、その地点こそが目的地（漁場）であるような景観を意味する。特に複数の目標物を利用する場合には、自船の位置が間違っていると、目標物が「正しく」重なっていなかったり出現していなかったりして「適切な景観」にならない。そうなると、まだ目的地に到達していない、あるいは通り過ぎてしまったということがわかるので、微調整を繰り返しながら「適切な景観」が視認できる地点を目指すのである。

217

5　不安定な景観

5-1　注意をひきつける環境

　ある進みかたをした場合に、目標物（ランドマーク）を視認できる範囲は、大なり小なり限定されている。都市空間地理学者のケヴィン・リンチは、これを「局地的」という語で表現している。たとえば標高の高い山のように、他のものと見間違えようもなく、周囲に遮る物体がないほど大きく遠方から視認できるものがある一方で、限定的な地点からしか視認できない目標物もある。ヤマアテの原理とは、このような目標物の局地性を利用し、特定の「見えかた」に意味を与え、限定された局地（＝漁場）へ身を置くよう導くものと言い換えられるだろう。多島海は、このように人間を特定の「見えかた」へ導くような自然物が陸海上に無数に立ち並んでいる状態であると言える。様々な自然物が配置された環境のなか、適切に自然物を視ることで、意図した経路で海を移動することが可能になり、それは結果として同じようなルートとして他者になぞられ、共有されていく。

　このように目標物には、他のものと間違いようがなくどこからでも見えるランドマークと、限られた場所でしか見えない局地的なランドマークがある［リンチ 2007: 102］。海上景観に当てはめれば、前者のようなランドマークはたとえば、遠くから誰でも方角を簡単に知ることができるような大きな島などがある。このような自然物は、そこに存在するだけで目指され、あるいは避けられるような意味を内包する、環境のアフォーダンスともいうべき物質である［ギブソン 1985］。一方、小さな離れ岩や、島を複雑に縁取る海岸線、海にせり出した岬のような「局地的なランドマーク」は、周囲の認知空間的配置を規定し、環境中を動く漁師たちの進むべき「道」を遮り、あるいは導くものとして漁師たちを取り囲む。離れ岩や岬は、漁師たちに対して、また周囲の航海者に対して、大きな島のようにはアフォードしない。大きな島や山は、たとえば初めてバンガイ諸島を訪れた筆者のようにその環境に不慣れな者からも、遠方にあって目指す物質として、あるいは前方に迫っていて避けるべき物質として知覚されうる。しかし「局地的なランドマーク」は、特定の物質とその適切な「見えかた」を知らなければ、観察者を遮ったり導いたりすることはない。離れ岩のようにその環境の専門家（たとえば漁師のような）だけの知識もあれば、そのほかの人々を含めどうしても注意を引きつけずにはいないような視覚的特質を備えた風景もある。周辺あるいは背景との対照として特異性のあるランドマーク

は、たとえそれが大きな物体でなくとも傑出した物体として知覚される［リンチ 2007: 126–128, 171–172］。傑出したランドマークが視覚的に捉えられるものであるとすれば、局地的なランドマークはより観察者の注意や観察に基づいて識別されるものと言える。[*1]

　リンチの言葉を借りれば、ランドマークとして扱われる自然物の要素（エレメント）は、それらのエレメントそのものの性格のみならず、観察者がその環境をどれほどよく知っているかによって左右されるのである［リンチ 2007: 102］。バンガイ諸島のサマ人漁師たちにとってもこれは同様で、誰もがこのようなナヴィゲーションの知識に精通しているわけではない。子どもたちは幼い頃から割り舟で集落の周りを動きまわり、海の感覚に慣れ親しんでいく。特に男の子は、ある程度の年齢になれば父親や親族の漁師に同行して、「適切な」景観を教えられ、漁場とルート、目標物を記憶する。他の集落から移住してきたサマ人漁師も同様で、移住先の漁師に同行して覚えていく。漁師ら自身が身体を媒介として景観を適切に「視る」術を身につけていなければ、それはただ眼前に迫り、沈黙する岩でしかないのだ。

5-2　可変的な自然物

　ナヴィゲーションの手がかりとなるような海の景観を構成する自然物に対して、漁師たちは物質的・生態的特徴や故事をもとに命名してきた［中野 2021］。このような環境に対する「注意（attention）」［Ingold 2000］の払いかたは、そのままでは容易に利用できないような環境を知覚し、実践するための方法でもある。ただし、山道や雪上ではルートも目標物も、環境はある程度物質的に「整える」ことができるのに対して、海のルートとなる空間そのものは常に流動的でそこに留めおくことができない。目標物となる自然物も、何も無かったところに直接手を加えて——たとえば旗を立てたり、石を積んだりして——物理的、可視的に作り出すことはできない。すでにある岩や岬に対して手を加えることもない。彼らは、名前を付与して記憶を刻みつけることで知覚と実践に不可欠な目標物とするのである。例外があるとすれば、彼ら自身が手を加えたわけではないが、新たに出現したような人工物（たとえば灯台のような）を他の

---

*1　この点については本書のもとになった「モビリティと物質性の人類学」研究会における土井清美さん（**第1章**）のご指摘に示唆を得たものである。貴重なご意見をいただいたことに改めて感謝を申し上げる。

図4　海上にそびえる離れ岩（2023 年 3 月 8 日）

自然物と同列に目標物としていることなどが挙げられる。

　しかし、自然物そのものもまた、必ずしも変わらずにそのままの形でそこに存り続けるとは限らない。バンガイ諸島のサマ人漁師らが集落の北東部へ出漁する際に手がかりとしてきた自然物のひとつに、トゥコー・マンディラオ（*tukoh mandilao*）という離れ岩がある。サマ語では、「「海的」空間［中野 2020］にあるトゥコー」という意味がある。トゥコー・マンディラオは長年の海波によって侵食が進み、あるときアッポ（*appo* 折れる／倒れる）してしまった。すると漁師らはこの出来事を即座に取り入れ、新たにトゥコー・マアッポ（*tukoh maappo* 折れた／倒れたトゥコー）という名前に更新した。このような自然物の変化は注意深く観察され、柔軟に反映されて適切なナヴィゲーションの手がかりとして蓄積されてきた。

6　不可視の海を探りあてる身体感覚

6-1　海の音を聴く

　こうして海上景観を手がかりとして到着した場所も、まだ目的地とはいえない。面積の大きな漁場でない限り、ヤマアテ法だけでは漁場の正確な位置を特定できないからだ。漁場のなかでよりピンポイントなスポットを狙う場合も同様だ。手釣り漁で最もよく利用される、ラナ（*lana*）とよばれる海底に盛り上がった堤のような形状をもつ漁場の場合は、ラナの真上で漁を行うのではなく、堤から深い海に至るまでの外縁部で行われることが多い［中野 2020］。そのため、おおよそ漁場と思われる位置に到着したあとに、別の情報を手がかりとしてより探索の精度を高め、狙う場所を絞り込む必要がある。

　1970〜80年代以前、帆船ボロトゥ・ラヤーが主要な漁船だった時代のナヴィゲーションについて話すとき、老齢の漁師たちが身振り手振りをつけて決まって楽しげに語る話題がある。海の音を聴き分けるコツだ。帆を操り、岩や島を見ながら櫂を漕いでようやくおおよそ漁場と思われる地点に着くと、漁師たちはいったん櫂を漕ぐ手を止める。鏡面のようになめらかな海に帆船が浮かび、舷にあたって砕ける波の音だけが聴こえるなか、船底に這いつくばって底板にそっと耳をあてる。あるいは、櫂を海に突き刺し、片手で柄を掴んで耳をあて、もう片方の手でその部分を覆い、音に集中する。海中を流れる水そのものや砂粒などが船底や櫂の木材に擦れ、それぞれが特徴的な音を生み出す。漁師たちは、この音の微細な違いを聴き分けるのである。たとえば「テッ、テッ、テッ……」という小さく断続的な音の正体は、海中を浮遊するサンゴ砂礫である。すぐ近くには、大きなサンゴ礁があると推測される。低く長く続く「グーーー」という音は、海面近くに砂礫などが浮遊しておらず、しかし遠くのほうで何かが流れている音だ。このとき、船べりから海を覗きこんでも海底を視認することはできないが、しかしそれほど深くはないところに砂の堆積した海底があると推測される。砂礫の擦れる音もまったく聞こえなければ、そこは深い外海、彼らがシッラー（*sillah*）と呼ぶ空間であることを意味する。特に手釣り漁師のように、認知地図のなかの特定の漁場や、その中でもピンポイントなスポットを突き止める必要のある者にとっては、このように海底・海中の様子を探る技能も重要なのである。固有名称のある目標物を利用して目的地への経路を探索する、ある程度形式的な方法とは異なり、海の音を聞き分ける認知の方法や過程を言語化して他者に正確に共有することは難しい。だからこそ、

221

漁師らは自分の耳（と、船と、櫂）で聴き分ける経験を積み重ね、漁場の位置を聴覚に基づいて探りあてる技能を自分自身で培っていく。「船でちょっと寝ていても、船底の音を聴けば（大体どこにいるか）わかるさ。こうやってな」とやってみせるサマ人漁師からは、海に拡張された自身の聴覚とそれを経験から習得したことへの自信すらうかがえる。

6-2　海底を「触る」

　不可視の海のなかを探り当てる方法として、より一般的なのは釣り糸を垂らして水深を測る方法である。各漁場に到達するためのナヴィゲーションの方法を順番に聞いていくと、海底が視えない漁場の場合は最終的に「釣り糸を使うのだ」という説明で締めくくられる。

　日本でもタナドリ（棚取り）／タナアワセ（棚合わせ）と呼ばれる類似の方法が、釣り人たちの基本的なテクニックとして知られている。ただしタナドリの場合は狙う／セメル魚種の生息する層（タナ）にちょうど釣餌が垂らされるように浮子の位置を調節するというものである。この層（タナ）を外れたところに仕掛けても、狙った魚種がまったく食いつかないということも少なくない。そのため、釣りを始める前にまず対象魚種に応じたタナドリ／タナアワセをするのであり、これは釣りの準備段階に含まれる。

　バンガイ諸島のサマ人漁師らの技法は、タナドリとはやや異なる。おおよそ漁場であろうという地点に到着すると、彼らはまず道糸を梓から引き出し、端部のシンカーを海中に沈める。シンカーが海底にあたって止まる感触がするまで道糸を伸ばし続ける。釣竿やリールのような道具は用いないため、道糸の捉える振動はそのまま、あるいは軍手越しに漁師の手のひらに伝わる。そうして、シンカーが着底して擦れるときの微細な振動、ドロップオフのように海底が急に深くなるときの一瞬ふっと下に引っ張られる重力などを、彼らは手の感覚を研ぎ澄ませて確かめる。こうすることで、沿岸から広がる島棚や、堤のような地形をもつ漁場の海底を探りあて、その外縁部の位置関係を正確に測っていくのである。海底を視認することのできない空間における島棚や漁場を、彼らはまるで島の縁や形を描くかのように示すことがある。実際に海図と照らし合わせてみると、少なくとも島棚のようなものが確かにそこに分布していることに驚かされる。

　このように不可視の海底を間接的に「触る」ことで自船や目的地の位置を把握する技能の習得は、ある程度は集団的に共有されているものを含みつつ、

より実践的には、個人の知識と経験に裏打ちされている。海底微地形の「手触り」を確かめてこれをナヴィゲーションに利用するには、目的地や経路がどのような視えない地形をもつのか、さらに彼らの頭のなかにある認知地図ともいうべき漁場や目標物の空間的配置のなかで、それらがどこに位置するものなのかを認識できねばならないからだ。中身の見えない箱に手を入れて、棒などの道具で辺りを「触り」ながらその配置を推測し、把握するかのように、彼らは海を探っているのである。

7 おわりに

　海中ではサンゴ礁や島棚が面的に広がり、岩や砂地、複数の種類のサンゴが海底を形作る。海上に目を向けると、岩や島のような陸地景観があり、さらに上空には天体が広がる。寄せる波は海岸で砕け、それぞれの島の形によって異なる波となって返していく。多島海は、様々な生態学的・地理的条件の海域環境のなかでもとりわけ、移動者にとって三次元的に立体性が際立つ空間である。

　小さな岩や島が景観を構成するバンガイ諸島で、サマ人漁師たちは無機物を含む自然物、生物、そしてときには海の音や「手触り」を手がかりとして目的地と経路を探索してきた。その知識や経験のないものにとってはただ眼前に迫る岩や海であっても、彼らは視覚や聴覚、触覚を駆使して環境に「注意（attention）」[Ingold 2000] を払い、環境と相互に作用することで、多島海のモビリティを可能にする手がかりを読みとってきた。このような身体技法はまた、どこにでもある漁具を媒介として実践されている。GPSや魚群探知機のように人間のナヴィゲーション能力を極端に補助あるいは拡張する機械とは異なり、船や糸、櫂のような道具は彼らの身体の延長として取り込まれ、海のナヴィゲーションを可能にしてきた。こうしたナヴィゲーションによって見出されるルートとは、サンゴ礁の礁路のように可視的に航行可能な、また生態学的にそこに存在する空間ではなく、むしろ自然物や目的地以外の無機物を含む自然物や生物などから成る環境と人間の相互作用のなかで、その術をもつ者の前に立ち現れる経路としての「道」である。「道」になり得る空間は、自然物や目的地以外のすべての海洋空間として無限に広がっている。季節や時間帯、天候によっても都度変化する景観に囲まれながら、絶えず環境と身体が取り結ばれることで、その時々に進むべき不可視の「道」が見出されるのである。

ナヴィゲーションの実践空間としての多島海の特徴について付け加えるとすれば、空間の流動性が挙げられる。複数の自然物が立ち並び、その間に「道」になり得る空間が広がっているという景観的特徴だけをみれば、砂漠や草原、牧草地にも同様のことが言えるかもしれない。たとえばセントラル・カラハリ・ブッシュマンのナヴィゲーションは、広大な砂漠に点在する特定の木や草を見分け、手がかりとすることで「道」が見出されてゆく［高田 2004］。砂漠と多島海というまったく異なる環境ではあるが、ナヴィゲーションの実践景観は高い親和性を有している。しかし多島海は、島々の複雑な海岸線がさらに微細な潮流を生み、小さな動力船はその影響を強く受ける。陸地のように立ち止まったり、ぶらぶらと歩いたりするような移動は海のモビリティでは考えにくい。むしろある程度は計画的に進み、常に自船や目的地の位置を確認し、注意を払い、経路をたどらなければならない。その海に対する知識を欠く者は、海に放り出されれば途端に動けなくなり、たちまち漂流者になってしまう。実際には大地もまた変動しつづける空間であり、実のところそれほど安定しているわけではない（cf.第8章古川論文）。しかし、「空間そのものが動く」という海の特異な空間性は［Peters & Squire 2019］、その不安定さ、流動性においてより際立っている。世界の海に目を向ければ、恒常的に一定方向に流れる運動がある海域は限られており、多くの場合、垂直方向や水平方向に海流は発生しつづけている。サマ人漁師らが移動し、漁撈を行うような海域では、表層海流が季節風によって頻繁に切り替わるため、いっそう変わりやすい性質をもつ。動く歩道や流水プールのように常に固定的なベクトルはないのだ。もちろん、その変わりやすいベクトルさえも読みとれる身体があれば、複雑な季節風に乗る漁師のように海を自在に移動できるのだが。

　本章では、海洋空間におけるモビリティの様相について、大洋やサンゴ礁の海におけるそれとは異なる様相を多島海のナヴィゲーションから描き出そうとしてきた。バンガイ諸島のサマ人漁師たちが海上で進むべき経路を探索するとき、そのナヴィゲーション技法は必ずしも体系的に固定されたものとは限らない。彼らは、周囲を取りまく不安定な景観のなかに自身や目的地を布置し、身体感覚をもって視えない海の様子を探り、常に環境のなかを動きながら適切な「道」を見出していくのである。

参照文献

秋道智彌 1981「Satawal島における伝統的航海術——その基本的知識の記述と分析」『国立民族学博物館研究報告』5(3): 617–641.

—— 1985「サタワル島における伝統的航海術の研究——島嶼間の方位関係と海域名称」『国立民族学博物館研究報告』9(4): 651–709.

五十嵐忠考 2017(1977)「トカラ列島漁民のヤマアテ」渡辺仁編『人類学講座12　生態』雄山閣出版.

卯田宗平 2000「琵琶湖における船上からの陸地景観認識に関する研究」『ランドスケープ研究』64(5): 751–754.

小野林太郎 2011『海域世界の地域研究——海民と漁撈の民族考古学』地域研究叢書24　京都大学学術出版会

ギブソン, J. J. 1985『生態学的視覚論——ヒトの知覚世界を探る』古崎敬ほか訳 サイエンス社.

高田明 2004「砂漠の道標——セントラル・カラハリ・ブッシュマンのナヴィゲーション技術」野中健一編『野生のナヴィゲーション——民族誌から空間認知の科学へ』古今書院 pp. 23–54.

高橋そよ 2018『沖縄・素潜り漁師の社会誌——サンゴ礁資源利用と島嶼コミュニティの生存基盤』コモンズ.

長津一史 2009「境域の言語空間——マレーシアとインドネシアにおけるサマ人の言語使用のダイナミクス」森山幹弘・塩原朝子編『多言語社会インドネシア——変わりゆく国語、地方語、外国語の諸相』朝倉書店 pp. 183–212.

—— 2018「東南アジアにみる海民の移動とネットワーク——西セレベス海道に焦点をおいて」小野林太郎・長津一史・印東道子編『海民の移動誌——西太平洋のネットワーク社会』昭和堂 pp. 148–177.

中野真備 2020「インドネシア・バンガイ諸島のサマ人の外洋漁撈と空間認識」『アジア・アフリカ地域研究』19(2): 184–206.

—— 2021「インドネシア・バンガイ諸島サマ人の環境認識——外洋漁撈をめぐる魚類・漁場・目標物の民俗分類」『東南アジア研究』58(2): 164–203.

羽原又吉 1992『漂海民』岩波書店.

リンチ, K. 2007『都市のイメージ（新装版）』丹下健三・富田玲子訳 岩波書店.

Allen, G. R. & S. A. McKenna (eds) 2001. *RAP Bulletin of Biological Assessment 20: A Marine Rapid Assessment of the Togean and Banggai Islands, Sulawesi, Indonesia.*

Conservation International Center for Applied Biodiversity Science, Department of Conservation Biology.

Ammarell, G. 1999. *Bugis Navigation*. Yale University. Southeast Asia Studies Monograph 48.

Florent et al. 2005. Late Genozoic Geodynamic Evolution of Eastern Indonesia, *Tectonophysics*, 404(1–2): 91–118.

Forman, S. 1967. Cognition and the Catch: The Location of Fishing Spots in a Brazilian Coastal Village, *Ethnology* 6(4): 417–426.

Goedhart, O. H. 1908. Drie landschappen in Celebes (Banggaai, Boengkoe en Mori). *Tijdschrift voor Indische Taal-, Land- en Volkenkunde*, deel 50.

Golledge, R. G. 1999. Human Wayfinding and Cognitive Maps. In R. G. Golledge (eds) *Wayfinding Behavior: Cognitive Mapping and Other Spatial Processes*, pp. 5–45. Johns Hopkins University Press.

Igarashi, T. 1974. A Traditional Technique of Fishermen for Locating Fishing Spots: A Case Study in the Tokala Islands. *Journal of Human Ecology* 3(1): 3–28.

Ingold, T. 2000. *The Perception of the Environment: Essays on Livelihood, Dwelling and Skill*. Routledge.

Kimberley, P. & R. Squire. 2019. Oceanic Travels: Future Voyages for Moving Deep and Wide within the "New Mobilities Paradigm". *Transfers* Volume 9(2): 191–111.

Montello, D. R. 2001. Spatial Cognition. *International Encyclopedia of the Social & Behavioral Sciences*, pp. 14771–14775. Pergamon Press.

Velthoen, E. J. 2002. Contested Coastlines: Diasporas, Trade and Colonial Expansion in Eastern Sulawesi 1680–1905. Thesis for the degree of Doctor of Philosophy of Murdoch University.

Whitten, T., M. Mustafa & G. S. Henderson 1987. *The Ecology of Sulawesi*. Gadjah Mada University Press.

Wiener, J. M., S. J. Büchner & C. Hölscher 2009. Taxonomy of Human Wayfinding Tasks: A Knowledge-Based Approach. *Spatial Cognition & Computation* 9: 152–165.

第10章　定住した移動民のモビリティ

——北西インドに暮らすジョーギーの野営と住まい方

中野歩美

1　移動民と「住まう」こと

　現代社会を生きる多くの人々にとって、一軒家や集合住宅などの頑丈な建物に周囲と切り離された個人的な空間を確保し、そこを毎日寝食の拠点とする生活は、何ら疑問を抱くことのないごく当たり前の居住の仕方である。しかし長い人類史に目を向けると、人は1万年前に「定住」という居住形式が現れるまで、数千万年ものあいだ住む場所を移しながら遊動生活を営んできた。自然人類学者の西田正規は、「定住」が出現する前の人類史を「定住したくともできなかった歴史」と捉える論調に疑義を呈し、その根幹には「〔遊動民に対する〕定住民の素朴な優越感にもとづいた偏見」［西田 2007: 62］が潜んでいると厳しく批判した。このように、「定住」を中心的な生活様式とし、遊動をそこから逸脱・欠如した居住様式として周縁化するイデオロギーは、中立的な視座に立つことが求められる研究者でさえ逃れがたい自明の思考となっている。

　他方で、長期的・継続的なフィールドワークを通じて同時代を生きる人々の多様な生のあり方を探求しようとする文化人類学の領域では、狩猟採集民や牧畜民、あるいは「ジプシー」やロマと呼ばれる人々のように、伝統的に移動生活を送ってきた人々の視点に立って、私たちの凝り固まった「定住中心主義」を揺さぶる研究蓄積がなされてきた。とくに1980年代以降は、移動民に対する定住化政策が世界的に見られるようになったことで、移動生活を送ってきた

＊1　西田はむしろ、1万年前の人類に「遊動の生活を捨てざるを得なかった事情があった」ために定住生活が出現したという仮説をもとに議論を展開している。

人々の暮らしがいかに変化させられたのか、あるいは人々がいかに定住以前と以後の生活を縫い合わせながら生活を営んでいるのかといった、居住の仕方に注目した研究が見られるようになった [e.g. オークリー 1986; 左地 2017; 藤川 2017; 丸山 2010]。

　本章で注目する、北西インド・ラージャスターン州西部の移動民ジョーギー（*Jogī*）の居住実践の検討も、こうした先行研究の文脈に位置づけられるものである。ジョーギーは、1980年代まではロバやラクダを率いてタール砂漠に点在する村や集落を周遊し、呪術や門付け芸能を行って施しを恵んでもらったり、染色用の粘土やそれを用いて作られた煙管、おもちゃなどを売ったりして生計を立ててきた。ただし後述するように、3、40年ほど前から少しずつ定住的な暮らしを送るようになり、現在ではほとんどが村や町での肉体労働による賃金収入で暮らしている。同地では、ラクダの放牧を行うラバーリー（*Rabārī*）などの牧畜民が代表的な移動民として知られているが、ジョーギーは家畜のための牧草や水よりも、村人とのモノやサービスを介した交渉のために移動する点で、牧畜民とは一線を画している [Bharucha 2003: 53; cf. Barth 1987: xiii; Berland 1983: 23]。この点で彼らのモビリティは、**第4章**で左地が取り上げるフランスの「ジプシー」、マヌーシュとのあいだにより高い親和性を見出せるだろう。しかしマヌーシュたちが用いるキャンピングカーは、移動手段と住居空間が一体化しているのに対して、ロバやラクダに荷を積んで徒歩で移動するジョーギーの場合、住居空間は移動した先々でその都度簡易的に作られ、再び移動する際にはその場に放棄される。[*2] 彼らはそうした一時的な住居やそれを用いた暮らしを野営（*ḍerā*）と呼ぶ。移動先の風向きや日光の当たり方、生えている草木の位置や形状を考慮しながら、手の届く範囲にある素材を用いて一から作り出され、そしていずれ放棄されることになる野営は、ジョーギーたちが移動生活を送るなかで培い受け継いできた独自の居住実践であり、彼らのモビリティを考える際の重要な手掛かりとなる。そこで本章では、一見すると定住したように見える彼らの現在の居住実践に注目することで、そこにも確かに存在する、野営生活に根差した彼らの潜在的なモビリティのあり方について考察する。

＊2　このように、ジョーギーたちの生業やそれと結びついた移動のあり方は、「ジプシー」／ロマに近い人的資源指向でありながら、彼らの野営という住居空間のあり方は、むしろ狩猟採集民の人々に近い自然資源指向であると言える。

第10章　定住した移動民のモビリティ——北西インドに暮らすジョーギーの野営と住まい方

住居を建てることと住むことの関係性や「住まう」という実践の根源性については、哲学者のハイデガーが論じたことでも知られる。彼は「建てる、住む、思考する」という題目で行われた1951年の講演において、「建てること（Bauen）は本来、住まうこと（Wohen）である」と述べ、住まうことと建てることを目的と手段の関係にある2つの分離した行動として捉えるべきではないと主張した［ハイデガー 2008a］。彼は住まうことの本質を、大地、天空、神的なるもの、死すべき者（としての人間）の四者の在り処を容認し集わしめる場所としての物（Ding）の傍らに留まること、そのような場所としての物を建てることにあると述べる［ハイデガー 2008a］——「人間が住まうことが可能になるのは、そうした狭義の建てる行為ではなく（中略）住まうこととして建てるとき、その時だけなのである」［ハイデガー 2008b: 13］。ジョーギーのように移動する先々の天候や風向き、木々の生え方に合わせて一時的であれ安らげる場を作り出す野営の実践は、「われわれは、住まう限り、すなわち〈住まう者として〉在る限り、建て物を建てるし、また、建ててきたのである」［ハイデガー 2008a: 13］というハイデガーの主張と深く共鳴するものである。哲学者の國分功一郎は、ハイデガーの住まうことを問い直さなければならないという問題意識に深い共感を示しつつも、ハイデガーの議論が「露骨な定住中心主義」［國分 2015: 100–101］であることに苦言を呈しているが、この批判はやや不正確である。「人間であるというのは、死すべき者としてこの地上に在ることであり、そこに住まうことに他ならない」［ハイデガー 2008a: 9］と述べているように、ハイデガーにとっての「住まう」とは「われわれ人間がこの地上に〈存在する〉その在り方」そのものであり、一か所に留まって同じ建物に住み続けることだけを含意してはいない。國分が想定した「住まう」ことが、「ずっと同じ場所で同じ建物に住み続けること」であり、絶えず移動し続けている移動民には不可能な実践と見なされるものだとすれば、「露骨な定住中心主義」という批判はむしろ國分自身に向けられることになるだろう。
　一方でハイデガーの考えに触発された人類学者のインゴルドは、「建てる視点」と「住まう視点」という2つの異なる視点を取り出して議論を展開している[3]［Ingold 2000: 185–187, 2011: 9–13］。「建てる視点」は、ハイデガーの言う

---

*3　インゴルドはハイデガーの建てること／住まうことについての議論に着想を受けながらも、その後自身がかねてより研究してきた生態学的な視点を取り入れながら、人間中心的な哲学の枠に依拠しない、人と環境との関係性やそこでの生の多様な様式と可能性の探求を試みている［Ingold 2000, 2011 = 2021］。

「狭義の建てる行為」に対応する。そこでは作り手が素材に対して超越的な立場にあり、作る前に先立って存在する観念を物質の上に転写する行為として捉えられる。建てることと住むことは切り離され、住むために建てるという目的と手段の関係性に位置づけられることになる。それに対して「住まう視点」は、ハイデガーの言う「住まうこととして建てる」ことに呼応している。これは建てるという行為自体を否定するものではなく、「素材とともに仕事をするプロセス」[Ingold 2011: 10] として建てることを捉え直すための視点である。彼はまたそのプロセスにおいて獲得される知識や技術を熟練化（enskilment）という用語で捉えようとしている [Ingold 2000: 37]。そこでは、知識や技術の習得とは、出来合いの情報を頭に詰め込んだり機械的に模倣したりすることで得られるものではなく、他者の動きに積極的に注意を向けながら自身の知覚と行動を、自らを取り囲む環境に合わせて微調整することで体得されていくものとして捉え直される。

　以上を踏まえて次節からは、定住した移動民ジョーギーの居住実践を検討する。事例を通じて見出されるジョーギーたちの居住遍歴や住まい方は、移動から定住への変化を進歩として捉えるような「定住中心イデオロギー」で捉えきれるものではない。むしろ事例からは、今なお彼らが潜在的なモビリティを有していること、そしてそれは彼らを取り囲む環境の物質性によって支えられていることが明らかとなる。

2　タール砂漠での暮らし

2-1　ジャイサルメールの村落部

　ジョーギーの野営づくりを検討するために、まずは北西インド・ラージャスターン州の西部エリアの自然環境や地理的状況を確認しておこう。ラージャスターン州は土地全体の6割がタール砂漠に覆われており、なかでも約28万km²の面積を有するタール砂漠地帯のちょうど中腹にあたるラージャスターン州西部は、「死の土地」を意味するマールワール（Mārwār）の名で知られてきた。[*4]
酷暑期の4月頃には最高気温が摂氏50度近くまで上昇し、年間降水量は平均

＊4　同州西部でもっとも大きかったマールワール藩王国（現在のジョードプル県、バールメール県）の名前でもある。

で約200〜300mlという
乾燥した大地は、頻繁な
干ばつ被害や草木の減少
による砂漠化などの問題
を抱えてきた［喜田川
2020, Bhati et al. 2017］。

マールワール地域の最
西端に位置するのが、調
査地のジャイサルメール
県である（**図1**）。同県は、
インド全体で3番目に広

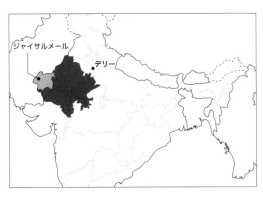

図1　ラージャスターン州とジャイサルメールの位置

い面積（38,401㎢）を持ちながら人口わずか67万人という、マールワール地域
のなかでもとくに都市化・産業化が進んでいない辺境の小さなオアシス都市で
ある。市街地には現地で採掘される黄土色の美しいライムストーンによって
12世紀半ばに築かれた城砦がそびえ、周辺には食材や日用品、服飾品などの
ローカル・マーケットが立ち並ぶ。黄土色に統一された美しい街並みとカラフ
ルな民俗衣装をまとった人々が行き交う姿は、北西インド最果ての砂漠の秘境
「ゴールデン・シティ」として世界中のバックパッカーから人気を集めてきた。

　一方で、ジャイサルメール県の人口の約9割を占める村落部の風景は、市街
地とは大きく異なる。小さな町と町を結ぶのは、風で舞い上がった砂で簡単に
覆われてしまうような細い1本の道路であり、その両側には褐色の雑草や低木
がまばらに生えた雑林が広がる。時折バスやバイク、放牧中の家畜を操る牧者
が通り過ぎる以外に人の姿はほとんど見当たらない。そのような風景の所々に、
黄土色の石材で作られた家屋が数軒から数十軒立っている場所がある。それが
村落部の人々が生活を営む「村（_gāv_）」である。同地の村は、一般的に王族の
出自カーストであるラージプート（_Rājpūt_）を領主として、異なる伝統的生業
を持つ複数のカースト集団から成る。村では最初に住み始めた地主や領主の居
住地を中心として大まかにカーストごとに住み分けがなされているが、そこか
ら周囲に住居が見当たらないような離れた場所に、後から住み始めたジョー[*5]

＊5　村の中心から100〜200mほど離れた場所にあることもあれば、村の人でもたどり着けな
　　いような砂漠や荒野のなかを1km以上進んでようやくたどり着ける奥地にあることもあ
　　る。

ギーなどの別の場所から移住してきた人々や移住者の居住地が見られる。それらは村の一部と見なされることもあれば、村から独立した集落として「居住地」や「小集落」を意味するバスティー（bastī）やダーニ（ḍhāṇi）を付した通称で呼ばれるものもある。[*6] バスティーやダーニは基本的にそこに住み着いた親族集団のみで構成され、村の儀礼的な役割や人間関係からは切り離されている。なかには長い年月を経て規模が拡大し、行政村として登録されているものもあるが、[*7] 広く知られていても行政村としては登録されていないもの、隣接する村や集落の住民のあいだだけで認知されているもの、孤立していても村の一部として認識されているものまで様々である。いずれにせよ同地域の居住実践の特徴のひとつとして、こうした無数の小集落の存在をあげることができるだろう。言い換えればそれらは、人々の移動が頻繁に行われた痕跡でもある。広大な砂漠に覆われた同地域では、かつて住んでいた場所を離れて別の場所に移り住んだり、複数の場所を行き来しながら暮らしたりすることが、昔から今なお見られる居住の仕方として受容されているのである。

　他方で行政的には、英領期より近代的な土地の管理制度が整備されてきた。独立後、1949年にラージャスターン州が成立すると、土地借用法（The Rajasthan Tenancy Act, 1955）や土地歳入法（The Rajasthan Land Revenue Act, 1955）のもとで、「居住地（abādī）」、「農地（khet）」、「放牧地（gochār）」などの区分けや地図上の境界線が整備された。1994年に地方自治改革の一環として施行されたパンチャーヤト法（The Rajasthan Panchayati Raj Act, 1994）によって、村民から成る村落評議会（gram panchāyat）が住民自治の主体を担うようになると、土地の管理も村落評議会と国家官僚である登記官（paṭwārī）によって行われるようになった。「デジタル・インディア」を掲げるナレンドラ・モディ政権下では、土地をめぐる様々な申請がオンライン上で行われるようになり、より厳密で徹底した土地管理が広がりつつある。それでもジャイサルメールの村落部で生まれ育った多くの人々にとって、居住地の外縁の数kmにも及ぶ雑林地帯のどこまでがどの土地区分にあたるのかは決して容易に判別できるものではな

＊6　これらの小集落は通例、〇〇のバスティー／ダーニ（〇〇 kī bastī/ḍhāṇi）という名前で呼ばれ、〇〇にはそこに最初に住み着いた一家の長や一族の祖先の名前が付される。

＊7　ただしダーニやバスティーに単独で村落協議会が割り当てられることはなく、周辺にあるその他の小さな村や小集落と併せて、その地域で一番大きな村の名前の村落協議会の下にひとつの地区（ward）として包摂されることになる。

第10章　定住した移動民のモビリティ──北西インドに暮らすジョーギーの野営と住まい方

い。彼らにとって居住エリア外の荒蕪地は、家畜の放牧を行ったり焚き木や[*8]
垣根を作るための木材を集めたり、さらには一時的な休息や儀礼の場所として
使ったりする余白的な共有空間であり続けている。土地の正確な行政区分やそ
の境界が問われるのは、基本的に土地をめぐって住民同士や別の村の住民との
あいだで問題が起きたときのみであり、村落評議会や登記官が所有する行政的
な地図によって照合されない限り、人々の生活に直接的な影響を与える境界線
として顕在化することはないのである。

2-2 ジョーギーと定住

　続いて現地に暮らすジョーギーがどのような生活を送ってきたのか、そして
どのように定着していったのかを記す。前述したように、彼らはかつて移動し
ながら村の荒蕪地に野営を張り、近隣の村や小集落を回って施しを乞い糊口を
しのいできた。村や小集落の人々にとって、ジョーギーは外の世界からやって
来た一時的な訪問者の「異人」であり、畏怖の対象でもあった。ジョーギーた
ちも「異人」として野営地に長居することはせず、数日から1週間ほどで次の
場所に移動していたという。同地のジョーギーたちは、リネージごとにゆるや
かな移動のルートや範囲を有していたため、親戚や姻戚であれば互いにどこを
主な移動圏としているかを知っていた[*9]。また、ホーリーやディワーリーと
いった大きな祝祭日の前後には、特定の野営地にたくさんのジョーギーたちが
各地から集まって野営を張るので、親類縁者たちが久しぶりに顔を合わせたり、
縁組の相談や結婚式などを行ったりするための機会になっていた。

　1980年代以降、そうした野営生活を送るジョーギーたちのなかに村の荒蕪
地で野営を張ったまま住み着く人々が現れ、次第にそのような生活様式が多く
のジョーギーたちに浸透していくこととなった。移動生活をやめて定住するよ
うになった主な要因としては、門付け芸能や呪術に用いる動植物への法規制が

＊8　村の人々が様々な儀礼を行う場所から見えてくる象徴的な村の境界線は、行政的な土地区
　　分の境界線と一致しているとは限らない。

＊9　移動の基本単位は親子関係や兄弟関係にある数世帯だが、そこに妻側の親族関係にある
　　人々や、婚出した姉妹とその配偶者といった姻戚関係のジョーギー世帯が加わることも珍
　　しくない。それには、ジョーギーたちがかつて婚資として花婿に労働奉仕をさせる習慣を
　　有していたことや、北インドの特徴的な婚姻形式として言及される上昇婚のように、女性
　　の生家と婚家のあいだに硬直的で非対称な関係性が築かれる一方向的な女性の婚出しか認
　　めない婚姻実践ではなく、より平等な力関係が築かれやすい双方向的な女性の婚出が行わ
　　れることとも関係している［中野 2018］。

行われたことに加えて、近代的な生活様式や価値観の台頭により、そうした伝統的な生業が否定的に捉えられるようになったことがあげられる。その結果、彼らは村の権力者の許しを得たうえで長期間にわたってひとつの場所で生活を送るようになり、村人と同様に家の建設に必要な石材の運搬などを担ったり、小作農として作物の収穫作業を行ったりするようになった。定住が始まってから3、40年ほど経過した現在では、ともに移動生活を送っていた数世帯のジョーギーの家族だけが住んでいる小さな集落もあれば、血縁関係や婚姻関係を頼りに多くのジョーギーたちが住み着いて拡大した集落もある。筆者が調査を始めた2010年代には、移動生活だけで暮らす者はほとんど見られず、皆特定の生活拠点となる集落があった。とはいえ、上述のように村（の領主）への労働力の提供という条件で住むことを許可してもらうというジョーギーたちの村への定着の仕方は、一度村の人とのあいだで揉め事が起きれば容易に追い出されてしまうことを意味している。「自分たちはいつまでここに住めるかわからない」、「村の人に出て行けと言われたら出ていかなければならない」といったジョーギーのあいだでしばしば聞かれる語りは、彼らが定住しそれなりの年数が経った現在も元移動民として社会的周縁に置かれ続けていることを示唆している［cf. 中野 2022］。

　こうした状況を踏まえたうえで、次節では筆者と10年近くの親交がある40代のジョーギーの男性、ジャートゥーとその家族に焦点を当てて、彼らがいかに現在の場所で定住的な生活を送るに至ったのか、そして現在どのような居住実践を行っているのかを検討する。以下で用いられるデータは、2014年から2023年までの期間に断続的に実施された参与観察と聞き取りの記録にもとづいている。

3　ジャートゥーの家族と居住

3-1　居住の変遷

　現在ジャートゥーとその家族が暮らしているのは、ジャイサルメール県の中

---

* 10　とくに水場の近い場所、祖先の墓標がある場所の近く、交通の便の良い市街地や町の近く、氏族神への儀礼を行う寺院の近くには、複数のリネージに属するジョーギーたちが定着し、より大きな集落が形成されている。

部に位置するＡ村から1kmほど離れた場所にある小集落（以下、Ａ集落）である。だがそこに至るまでの彼らの居住の変遷は、決して直線的に示せるものではない。そこでまずは、ジャートゥーのライフヒストリーに沿って彼と彼の家族の居住地の変遷を整理することにしたい。

　Ａ集落に初めて彼の両親が移り住んだのは、1993年のことである。それまでは、ジャートゥーの母方祖父が定着した隣県のＢ村の集落で暮らしていた。[11] ジャートゥーの両親は、母方祖父の小屋の近くに掘立小屋を建てて生活拠点としていたものの、実際にはラクダに貨車を引かせて周辺の小集落を回りながら施しを得る野営生活を続けていたという。ジャートゥーは両親とともにそうした極めて移動生活に近い半定住生活を送っていたが、就学を機に両親について行くのをやめ、母方祖父の家で寝食をともにするようになったという。その後1992年か1993年に母方祖父が亡くなると、ジャートゥーの父親は自分の出自リネージの移動圏であり親類が多く暮らしているジャイサルメールの馴染みのある地域に戻りたいと考え、実弟を頼ってジャイサルメール県中部のＣ村のジョーギー集落へと生活拠点を移した。ところが、そこでの生活は長くは続かなかった。Ｃ村は「村」と書いたものの、県内外のあちこちへ向かうバスの中継地で、村よりも大きな「町」に相当する。ジャイサルメール市街地からもそう遠くないことや、県内外への交通の利便性から、ジャートゥーの弟家族だけでなく、彼らの親戚や姻戚のジョーギーたちが数多く住みついていた。当然ジャートゥーの家族とは関係性の深くないジョーギーたちもいた。このように異なるリネージのジョーギーが集住するＣ集落では、ジョーギー同士の言い争いや揉め事が頻繁に起きたため、ジャートゥーの両親は「ジョーギーが1世帯も住んでいない」との情報を得たＡ村へと移住することにしたのだった。[12] それが、本節冒頭で述べた、ジャートゥーたちが現在暮らしているＡ集落である。

　Ａ集落に移住後そのまま現在に至ると言いたいところだが、実際に腰を落ち着けるようになるのはまだ先のことである。たとえばＡ集落に移動して5年ほど経った1990年代後半には、Ａ村で起きた殺人事件の罪を擦り付けられそう

---

* 11　ジャートゥーの母方祖父は、家畜や人の病気を呪術によって治療する呪術に長けた人物であったため、村人の側から定住を懇願されてＢ村に定住したという経緯がある。これは上述のような通常のジョーギーの定住の仕方とは異なっており、村の顔役として地域住民から尊敬を集めていたこともあまり見られない例外的な出来事である。

* 12　ジャートゥーの父親がＣ村に移住した当時、現地で一緒に働いていたＡ村出身の他カーストの人物が移住先として提案してくれたという。

になったため命からがら夜逃げし、C村での一時的な野営生活を経由してB村に戻り、そこで7、8年ほど暮らしていた。その後2004年にA村に戻ってきた際には、少し前に定住し始めた別の移動民の隣人たちと、かつてジャートゥーの両親が住んでいた場所をめぐる諍いが起きて警察沙汰になったりもしている。こうした大小様々な出来事を経て、ジャートゥーの両親は2010年代に入りようやく大きなトラブルに巻き込まれることなくA集落で暮らせるようになった。

　ジャートゥーに話を戻せば、彼は一家がC村からA集落に移った後も日本の高校にあたる学校へ通うためにC村に残り、親類の家族のもとで居候を続けていた。だが、居心地の悪さから結局最終学年の途中でA集落に戻ってきた。その後両親とともにA集落から夜逃げし、B集落に移った数年後の2000年に結婚した。2004年にA集落に戻ると、2006年に妻子と暮らすための小屋を建てたが、その数か月後には妻子を連れてB集落に移り、2020年代になってA集落に再び生活拠点を移すまでの10年以上の期間を、自身が幼少期を過ごしたB集落の生家で過ごした。とはいえその間もジャートゥーは機会を見つけては1人で、あるいは妻子を連れてA集落を訪れるなど行き来は頻繁に行っていた。[13]

　ジャートゥーと彼の両親の居住の軌跡からわかるのは、彼らが様々な事情や理由によって非常に柔軟に離散集合を繰り返しながら生活拠点となる居住地を変えているということである。それには、馴染み深い故地に帰りたいという積極的な理由もあれば、他者とのトラブルを避けたいという消極的な理由も存在した。こうした居住地の頻繁な変遷は、詳細は違えどこの40年ほどのあいだに現地で生まれ育ったジョーギーの誰もが経験していることであり、決してジャートゥーやその家族が特殊なわけではない。結論を先取りすれば、そこで見られた幾度もの居住場所の移転や離散集合は、野営を素地としたジョーギーたちの「住まい方」や、それと深く結びついた彼らの潜在的なモビリティによって可能となっていると言える。彼らは皆、移動しながら生活していた時も、そして次節で検討するように家を建てて定住的に暮らしている現在でさえ、周囲の環境と自らの発想とを即興的に呼応させながらその都度の文脈に合わせてより良い住居空間を作り出そうとしてきた。そうした彼らの居住実践を描写す

＊13　ジャートゥーだけでなく、B村の学校に行きたがらなくなった長男が2010年代後半からA集落のジャートゥーの両親のもとで暮らしたり、ジャートゥー一家がA集落に移住した後も隣県の妻の実家で数か月間暮らしたりなど、一部のメンバーや一時的な生活拠点の変更は常に生じ続けていた。

ることで、移動と定住とを縫合するような「住まい方」の実態が浮かび上がってくるだろう。

3-2 ジョーギーと家屋の種類

　具体的な事例の検討に入る前に、ジョーギーたち自身が認識する家屋の分類を確認しておきたい。ただし、**図2**で示す家屋の種類はあくまで現地のジョーギーたちのあいだで了解されているものであり、この地域全般に当てはまるものとは限らない。

　(1) の掘立小屋はジョーギーが日差しや雨風を凌ぐために用いるもっとも簡素な家屋である。半円形のものと三角形の屋根型のものがあり、周囲の木の枝を同じくらいの長さに切ったものを支柱として穴に埋め、紐で固定し骨組みを作る。簡易的な骨組みの上に天幕を被せたものであるため、強風や雨などによって壊れやすく、小屋や家に比べると長く住むことを最初から想定していない家屋と言える。(2) の円形小屋は現地で広く見られる円柱型の家屋で、円形に石積みされた外壁に牛糞と土を混ぜたものを塗装し、その上に藁葺きの屋根を設置して完成する。壁の塗装は雨や風によって少しずつ溶けて剥がれてしまうため、年に1度か2度は女性たちが塗装し直す必要がある。屋根も強風や雨

(1) 掘立小屋 (*jhonpṛī*)

(2) 円形小屋 (*jhonpṛā*)

(3) 山形小屋 (*parwā*)

(4) 平小屋 (*orā*)

(5) 家 (*makān*)

図2　家屋の種類

によって藁や骨組みの枝が歪んだり崩れたりしていくため、数年に一度は補修が必要となる。[*14] (3) のパルワーと (4) のオーラーは直方体に石を積んで建てられた小屋で、(3) は屋根が山形であるのに対し、(4) はトタンに置き石をしたものや瓦を並べたものが多い。(5) の家は小屋と同じく石材を積んで作るが、外壁から天井までセメントを使って固定し、雨どいや天井に上る階段などが設けられている。建設の費用や時間がかかる分、建物自体の強度も高く、補修しないまま放置されたとしてもその場所に住居としての機能を保持したまま存在させておくことができる。

このように家屋にはいくつか種類があるが、実際には厳密な定義を行うことは難しい。その理由のひとつは彼らがその時手に入る素材を使って家屋を作るため、素材の特性に応じて形状やデザインが異なる亜種的な家屋が無数に創り出されるためである。しかも一度建てられた家屋はその後不動不変の住処となるわけではない。家屋の素材はその後の環境の変化によって形状を変えることもありうるし [cf. Ingold 2011=2021]、そうした素材の変化や周囲の環境の変化に応じて繰り広げられるジョーギーの「住まう＝建てる」という実践に巻き込まれていくことになるからである。

3-3　A集落における住居の形態と配置

ここからは2022年8月の調査時点でジャートゥーの生活拠点となっているA集落での事例をもとに、ジョーギーたちの住まいをめぐる具体的な実践を検討する。

図3に示すように、A集落には長男であるジャートゥーと、次男から六男である5人の弟がそれぞれの妻子と暮らしている。①には両親と六男一家、②には長男（ジャートゥー）一家、③は次男一家、④は三男一家、⑤は五男一家、⑥には四男一家が住居を構えている。ジャートゥーの両親が1990年代に初めてこの場所にやって来たときは、②と③の間に木村で円形小屋を建てて暮らしていたという。前述のとおり、彼らはその後村で起きた殺人事件をきっかけに母方親族が暮らすB集落に戻り、10年以上経って再びこの場所に戻ってきた。そして現在の③の場所に円形小屋を建てて暮らしていたが、ジャートゥーや次男の子どもが生まれて人数が増えたこともあり、②にジャートゥーの小屋、③

---

* 14　ペンキを塗装した小屋なども見られ、その場合の舗装の頻度は牛糞を使った塗り壁の場合よりも少なくなる。

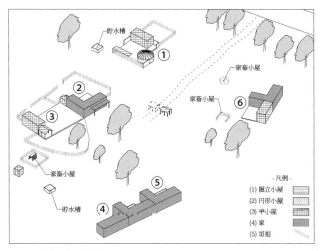

図3　A集落の住居配置

に次男の家[*15]、その後①にジャートゥーの両親と弟たちが暮らす小屋が建てられていった。

4　住居をめぐる実践

4-1　掘立小屋を動かす

　ジャートゥーの父親は、筆者が初めて出会った2014年の時点ですでに隠居生活を送っていた。彼は朝から煙管で紫煙を燻らせたり酒を飲んだり昼寝したりしながら、一日の大半を家の近くに生えた大きなバブール（babūl、学名 *Acacia nilotica*）の木陰に置いた鉄パイプ製のベッドで横になって過ごしている。ベッドは時間帯によって移り変わる日陰の位置や風の通りに合わせて移動させ、就寝時も1人だけ離れた場所にベッドを置いて眠る。

　新型コロナウイルス感染症の世界的流行以来、約3年ぶりとなる2022年の

＊15　家の建設はジャートゥーが2000年代にNGOで働いていた際、同団体のプログラムの一環で家の建設に対する資金援助を受けることができたことで可能となった。ジャートゥーは当時B集落で暮らしていたが、いずれ自身もA集落に帰って来るつもりであったからか、B集落に自分の家を建てることはせず、A集落の弟の住居の費用として手続きを行ったようである。

図4　支柱用の穴を掘る

8月に訪れたＡの集落でまず筆者の目に飛び込んできたのは、図3の①と⑥のあいだにある、以前には存在しなかった掘立小屋であった。どの家屋からも離れた場所に建てられていたことから、ジャートゥーの父親のために作られたものであるとすぐにわかった。話を聞くと、7月下旬から強風を伴う雨の日が続いたため、1週間ほど前に父親のために六男がこしらえたとのことであった。だが、経験が乏しい六男作の掘立小屋は屋根が高く雨風が入ってきやすかったことに加え、木の枝を結び合わせた骨組みの上にかけていたプラスチック製の天幕が強風でバサバサと激しい音を立てており、父親は「うるさくて眠れやしない」と日がな一日不満をこぼしていた。それが何日か続いたある日の夕方、ジャートゥーが突然元の掘立小屋のわずか30cm後方に別の掘立小屋を作り始めた。事前に父親に伝えていたわけではないらしく、父親はジャートゥーが支柱用の穴を掘っている最中にようやく自分の背後で長男が何かしていることに気が付いた。「何をしているんだ」と尋ねられたジャートゥーは、地面を掘る手を止めることなく顔をあげ、父親に向かって大声で「掘立小屋を動かすんだよ、こっちに (*jhonprī lavoi aṭṭe*)」と答えたのだった。とはいえ、それは文字通り掘立小屋を解体して後方に組み立て直すことを意味しない。なぜなら支柱や梁となる木の枝は、Ａ集落の正面の道路を横断した先の雑林から、ジャートゥーの次男が新たに切って運んできたものだったからである。この点については後で改めて触れることにして、掘立小屋の設営プロセスを続けて述べる。

　次男が木材を調達してくるあいだに、ジャートゥーはヤギの放牧から帰ってきた末息子や甥たちにも指示を出して、支柱を埋めるための深さ30cmほどの穴を左右に5か所ずつ、加えて一番端の列には、梁となる支柱を支えるための穴を2か所の穴の間に掘っていった（ジャートゥーの父親が気付いたのはこの時点である）。子どもたちは肩が地面につきそうな深さまで木の棒や鉄の棒を使って手で掘り進める必要があり、ジャートゥーよりも時間を要していた（図4）。

第10章　定住した移動民のモビリティ——北西インドに暮らすジョーギーの野営と住まい方

図5　支柱を埋めていく　　　　　　　図6　梁用の枝をビニール袋でひとつ
　　　　　　　　　　　　　　　　　にまとめ合わせて補強する

　さらに子どもたちが穴を掘っていた場所には、砂の下の粘土層のなかに大きな
石がいくつも埋まっており、それを取り出すために周辺一帯まで掘り返したり、
あるいは石が大きすぎて掘り出すのを諦め、穴の位置をずらしてもう一度掘り
直したりしたため一層時間がかかっていた。その作業中に次男が向かいの雑林
から切った枝を担いで戻ってきた。長さ約1.5〜2m、直径5、6cmほどの5
本ほどの枝であったが、なかには直径が1cmほどしかない枝や、2、3本に大
きく枝分かれしているものなど、様々な種類や形状のものが含まれていた。
　続く手順となるのが、次男が運んできた枝を支柱として埋めていく作業であ
る（図5）。その際には、掘ったときにすくい出した砂を戻し入れるだけではな
く、木の棒などを使って周囲の砂地を突き崩しながら固めることでより強度を
増すことができる。地面に水平に設置する屋根の梁は、今回は比較的太い枝を
2本合わせて用いることになった。ジャートゥーと次男は、2本の枝の長さや
反り具合などを吟味し、うまく結び合わせられそうかどうか何度も枝を取り換
えたり向きを逆さまにしたりして、もっとも良い組み合わせになるよう調整し
た。また、梁と垂直に結合させる両端の2本の支柱も、太くて丈夫そうな枝で、
かつ穴に埋めたときに高さが揃うものでなければならないため、十分に熟視し

第三部　探る／流動する——環境

て枝を選定し、地中に固定する必要がある。それ以外の支柱は、枝分かれした枝であってもそのまま地面に埋めたり、細い枝であれば数本まとめてひとつの穴に埋めたりして良いため、梁に比べるとほとんど吟味は必要ない。

　枝を地中に埋め終わると、ジャートゥーは梁に使った2本の枝を引っ付けるように手で押さえながら、次男と一緒にプラスチック製の頭陀袋を巻き付け、さらに上から紐でぐるぐる巻きにして一本の太い梁と同等の強度になるようにした（**図6**）。前述したように、木の枝は元の掘立小屋のものを一本も使わなかったにもかかわらず、このプラスチック製の頭陀袋は元の掘立小屋の梁に巻いてあったものを取り外して再利用していた。そのためこのときには元の掘立小屋は半壊状態となっており、父親はそこに置かれたベッドに変わらず座っていた。

　骨組みが完成した後は、ジャートゥーの三輪の軽トラックに使われていたプラスチック製の大きな天幕を上からかけ、紐を使って支柱に固定していく（**図7**）。最後に強度を上げるため、垂直に埋められた5つの支柱の真ん中の高さのところに、梁と同じ長さの枝を地面と水平に固定する。固定用の紐には、鉄パイプに巻いてベッドを作る太いビニール紐が流用された。

　以上が大まかな掘立小屋の設営プロセスである。ここにはいくつかの特徴が指摘できる。第1の特徴は、穴を掘る、支柱（として使えるもの）を地中に埋め込む、紐（として使えるもの）で支柱を固定するなど、それぞれの工程で、その過程に参与するひとりひとりの身体の特徴とそのとき扱う素材の形質とが呼応しながら対話的なプロセスで野営的な住居空間が作りだされていくという点である。事例においても、子どもたちが自分の手で穴を掘ってみて初めて石にぶつかり、さらにそれを取り出そうと掘り進めた結果、太刀打ちできないほど大きいものであることがわかったり、それが掘り出せそうなものだとわかって穴を掘る範囲を広げたりする、あるいは梁となる2本の枝を合わせてみて初めてそのペアでよいかどうかがわかり、向きを変えたり他の枝と組み合わせたりす

る、といった行動が観察された。掘立小屋の建設は、周囲の環境や使う素材との対話を通じて、素材を変化させようとしたり、あるいは素材に適応するように自分たちの身体や道具を用いた作業方法を変更したりする即興的な応答実践の繰り返しによって蛇行しながら進められる。

　第2の特徴は、家の材料となる石材やセメントに比べ、掘立小屋の材料には絶対的な用途がないという点である。ジャートゥーの事例でも、支柱や紐といった素材はそのような素材「として使えるもの」という補筆が必要となるほど、周囲にある使えそうなありとあらゆるものを使う様子が見られた。たとえば今回支柱として使われた植物の種類はアーク（*āk*、学名*Calotropis procera*）、バブールなどの灌木の枝であったが、どの木が良いのか、どれくらいの年数の枝が良いのか、どのパーツに使わなければいけないのかに関する決まりはなく、比較的丈夫で耐久性がある梁とそれを支えられる棒状のものという条件をクリアできれば、木の枝である必要さえない。また、木材を結合するための紐も、女性たちが頭から被る大きな一枚布をちぎって結んで紐状にしたものや、鉄製の枠に巻いてベッドを作るためのビニール製または布製の紐など、もとの用途とは無関係のものが使われていた。

　第3の特徴は、彼らがもとの掘立小屋を解体したにもかかわらず、再利用したのはごく一部の素材に留まっていた点である。前述したように、父親はジャートゥーが掘立小屋を作り直すことを事前に知らされていなかった。何をしているのかと尋ねられたジャートゥーは、「小屋を動かすんだよ」と答えているが、この言い方は不正確である。なぜなら、もとある掘立小屋を解体して移動させるのではなく、新たに用意した素材で別の掘立小屋を作っているからである。それにもかかわらず、新しく作るとは言わずに移動させるという言い方をしているのは、ジャートゥーとしては、新たに作っているのではなく、まさしく「（こちらへ）持って来る」という感覚にもとづいた実践だからだと考えられる。ジョーギーたちが野営で使う木の枝をその都度新しく手に入れるのが当然だと考えているのは、それが可能な世界に生きている、つまり彼らは「不毛な砂漠の大地」ではなく「素材にあふれた世界」の只中に生きているという感覚を持っていることを意味する。言い換えれば彼らのモビリティは、今現在

＊16　タール砂漠地域に広く見られる灌木のいくつかは、茎が徐々に木化して枝や幹になる。

＊17　他の集落のジョーギーの野営では、木の枝に交じって排水管やセメントでできた円筒などが使われていることがあった。

移動生活を送っているかどうかにかかわらず、それを可能にする木の枝や砂漠と粘土層からなる大地、女性たちが毎日身にまとう布といった素材にあふれた世界、すなわち彼らを取り囲む物質性によって担保され続けているのである。

ただし、ジョーギーたちが掘立小屋を作るために用いた様々な素材は、彼らが掘立小屋として配置したことで意味が付与され、ひとたび放置されれば意味や価値を失ってしまうようなものではないという点も付言しておきたい。たとえば六男が掘立小屋を作るために使った木の枝は、この先、雨風にさらされて乾燥したまま地中に埋もれたままかもしれないし、子どもたちが引っこ抜いて遊んだり、道を逸れた家畜を追い立てるために使うかもしれないし、雨がやんで木の枝の水分がすっかり乾ききってしまい、それを見た女性たちが薪として使うことになるかもしれない。つまり、一度手が加えられた素材であっても、天候や、それによって変化し続ける形質と、その変化を含めた周囲の環境のなかで喚起される「より良い」住まい方を目指すジョーギーたちの意図とが絡み合う動態的な実践のプロセスのなかに、素材として存在し続けるのである。[*18]

4-2　手が加えられ続ける家屋

ここまで見てきたように、ジョーギーたちの周囲の環境に対する感覚や向き合い方は、彼らの移動生活によって養われてきた視点や態度であり、それは定住した後にも野営づくりを通じて次世代へと受け継がれていた。さらにこうした実践は、必要であればすぐにでも移動生活を送れるという彼らの定住後の潜在的なモビリティを担保する機能も果たしていた。それでは同じ場所に家を建てて暮らすようになった現在、より頑丈な素材で作られた「小屋」や「家」などの定住生活と強い結びつきを持つ家屋においても、そうしたジョーギーの住まい方を見出すことはできるのだろうか。そのことを検討するために、以下では両親と六男一家が暮らす住居（図3の①）の事例を検討する。

①には、円形小屋と平小屋があり、平小屋の真横には家畜を囲うための大きな垣根が建てられている。[*19] 2つの小屋は、一家がA集落を離れて十年近く経ち、再び戻ってきた後に数年の間隔をあけながら円形小屋、平小屋の順で建てられた。筆者が2014年から2015年にかけて長期滞在していた時期には、①に両

＊18　人と周囲の環境との対話的で動態的なプロセスにおいて素材が素材として存在し続けることを主張したインゴルド［2011＝2021］の第2章も参照のこと。

＊19　ただし、10年ほど前に家畜の世話を担当するジャートゥーの母親が体力の衰えを理由にほとんどの家畜を手放したため、現在は一切使われていない。

第10章　定住した移動民のモビリティ——北西インドに暮らすジョーギーの野営と住まい方

親と未婚の五男、六男が一緒に暮らしていた。その際、円形小屋は食料や書類の保管場所兼調理場として使われており[*20]、五男や六男の結婚後1、2年のあいだは新婚夫婦の寝室としても使われていたが、2022年の時点ではほとんど使用されておらず、藁葺きの屋根の先端部分を留めているロープが緩んで藁の一部が室内に落下していたり、針金で留められていた木製の扉は両手で浮かすようにして持ち上げながら動かさなければ開かなくなっていたりと、朽廃が進んでいた。

平小屋については、2014年時点では入り口から内側に向かって左手に敷布団やシーツ、掛け布団などの寝具がベッドの上に高く積み上げられており、右手の隅にはヤギの飼料となる干し草が入った頭陀袋がいくつか置かれていた。こちらの家屋はトタン屋根であったため、藁葺の円形小屋よりも雨に強く、水に濡れると困る大きめの物品を保管する物置や倉庫として使われていたと言える。しかし2022年には円形小屋の荒廃が進んだためか、平小屋が調理場、居間、寝室、物置というすべての用途で使われていた[*21]。小屋は右側の壁が完全に取り払われており、床全体に厚さ15cmほどの砂が敷き詰められて、さながら公園の砂場で生活しているような状態であった。ジャートゥーの母親や六男の説明によると、雨季に入ってから毎日大雨が降り続けて床が浸水しかけたため、一時的な対処として壁を壊して砂を敷き詰め、床を15cmほど底上げしたのだという。壁が無くなり以前より外へ物理的に開かれた状態になっている室内では、相変わらず左の壁際に寝具が保管されていたものの、中央の扉を入った正面に簡易的なかまどが設置され、傍には焚き木が積まれ、その隣にベッドが置かれていた。そのため、乳児と幼児の世話をしながら焚き木の前で調理をする六男の妻以外は、人が通るスペースもほとんどない状態であった。

その後2023年の3月に行った調査では、取り払われていた平小屋の壁は新たにレンガで作り直されており、前回からさらに30cmほど床が底上げされセメントで固められていた。また、註20で言及したかまどは、家の外の垣根に沿って前回とは異なる向きに新たなものがレンガとセメントで作られていた。こうした変化について六男に言及したところ、彼は「この家は設計図を使って

---

* 20　円形小屋の内部のかまどの他に、平小屋の壁に面したかまどが作られており、どちらも日常的に使用されていた。
* 21　前述のように父親は隠居のような状態であるため①の敷地の外にベッドを置いて眠るが、①の敷地内では、六男一家が平小屋、母親が小屋の外にベッドを置いて寝るように分けられていた。

作っていないんだ（*nakśā se nahī̃ banāte haĩ*）」、と言い訳するような口調で告げた。「設計図を使って作ると、すべてが固定されているんだ（*sab fix hai*）。でもこの平小屋みたいに設計図を使わないものは、たとえば僕の子どもが大きくなって家を建てたくなったらあっちに動かすこともできるんだ」と言い、何度も手が加えられて変化する小屋の有り様について、その時々の必要性に応じてどうにでもできることを強調した。

　六男のこの発言は、先の事例でジャートゥーが父親に言った「小屋を動かす」という発言とも呼応する。たとえ石材やセメントといったより耐久性のある素材で作られた家屋であっても、壁を壊したり床に砂を敷き詰めたりなど、周囲の環境の変化によって絶えず変化し続ける住居を「より良いもの」にするために、彼らは即興的に手を加え続けていた。つまり、いくつかの素材が周囲にある物ではなく特定の用途のために購入されたものになったものの、ジョーギーたちの根底にある住まい方自体は大きく変わっていないのである。彼らにとって住居とは、それが掘立小屋であれ家であれ、常に五感を通じて知覚される周囲の環境に応じて、適応または抵抗するために周囲にあるものを柔軟に組み合わせて手を加えられる余白に満ちたものであり、まさしくその時その場で「住まうために建てる」ものなのである。それは、事前に練った計画に従って材料が揃えられ、建設され、完成後にそこで何をすべきかが最初から固定されてしまっているような「建てる視点」と対置される「野営的な住まい方」として表せるだろう。一見すると定住したように見える彼らの居住実践であっても、その根底には「野営的な住まい方」が存在する。周囲の環境に備わる物質性によって支えられた彼らのモビリティは、野営的／定住的に関係なく、いかなる居住様式においても、彼らの「住まい方」を通して絶えず発露し続けているのである。

5　おわりに：変わり続ける住居空間と変わらない住まい方

　本章では、ジャイサルメール県A集落を拠点とするジャートゥー一家の事例をもとに、ジョーギーたちの住居空間とそこでの住まい方について検討してきた。40年ほど前から村の共有地に住み着いていったジョーギーたちが、家を建てて賃金労働に従事するという「定住生活」を目指すようになったのは、彼らのあいだで「定住中心イデオロギー」の価値観が浸透しつつあることに加

えて、「家」という耐久性の高い住居の存在により、彼らがこの先もそこに暮らしていくことを物理的かつ法的に担保することができるためでもある。その一方で、ジャートゥー一家が暮らすA集落の事例から浮かび上がってきたのは、小屋や家という住居形態の変化に応じたジョーギーたちの住居空間に対する身構えや行動の変化というよりは、むしろその根幹を支える彼らの一貫した住まい方であった。これは明白にインゴルドの「住まう視点」に呼応するものであるが、それをジョーギーたちの住居をめぐる実際の実践に即して説明すると次のように言えるだろう。

ジョーギーたちの「住まう視点」とは、数か月から数年をかけて材料を買い集めて少しずつ建設を進め、一度完成させれば周囲からの影響を一切受けずに済むような「家」ではなく、周囲にあるものを使って数時間で作り上げられ、いずれさらに手が加えられるか放棄される「野営」に強く結びついた住居に対する感覚や身構えとして捉えられる。[*22] それはまた、身の回りにあるものを使ってその都度のアドホックな住居空間の生成やアレンジを通じて周囲の環境や用いた素材の形状に変化を生じさせ、さらにそれが時間の経過とともに次なる「今よりは良い」住居空間の生成の試みを生じさせるという動態的なプロセスにおいて理解されるべきものである。

本章で検討した事例から見えてくるジョーギーたちの「野営的な住まい方」の本質は、綿密な計画や図面に従って完璧な住居空間の構築を目指す実践とは対極の、即興的で場当たり的な「今よりは良い」住居空間を目指した周囲の環境への応答実践にある。彼らは、所有物を含む周囲に存在する物を使っていつでも作り出したり、解体したり、放棄したりしながら、余白のない「定住中心主義」に絡め取られてしまうことのないモビリティを一貫して有している。とはいえこうしたジョーギーたちの「住まい方」は、彼らが砂漠を生き抜くスペシャリストであるが故に備わった特殊な感覚であることを意味しない。むしろ私たちの普段の生活の端々にも、住居空間をめぐるその都度の創意工夫が見られることに目を向けてみることが肝要である。本章の事例は、「定住中心イデオロギー」やそれと呼応する「建てる視点」に埋没して見えづらくなっているものの、確かに存在する私たちの「野営的な住まい方」を喚起し、そこから自

---

* 22　たとえ設計図にもとづく家の建設であっても、石の選び方や成形、積み方、窓や戸棚の配置など、ひとつひとつの過程に注目すれば、ジョーギーたちの野営的な住まい方や身構えを見出すことができるだろう。

分たちの生きる世界のあり方を、素材にあふれた豊かなものとして捉え直す機
会を与えてくれるだろう。

参照文献

オークリー, J. 1986『旅するジプシーの人類学』木内信敬訳 晶文社.

喜田川たまき 2020「タール砂漠」日本沙漠学会編『沙漠学事典』丸善出版.

國分功一郎 2015『暇と退屈の倫理学』（増補新版）太田出版.

左地亮子 2017『現代フランスを生きるジプシー――旅に住まうマヌーシュと共同性の人
　　類学』世界思想社.

中野歩美 2018「北インドにおける婚資婚再考――ラージャスターン州西部に暮らす
　　ジョーギーの姻戚関係を事例に」『国立民族学博物館研究報告』42(3): 270–321.

―― 2022「複数の生活拠点をつくること――インド北西部の移動民と「定住」実践」三
　　尾稔編『南アジアの新しい波　上巻』昭和堂 pp. 79–98.

西田正規 2007『人類史のなかの定住革命』講談社.

ハイデガー（ハイデッガー）, M. 2008a「建てる・住まう・考える」(1951) 中村貴志訳・
　　編『ハイデッガーの建築論――建てる・住まう・考える』中央公論美術出版 pp.
　　1–82.

―― 2008b「詩人のように人間は住まう」(1951)『哲学者の語る建築――ハイデガー、
　　オルテガ、ペゲラー、アドルノ』伊藤哲夫・水田一征編・訳 中央公論美術出版
　　pp. 5–44.

藤川美代子 2017『水上に住まう――中国福建・連家船漁民の民族誌』風響社.

丸山淳子 2010『変化を生き抜くブッシュマン――開発政策と先住民運動のはざまで』世
　　界思想社.

Barth, F. 1987. Preface. In A. Rao (ed) *The Other Nomads: Peripatetic Minorities in
　　Cross-Cultural Perspective*. Cologne: Böhlau.

Berland, J. 1983. Peripatetic Strategies in South Asia, Skills as a Capital among
　　Nomadic Artisans and Entertainers. *Nomadic Peoples* 13: 17–34.

Bharucha, R. 2003. *Rajasthan an Oral History: Conversation with Komal Kothari*.
　　Penguin Books.

Bhati, T. K., K. Shalander, H. Amare & A. M. Whitbread 2017. *Assessment of
　　Agricultural Technologies for Dryland Systems in South Asia: A Case Study of Western*

第 10 章　定住した移動民のモビリティ――北西インドに暮らすジョーギーの野営と住まい方

Rajasthan, India. International Crops Research Institute for the Semi-Arid Tropics.

Ingold, T. 2000. *The Perception of the Environment: Essays on Livelihood, Dwelling and Skill.* Routledge.

—— 2011. *Being Alive: Essays on Movement, Knowledge and Description.* Routledge. (＝インゴルド, T. 2021『生きていること――動く、知る、記述する』柴田崇ほか訳 左右社.)

第11章　難民移動とポリティクス
——逃避と越境における南スーダン人の
身体、感覚、滞留

村橋勲

1　はじめに

　昨今のモビリティへの学術的な注目によって、人やモノの移動に焦点が当た
る一方、境界、場所、領土といった滞留に関連する概念は過去のものになった
のだろうか。たとえば自動車の移動は、道路という固定されたインフラと車輪
との接触によって初めて可能になるように、移動とは時に不動のモノとの連関
から生まれている。また、国境を越える移動は、国境や境界をそなえた国民国
家という枠組みを前提として初めて可視化される。実際のところ、移動やグ
ローバルなつながりを生み出すプロセスは、同時に、不動、排除、切断といっ
た概念で示される事象を引き起こしてもいる。

　ティム・クレスウェル［2014］は、モビリティを前景化するアプローチは、
むしろそれによって生じる摩擦（friction）を際立たせることになると主張する[*1]。
これをグローバルなヒト、モノ、アイデアの移動性の高まりと、それを望まし
くないと捉える国家や制度によって移動が抑制、減速させられている現代の国
際移動の状況に置き換えて考えてみよう。一方では、人やモノの移動を加速化
させるインフラや移動技術の発展がみられるが、他方では、人やモノの移動を
抑制、減速させるシステムの構築も進んでおり、様々な摩擦を生んでいる。

　近年、こうした摩擦がもっとも熱を帯びるのは、強制移動がもたらす場であ

＊1　摩擦という概念は、「人やモノがいつ、どのように止まるのか」あるいは「モビリティは
　　いかなる摩擦を経験するのか」という問い、を指す［Cresswell 2010: 26］。

ろう。なぜなら、強制移動は、個人や家族の生存と安全に向けた人々の移動と、国民という秩序を維持しようとする国家の理念とが鋭くせめぎあう状況を作り出すからである。

従来の強制移動研究では、移動を余儀なくさせられた人々のエージェンシーが議論の対象となってきた。難民研究は、当初から、難民を無力で救いのない人々として描くことを批判し、移動者の選択やイニシアチブに注目してきた [Turton 2003; Bakewell 2011]。こうした批判は、人道支援の言説において強調される犠牲者という状態から強制移動民を解き放ち、彼らもまた何らかの目的をもったアクターであると捉えることを可能にした。事実、逃避民は、やみくもに国境を目指しているわけではなく、不確かでありながら、周辺国で受けられる親族や公的な支援を求めて、あるいは、教育を受けるという特定の願望を実現するために国境を越えるリスクをおかしている。

しかし、従来の強制移動におけるエージェンシーをめぐる議論は、移動する人間のエージェンシーだけが問題とされており、移動の途上で用いられるモノや、移動を可能にするインフラ、そして地球物理的な意味での環境といった非－人間的アクターまでを包括的に捉えてきたわけではなかった。つまり、強制移動を、移動を媒介する乗り物、インフラ、環境との連関から捉える視点を持ちあわせてはいなかった。

それに対し、最近では、乗り物、インフラ、自然環境がいかに人の移動を可能／不可能にするか、移動の途上で人とモノとがどのように生成変化するのか、移動の過程でモノが帯びる特質とは何かといったように、強制移動を移動者と彼らの移動を媒介したり、制約したりする物質的なモノとの絡まりあいから捉え直そうとする新たな視点が注目を集めている [Hamilakis (ed) 2018; Yi-Neuman et al. 2022]。

こうしたモビリティ研究とマテリアリティ研究を架橋する新たな議論を踏まえつつ、本章では、内戦下で難民キャンプを目指して国境を越える南スーダン人の身体的な経験と移動を管理する物質的なモノに注目し、避難民の逃避／越境と乗り物、インフラ、地球物理的な環境とが絡まりあう諸相を考察する。それは、たとえば次のような問いにつながるだろう。

＊2　強制移動民という用語は、国際的な難民体制のなかで確立された「伝統的な」難民だけではなく、近年、増加傾向にあり、とりわけ先進国において社会問題と捉えられている非正規に国境や境界を越えようとする人々を含むものとする。

避難民は、彼らの逃避を媒介する乗り物、経路とインフラ、環境といった非
－人間的アクターの布置に応じて、どのような身体的感覚を経験するのか。避
難民の間で乗り物や交通インフラへのアクセスはどのように分配されているか。
国境や難民キャンプは、移動を抑止、減速されるいかなるシステムを持ち、そ
こではいかなる摩擦が生じているのか。

　序論で述べられているように、近年のモビリティ研究の関心は、主に西洋近
代の都市空間や近代的な乗り物やネットワークに向かう傾向がある。しかし、
そもそも移動という実践が人間にとって例外的でないのであれば、様々な時代、
地域における移動の様式とその今日的変容について記述する必要があるだろう。

　そこで、本章では、アフリカの一地域における難民の逃避と越境経験を、
2010年代以降においてグローバルな関心を集めるようになった先進国に向か
う非正規移民・難民の移動／越境経験と比較してみたい。

2　国際移住と経由政治

　今日、グローバル化の拡大とともに、ますます多くの人々が国境を越えるよ
うになっている。国際移住は何世紀にもわたる長い歴史があるが、2010年以
降、衆目を集めたのは、国境を越えてヨーロッパやアメリカ合衆国を目指そう
とする移民・難民の移動である。国際移住においては、移民労働者、ディアス
ポラ、戦争難民といったグローバル・サウスからグローバル・ノースへの人口
移動が、とりわけ彼らが目指す目的地となる国家にとって「危機」として捉え
られた。

　移動論的転回において主導的な役割を果たす社会学者ジョン・アーリ
[2015] が指摘するように、国際移住のなかには、観光やビジネスといったよ
うに主として市場経済の論理に基づいて自発的に行われる移動がみられる一方、
突発的な災害、紛争、大規模開発、貧困という社会的条件の下、やむをえず行
われる移動がある。ジグムント・バウマン [1998] の言葉を借りれば、前者は、
旅行者（tourists）、後者は、放浪者（vagabonds）の隠喩を用いて対比的に表現
することができるだろう。前者は、国境を自由自在に飛び越え、移動先でも十
分に満足な生活が準備されているグローバル・エリートであり、後者は、非正
規移民や難民のような、自由を奪われ、移動先が自分たちを受け入れてくれる
かどうかも確かではないまま漂流する流浪の民である [バウマン 1998: 129–

131]。いずれも国境を越えて移動する人々だが、両者の間には、自由に越境できる能力において歴然とした違いがある。さらに言えば、越境する移動者の能力だけでなく、彼らの移動を媒介する非－人間的アクターへのアクセスの頻度や度合いも異なる。

　近代社会において、人の移動における重要な輸送手段やインフラと言えば、自動車、船、鉄道、飛行機が代表的であり、これらの乗り物の移動を可能にする道路、港、駅、空港といったインフラが想起される。こうした乗り物やインフラが時間と空間の圧縮をもたらし、ビジネス、長距離貿易、旅行、留学、移民労働といった人々の国際移動を実現可能にしたが、近年では、非正規移民や難民といった国際移動の正規のルートから排除された人々の密航においても重要な役割を果たしている。

　ウィリアム・ウォルターズ［2015, 2022］は、経由政治（viapolitics）という術語を作り、人と人が生み出した環境やモノとの相互作用のなかで移民・難民という社会現象を考察するという新たな視点を提示した。経由政治とは、移動する人々と、乗り物、ネットワーク化されたインフラ、地球物理的環境との間の、生々しく、時に暴力的な相互作用が生まれる状況、いわば移動者とそれを取り囲む物質的なモノとがせめぎ合い、絡みあう状況を指す[*3]［Walters 2022: 7］。彼は、経由政治という概念を用いることで、移動を制御、管理しようとする国家からではなく、移動しつつある人々の視点から移動を捉えることを企図している［Walters 2015］。乗り物、道路やインフラ、国境地帯の景観は、国境のフェンスや移民一時収容所と同じように、国境の監視や警備の対象となり、また、それを媒介するアクターでもあり、多くの移民・難民の死を招く結果をもたらしている。したがって、乗り物、インフラ、環境といった移動を媒介する様々なモノは、移動する人々にとって中立的な存在ではなく、それ自体が移動を抑止し、移動者を拘束する力を発揮することになる。

　経由政治の概念は、移動における人と非－人間的なアクターとの絡まりあいを明らかにする点で有用であるが、主な関心は、グローバル・サウスからグローバル・ノースへの移民・難民の逃避／越境経験や、先進国と発展途上国を分ける国境とそこでの出入国管理に向けられている。そのため、グローバル・サウスの人々がどのように移動を身体的に経験し、途上国間の国境がいかなる

＊3　経由政治は、ミシェル・フーコーの生政治の概念に着想を得ている。生政治とは、人間の生が権力と知の対象となり、政治的な計算と介入の場になる統治の様態を指す。

第11章　難民移動とポリティクス──逃避と越境における南スーダン人の身体、感覚、滞留

機能を果たしているかについては十分に取り上げられていない。また、乗り物やインフラ、自然環境も両者では大きく異なる。

　そこで、本章では、見落とされがちなグローバル・サウスにおける難民の逃避／越境経験と国境の空間的実践を事例として、人間とモノとの相互作用とそれもたらす感覚や経験について考察する。

3　踏みならされた逃避の跡

3-1　逃避と越境の軌跡

　はじめに19世紀以降の南スーダンでは、逃避と越境が常態化する社会的状況が生み出されていることを示しておきたい。難民経験は、緊急事態における1回限りの出来事と捉えられることが多いが、南スーダンのように紛争、疫病、飢饉といった人々の生存を脅かす危機が複合的に発生する地域では、逃避と越境は、偶発的ではあるが、繰り返され、今後も起こりうる出来事として捉えることができるだろう。

　南スーダンにアラブ人が初めて到達したのは19世紀半ばである。それ以降、アラブ人やヨーロッパ人の商人、キリスト教の宣教師、ヨーロッパ人探検家、植民地主義者たちが、それぞれナイル川を遡上し、南スーダンに分け入った。南スーダンは、アフリカ内陸部への交易拡張を目指すヨーロッパやアラブの商人にとってのフロンティアであった。外部との接触は、南スーダンに様々な商品だけでなく、キリスト教、教育、医療といった近代的なシステムをもたらした。一方、外部との接触はしばしば暴力的で、奴隷交易、牛疫、干ばつと飢饉などにより、人口と財産は失われ、人々は離散した。

　最終的にスーダンとウガンダの国境が現在のかたちで引かれたのは1914年である。それまでの間、何度か国境は引き直され、ウガンダとの国境に接する地域は、コンゴ自由国、ベルギー領コンゴ、イギリス＝エジプト共同統治スーダン、ウガンダ保護領など異なる国家に分割され、統治された。20世紀前半の植民地期において、スーダン南部からウガンダ北部に及ぶ地域は、政治的に

＊4　1885年にベルリン会議で承認され、1908年にベルギー政府の直轄地になるまで存在した。実質的には、ベルギー国王レオポルドⅡ世の私領地と言える。領域としては現在のコンゴ民主共和国に重なる。

周縁化され、経済的に未開発なままであり、国境がローカルな共同体の分断に決定的な役割を果たしたわけではなかった。この地域は、脱植民地期においても国家に十分に統治されることはなく、長期に及ぶ紛争からの逃避と越境により、国境を挟む地域において人口の流動性は高かった。

　第一次スーダン内戦下の1960年代、南スーダン人は国境を越えてウガンダやコンゴ民主共和国（DRC）に避難することはあったが、彼らが必ずしも難民キャンプを目指していたわけではなかった。当時、故郷を追われた人々は、まず集落に近い原野（ブッシュ）、湿原、山といった僻地に一時的に身を隠した。場合によっては、集落全体をより安全な僻地に移すこともあった。こうした僻地は、政府や軍隊が容易に近づくことができないため避難所として、また、スーダン政府軍に対する反政府ゲリラの抵抗の場として利用された。一方、ウガンダへは国境付近の南スーダン人が避難したが、難民キャンプに入った者は、ウガンダへ越境したすべての人口の半分に満たず、彼らの多くは難民登録を行わなかった。そして、ウガンダの地方都市や農村地域で親族の元に身を寄せ、自給的な農業を行いながら、サトウキビ農園、製材所、木綿工場の労働力となった［Murahashi 2022］。

　第二次スーダン内戦期の1980年代後半から2000年代初頭にかけて、エチオピア、ウガンダ、ケニアの難民キャンプに多くの越境者が逃げのびてきた。彼らは食料と水を得て生きのびるため、そして教育や医療などのサービスを確保するために難民キャンプを目指した。幼い子どもを含めた数万人の南スーダン人が、故郷から百数十から数百kmの距離を広大な原野のなかを歩き続け、エチオピア、ケニア、ウガンダなどに避難した。国境を越えて難民キャンプにたどり着くまでに、多くの苦痛と夥しい数の犠牲がともなった。戦闘や空爆に巻き込まれ、反政府ゲリラに徴兵されるなどの死と隣り合わせの経験をしながら、数年かけて難民キャンプにたどり着く子どもたちもいた。

　逃避と越境は、2012年末以降の南スーダン内戦でも繰り返された［村橋2021］。しかし、過去の内戦と比べて顕著な傾向は、国外に流出する人口の規模が拡大し、移動の速度が増加したことである。2016年7月に発生した南スーダンの首都ジュバにおける政府軍と反政府軍の武力衝突後には、南スーダンからウガンダに大規模な人口流出が発生した。平均して一日に数千人が国境を越え、わずか1年で数十万人近い南スーダン人がウガンダで難民登録を行った。さらに、故郷を追われ国内外に避難した人々の数は、南スーダンの人口の約3分の1にあたる約400万人に上る（図1）。

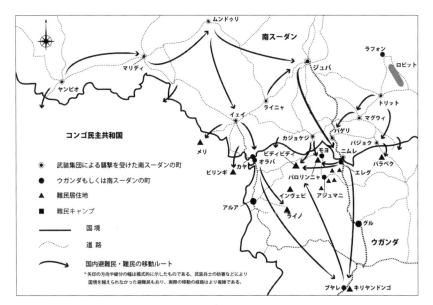

図1　2016年7月以降の南スーダンからウガンダへの逃避と越境の経路（筆者作成）

　国境地帯における南スーダン人の逃避の経路を示したこの図をみると、人々の移動経路が模式的に示されているため、直線的に移動しているように見えるが、実際の逃避経路はジグザグで、同じ道を行ったり来たりすることもある。なかには、「人生で3回、難民となった」話をする南スーダン人もいるように、一生という時間のなかで逃避と帰還のサイクルが反復されることも珍しくない。こうした状況を考えると、南スーダン人にとって、「生存と安全のために逃散することは、危機に対して社会や個人がとる歴史的な伝統」［栗本 2017: 75］と言っても過言ではない。

3-2　方法と場所

　人類学的フィールドワークでは、インフォーマントと日常的に行動をともにし、参与観察することで収集した資料をもとにすることが求められるが、紛争下で人目につかず移動する人々の経験を私がそのまま体験することはできない。そのため、主な調査方法としては、移動の経験について聞き取り調査を行い、人々の移動の軌跡、移動中の景観、身体的経験などを復元していく手法が考えられる。また、最近では、考古学的手法によって移民・難民が残す物質的な痕

跡から移動と経路との関係を明らかにしようとする研究もみられる［Hamilakis (ed) 2018; Hicks & Mallet 2019］。

　過去の内戦において、南スーダン人がどのような逃避／越境体験をしたかを具体的に知ることができる資料は少ない。また、調査地の制約のため、実際の逃避経路に物質的な痕跡を見つけ出すことも困難である。そのなかで、*They Poured Fire on Us From the Sky*［Deng et al. 2005］は、著者のアレフォンシオン・デンらが、幼少期の逃避体験を記した自伝であり、当時の逃避／越境の実態を知る貴重な資料でもある。本書は、現在の南スーダンの西部に暮らしていたディンカ人一家の子どもたちが、1987年にスーダン政府軍の襲撃により故郷を追われ、ケニア北西部に設立されたカクマ難民キャンプへと避難し、アメリカ合衆国に再定住するまでの苦痛に満ちた旅路と生活を描いている。主人公3人の独白に沿って逃避中に遭遇した出来事や感覚について詳細に記述されており、一人称の語りによる民族誌的手記として読むこともできる。

　もうひとつは、筆者の調査地であるキリヤンドンゴ難民居住地に暮らす難民から得た証言である。彼らの多くはウガンダとの国境に近い地域に暮らしており、ここでは2013年以降の逃避と越境の経験について聞き取り調査を行った。彼らの多くは、学生や難民としてウガンダで育った経験があるため、過去の難民経験との比較が逃避と越境における近年の変化について必要な情報を提供してくれる。[*5]

4　逃避における身体、環境、乗り物

4-1　徒歩による逃避と身体経験

　ここでは、人々がどのような手段で国境まで／を越えて移動したかに関して、第二次スーダン内戦期と最近の南スーダン紛争とを比較する。2013年から2018年にかけての大規模な人口流出の要因のひとつとして紛争による暴力だけでなく移動手段が多様化したことをあげることができる。かつては徒歩で国境を越えるしかなかったが、今日では徒歩だけでなく、車やトラックなどの乗り物も使われるようになった。とはいえ、いかなる紛争でも、逃避は政府の監

＊5　筆者が収集した難民の証言については、個人情報保護のためインフォーマントの身元が判別できない形で使用する。

視や兵士の尾行を避けながら行われるため複雑な経路をたどる。

　まず、徒歩での逃避において、身体が多感覚的に環境や動物と相互作用するあり方を示したい。上記のデンの著作に登場する子どもたちは、「アラブの男たち」に追われ、故郷から逃げ出した後、川やブッシュを越え、数千キロ離れたエチオピアを目指す逃避行を始める。この旅のなかで、もっとも死亡する危険性が高いのは、徒歩で砂漠やブッシュを越える時である。たとえば、ナイル川を越えてからエチオピア国境まで続くアジャカジールと呼ばれる砂漠は、乾季に入ると雨はまったく降らず、草は枯れ、川は干上がり、目の前に広がるのは太陽とどこまでも続く荒野だけになる。子どもたちは、反乱軍の兵士たちに付き添われ、難民キャンプがあるエチオピアの国境まで、砂漠を歩いて越えなければならない。暑さを避けるために夜に移動するが、食べ物も水もないため、疲労と飢渇によって次々と人が倒れていく。たとえば、以下の場面は砂漠という環境の苛酷さをよく表している。

> すべてが静まり返っていた。近くの大きなタマリンドの木の下にたくさんの頭蓋骨が群れをなしていた。1人の兵士が言った。「あれは頭蓋骨の木だ。ここには、木陰で休もうとしたが、旅を続けるために2度と立ち上がることがなかった多くの人たちのありとあらゆるたぐいの骨がある」[Deng et al. 2005: 80]

> 私は砂漠を大きな集団と一緒に歩いた。人が突然、倒れることがあった。最初、私たちは倒れた人は起き上がって、また一緒に歩くのだろうと思っていた。でも人が倒れた時、大人たちはこう言った。「歩き続けろ。倒れたら、もう起き上がることはない。おしまいだ。彼は死んだ」[Deng et al. 2005: 83]

　途中の集落での休憩を含めると、ナイル川を越えてからエチオピア国境までは徒歩で1週間以上かかる行程である。行く手には、無人の広大な乾燥した大地が広がっている。この砂漠越えは、一日で20人近い人々が命を落とす「死の行軍」であった。わずかな手がかりを頼りに道なき道を進みながら、あちらこちらで死の痕跡を目にした子どもたちは、彼らの死が残した情報から、わずかでも生存率が高まる方法を経験的に理解していく。

　たとえば、行動食として持ち歩くラッカセイやゴマは喉の渇きを悪化させて

しまうこと、水がまったく見つからないときは自分の尿を飲むこと、また、日中に歩き疲れて日陰で眠るとそのまま意識が戻らなくなることが多いので、睡魔に負けず歩き続けた方が生きのびる確率が高まる、といったことである。

　人々に死をもたらすのは苛酷な環境だけではない。ライオン、ヘビ、ヒョウ、ハイエナ、ハゲタカなどの野生動物も衰弱した人間にとっては致命的な存在になる。ニャンジュアンと呼ばれる小さなライオンに襲撃される場面は、野生動物との遭遇がいかに恐ろしいものかを示している。

　　　ある晩、ニャンジュアンが寝ている時にやってきた。すぐそばで寝ている子どもを連れ去った。私は「助けて、助けて」と泣き叫んだ。目にしたのは、その子の影と、暗闇に消えていく時の彼の最後の叫び声だけだった。朝、私たちは血、手、足、頭といった彼の体の一部を見つけた。目はすっかり抉られていた。ニャンジュアンが人を食べる時、目を抉り出し、内臓や腹を食べ、足と手だけ残していくので誰だかわからない。目のない人間は恐ろしい見映えだ。[Deng et al. 2005: 115]

　砂漠で倒れる人々を待ち受けるのはハゲタカである。人の死肉を食べたハゲタカは、草地に弱った人々が座りこむと、そばに降りてきて、静かに彼らが死ぬのを待つようになるため、子どもたちはハゲタカを恐れるようになる。

　子どもたちは逃避の途中で離れ離れになるが、通りすがりの給水車や軍用トラックに乗り込んだり、地元の人に保護されたりしながら、国境に近いエチオピアの難民キャンプにたどり着く。しかし、エチオピアに到着した子どもたちに平和な日々が来ることはなかった。1991年に社会主義政権を転覆したエチオピア政府の軍隊は、前政権が支援する南スーダンの反政府ゲリラが難民キャンプに潜伏していると考え、難民キャンプを奇襲した。それにより、多くの難民が殺害され、かろうじて川を渡って対岸の南スーダンに戻った者も離れ離れとなり、南スーダンの原野をさまよい続けた。その後、それぞれの子どもが、別々の経路でケニア国境を越えて、カクマ難民キャンプで再会することになる。故郷の集落を追われてからじつに5年以上の月日が経っていた。

　この間、彼らは、暑さ、飢え、病気、銃撃、地雷、空爆、盗賊の襲撃など様々な出来事に遭遇し、人々が倒れ、吹きとび、引き裂かれながら死んでいくのを目撃する。人間として堪えうる苦難の極限に置かれた時、子どもたちは自分が動物のような存在になることを実感する。本書では、動物の隠喩が数多く

用いられているが、とりわけ人間を動物へと変えるのは飢えである。デンによれば、飢えは人を牛のような動物に変え、「地面に穀物が落ちていたら、何も考えずにそこに行ってただ食べる」[Deng et al. 2005: 180] だけの存在にする。また、何度も襲う飢えをとおして、子どもたちは食べ物を分けあうことを学んでいく。「ちょっとした食べ物でも他の子に分けてあげないと気が落ち着かない」感覚を抱き始める。

　南スーダンにおいて、徒歩による逃避は、人間が活動する共同体の領域を越え、野生動物が支配する原野に踏み入るすることを意味する。それは、苦痛と不安を伴うものであり、苛酷な自然環境や野生動物がもたらす死の危険と隣り合わせである。しかし、数年にわたる逃避行は、自己が別の人間や動物という存在へと生成変化する過程でもあり、身体的経験をとおして原野を生きのびる術を体得することにもつながっていく。

4-2　モビリティの多様化と格差

　2013年以降の南スーダンの紛争では避難民の移動手段が多様化している。それでも多くの避難民が徒歩で逃避してはいるが、トラック、乗合バス、自家用車、自動二輪などの車が逃避の際の新たな移動手段となりつつある。たとえば、1990年代にウガンダで難民となったことのある南スーダン人男性は、当時との違いを次のように振り返る。

> 1990年代は1台も車がなかったので車で国境まで移動することはできなかった。たとえ一般の市民が乗っていたとしても、南スーダンの解放軍は車に乗っている者はスーダン政府に通じている者とみなし、車による陸路の移動を許可していなかった。そのため、当時は（南スーダンの南部にある）故郷の村から国境を越えてウガンダに着くまで3か月かかった。しかし、今回は車で首都ジュバからウガンダまで逃げた。ジュバからウガンダ国境までトラックで3日、国境越えは兵士がいる幹線道路を避けるため徒歩で3日、国境をこえた後はウガンダの難民居住地まで車で2日だった。

　彼によれば、幹線道路は南スーダン政府軍の兵士が見張っていたため、多くの人々は幹線道路を避け、夜間に徒歩で国境を越えようとした。そのため、車での移動は国境まで早く着くが、政府軍に見つかりやすいというリスクもあった。

最近の移動手段の多様化や携帯電話の普及により、国境まで逃げる時間は1990年代より短縮され、目的地までの経路もより確かなものになった。これは、バイクや自家用車、ミニバスなどが逃避する際に使われるようになったこと、また、携帯電話の普及により、先に国境を越えた者が、後から来る避難者に経路や場所についての情報を提供できる機会が増えたことによる。

　ウガンダ国境近くの町に住む女性は、2016年に政府軍兵士による突然の襲撃で夫が殺害された後、弟といっしょにトラックに乗って国境の町まで移動した。当時、彼女は妊娠しており、徒歩で逃げることは難しかった。なお、彼女は幼い時にも両親とウガンダに逃げており、ウガンダの難民居住地で育っているが、幼い頃の逃避経験は記憶にはない。

　21世紀に入り、移動手段が多様化し、故郷から国境を越えて難民居住地まで数週間で辿り着く難民も多い。1990年代の逃避してきた南スーダン人のなかには、乗り合いバスや自家用車で難民居住地に来た難民を指して「彼らは本当の難民ではなく観光客だ」と苦々しく話すことがある。ここで彼らが言う「本当の難民」とは数か月あるいは数年かけた徒歩での旅、それに伴う身体的な苦痛を経験した者たちを指している。断っておくが、最近の南スーダン難民も故郷における凄惨な暴力から逃れてきたという点においては、1990年代の難民と変わりない。ただ、当時の難民にとっては、いかなる理由で逃げたかよりも、どのような方法で逃げたかかが「真の難民」と「観光者」とを分ける判断基準となっているのである（cf. **第1章土井論文**）。[*6]

　こうした対比的な表現は、バウマン［1998］の旅行者と放浪者の隠喩を想起させる。ここでは、放浪者の隠喩が非正規移民や難民を包含する言葉として用いられているが、南スーダン人の逃避経験を個別にみれば、均質な経験をしているように見える避難民のなかでさえ、かつてと今、そして、財産、地位、ジェンダー、ネットワークの違いが移動手段へのアクセスに差異をもたらす。移動手段の多様化は、異なる身体経験を人々にもたらすようになっただけでなく、その手段へのアクセスの分配における格差をもたらしている。

　たとえば、夜、人目を盗んで原野を徒歩で逃げる者は、自家用車で国境に逃

＊6　土井論文では、サンティアゴを徒歩で目指す者は「巡礼者」、目的地は同じでも交通機関を使う者は「観光客」と呼ばれているが、この対比は、「真の難民」と「観光客」の境界が主に彼らの移動方法にある点と類似する。「巡礼者」や「真の難民」の共通点は、両者が「観光客」より不確かな経路を徒歩で進み、その途上で様々な身体的苦痛を経験するところにあると言えよう。

げる者よりも苦痛と恐怖に満ちた逃避を体験するだろう。また、ウガンダに避難した後でも、財産、地位、ネットワークを持つ者はより頻繁に移動する傾向がある。都市に暮らす比較的、富裕な親族に身を寄せたり、海外からの送金を頼りにしたりできる者は、難民居住地を頻繁に離れる一方、無一文で身寄りがない者は、不十分にしか配給されない食料や物資だけを頼りに数十年に及ぶ難民キャンプでの生活を余儀なくされる。

5　国境と遍在化する境界

5-1　移動を抑制、減速するシステム

　紛争から逃れる人々の移動を抑制、減速させるのは国境やそれに準じた様々な境界である。国境や境界は、経路、移動手段、ビザなどの渡航書類によって越境者に異なる経験をもたらすだけでなく、人種、国籍、エスニシティ、ジェンダー、年齢など越境者のアイデンティティに応じて、通過を許可したり、移動を減速、停止させたりするシステムである。

　それでは、紛争国周辺の国境や境界では、どのようなシステムが作り出され、いかにして人の移動を管理しているのか。ここでは、南スーダン−ウガンダ国境や難民居住地における難民の受け入れシステムを例にあげる。

　歴史的にみて、南スーダンとウガンダとの国境は透過性が高く、地元住民は、修学、交易、訪問などの目的で比較的、容易に国境を越えている。第二次スーダン内戦の終結後、両国の政治経済的な関係性が強化されたことで、トラックや長距離バスが主要幹線道路を利用して人や商品を日々、運んでいる。両国の首都をむすぶ主要幹線道路には、南スーダン川の国境の町、ニムレ（Nimule）とウガンダ側の国境の町、エレグ（Elegu）があり、どちらの町にも検問所が設置されている。国境線はこの2つの町の間に引かれているが、壁やフェンスなど堅固な障害物で区切られているわけではなく、ゲート以外に物理的な構造物はほとんどない。

　しかし、ひとたび紛争が発生すると、国境は集団越境というスペクタルを演じる舞台となる。とはいえ、難民の証言によれば、国境を越える際の危険性は、国内の原野を移動することと比較すると、相対的に高くないだろう。政府軍から逃れる避難民は、政府軍が支配する主要な幹線道路や国境の検問所を迂回し、警備が手薄なローカルな国境を抜けてウガンダに避難する。また、交易や輸送

などで利用されるローカルな国境の周辺は反乱軍の支配下にある場合もある。こうした場合、避難民は、より危険性が低いと思われる国境を通過することを選択する。多くの難民の証言によれば、ウガンダとの国境ではほとんど足止めされることはなかったか、あるいは、検問所でのわずかな賄賂の要求に応じさえすれば通過を許可されたと考えられる。

　別の国を経由してウガンダへ避難する者もいる。ある男性は、ウガンダとの国境よりもコンゴ民主共和国との国境を越えた方が襲撃されるリスクが少ないと判断し、コンゴを経由してからウガンダに避難することを選んだ。彼は、2013年の首都ジュバでの銃撃戦で自宅に放火され、母と一緒に故郷の町まで逃げた。しかしその後、故郷やその周辺の町が次々と政府軍に襲撃され、国境を越えてコンゴの難民キャンプで難民登録をする。しかし、物資や食料が十分に届かないキャンプでの避難生活を早々に放棄し、2016年にコンゴから国境を越え、ウガンダに入る。ウガンダへの入国時に携帯電話をなくし、一時、母と音信不通になったが、現在は一緒に暮らしている。

　もっとも逃避を続ける間に、いっしょに逃げていた家族と離れ離れになることも珍しくない。しかし、携帯電話の急速な普及によって、現在は、離散した家族や親族の居場所を把握することは容易になった。そのため、より短期間で家族や親族との再会を果たす。また、すでに隣国に避難した親族と連絡をとりあって、より安全で、生活条件の良い難民居住地へと移動する難民も少なくない。携帯電話の普及は、たんに移動者どうしの居場所を確認することを可能にしたばかりではない。移動者の間で、移動の経路や目的地に関する様々な情報が短期間で共有、蓄積されている。

　2016年半ば以降の大規模な難民流出は、国境での難民登録システムを変化させた。難民流入は、2013年末にすでに始まっており、エレグに設置された難民集積所では、いかなる理由でも国境を越えた南スーダン人は登録を行うことを求められた。ここでは、ウガンダの難民当局、警察、UNHCR、NGOスタッフなどによって、越境者それぞれの性別、年齢、エスニシティ、家族構成、健康状態などの個人情報に関する質問と記録、難民登録が行われる。彼らは、スクリーニングと呼ばれる手続きを経て、「一見したところの難民[*7]」という基

---

*7　プリマ・ファシー（prima facie）難民。1960年代にUNHCRとアフリカ統一機構（OAU）によって作り出された枠組み。通常の難民認定審査のような個別審査ではなく、特定の国出身者に集団レベルで認定が行われる。個別審査より認定までの時間が短く、大規模な難民発生時に適用されることが多い。

準に基づき「形式的な難民」となる。その後、避難者には数日分の食料と生活物資の配給が行われ、個々の避難者がどの難民居住地に行くか仕分けされる。[*8]ほとんどの避難民は、UNHCRの事務所近くに設立された一時収容センターまでバスで移送される。

　ミシェル・アジエが指摘するように、難民集積所や一時収容センターは、不規則に移動する人口の「仕分けセンター」[Agier 2011: 47] として機能している。「仕分けセンター」では、人々の移動が減速され、人口を把握、管理するための秩序が作り出され、個々の移動者に「難民」という新たなアイデンティティが付与される。スクリーニングの手続きを終えると、個々のアイデンティティを規定する物質的なモノである身分証明が発行される。この身分証明は、ウガンダで生活する様々な場面で彼らのアイデンティティを明示する書類となる。

　こうした難民登録システムは、より大規模な人口の流入により変化を迫られた。2016年8月、私が国境近くの一時収容センターを訪れると、明らかにセンターの収容人数を超える南スーダン人が集められていた。UNHCRの担当者に尋ねると、「一日にあまりに多くの人が押し寄せたため、難民集積所は崩壊した」という返事だった。それは、あたかも人間の「洪水」を堰き止めていた国境という「堤防」が崩れたかのような表現だった。

　この「堤防」の決壊は、「人の波の速度を遅らせ、人々を仕分けする」という国境の機能を様々な地点に分散させなければならないということも意味していた。実際、国境のあらゆる地点から人々が越境したため、彼らは国境を越えた後、幹線道路沿いの難民集積所ではなく、そのまま難民居住地に向かっていた。その結果、従来の「仕分けセンター」だけでは、押し寄せる越境者の難民認定の手続きを円滑に行うことができず、収容可能人数を超える人々が一時収容センターで待機させられる事態になった。そのため、ウガンダ政府とUNHCRは、南スーダン人をそれぞれの難民居住地で個別にスクリーニングするという代替的な手段を講じることになる。

　南スーダンにおける紛争の発生と難民の流入により、南スーダンとウガンダとの国境では、不規則に入国する越境者の移動を遅らせ、彼らを新たな秩序に組み入れるためのシステムが構築された。しかし、越境者の人口規模と彼らの移動の速さは、彼らを受け入れる支援側の処理能力を上回っており、難民集積

＊8　シート、毛布、ござ、飲料水用ポリタンク、鍋、石鹸、たらい、農具などを含む支援物資のパッケージが配給される。

265

所や一時収容センターだけでシステムを維持することは困難になった。その結果、「仕分けセンター」の機能は各難民キャンプに分散され、越境者を仕分ける境界は複数の場に現れたのだ。

5-2 非－人間化と抵抗

　近代国家は、様々な理由で不規則に国境を越える移動する人々を特定の空間に繋留するため、インフラを整備し、新たな技術を導入してきた。強制移動の管理においても例外ではない。近年、アメリカ合衆国やヨーロッパ諸国において厳格さを増す移民の出入国管理において連想されるのは、国境に設置された高い壁や鉄条網に囲われた収監施設などである。こうしたインフラやテクノロジーをとおして、人目を避けて逃げてきた移動民は、記録、測定、診断され、計算と追跡が可能な人口として可視化される。それは、しばしば収容者を当局の監視の下に置く非－人間化というプロセスを伴う。

　留意しておきたいが、この非－人間化は種差別的な人間中心主義の政治に基づくものであり、アクターネットワーク論に代表されるような人間と非－人間的である人工物や動植物を並列して捉え、その諸関係を探ろうとする理論的立場とは対極にある。むしろ、土佐［2020］が示すようにある種の人間を動物化することで、彼らを暴力的に排除することを正当化するプロセスと言えるだろう。

　一方、アフリカの難民についてはどうであろうか。前掲の本に戻り、1994年にケニアの難民キャンプでみられた出来事を取りあげよう。この年、カクマ難民キャンプでは鉄条網で囲われた頑丈なフェンスが作られ、難民当局はキャンプ内にいる全員の難民の数を把握するために以下のような通達を出した。

> 「大人も子どもも、全員、センターに出頭しなさい。子どもも、赤ちゃんも、家族全員をセンターに連れてくるように。ネコやニワトリをのぞく全員だ。誰かがフェンスの外に出ていたり、キャンプのどこかいたりしない時にヘッドカウントを始める。配給カードを取り逃がさないように」［Deng et al. 2005: 262］

　しかし、フェンスの設置はかえって難民に動揺と不信感をもたらした。そして、フェンスが完成間近になった時、難民たちがフェンスを粉砕するという事件が発生する。これに対し、当局は、フェンスが作り直されるまで、すべての

難民への食料の配給を停止するという罰を下した。配給担当の責任者は、登録された難民を、家もなく、他人から食料を調達しているという理由で「ハイエナ」と呼んだ。しかし、難民たちは、フェンスが完成すると、配給食料を求めてイナゴのようにセンターに群がった［Deng et al. 2005: 264］。

　キャンプに居住する人口の把握は、公式には「居住確認（verification）」と呼ばれ、ドナーと援助組織の要請に基づき[*9]、配給食料や物資の受給対象者をリストアップするために、正確に人口を把握する目的で行われる[*10]。これは難民の間ではヘッドカウントと呼ばれており、抑圧的な行為として難民から認識されることも少なくない。

　2016年以降のウガンダでは、カクマでみられたようなあからさまな抵抗ではなく、身分証明書を操作するという形で「弱者の戦術」が表出した（cf. **第3章片論文**）[*11]。先述したように、ウガンダでは、複数の難民居住地における難民登録という方法に変更された。それは、国家や人道支援機関にとって、難民の多重登録をどのように防ぐかという問題が生じた。そこで新たに導入されたのが、青バンドを手首につける管理方法と指紋認証による個人情報データの記録を組み合わせた方法である。手順としては、まず、エレグの集積所で避難民に青バンドを配布し、手首につけてもらう。避難民には、そのまま、どこかの難民居住地に行ってもらい、到着した難民居住地で、指紋認証による難民申請を行う。指紋認証により、個別の身体に関する情報が記録され、身体は管理可能な個体として識別される。登録が済んだ者は手首の青バンドを外し、手続きが完了する。

　身分証明の発行は、難民を支援の文脈に沿ってそれぞれがあてはまるカテゴリーに分類することで、難民の管理を容易にする。登録後、難民には家族証明書（family attestation）という身分証明書と配給カードが配布される。家族証明書には、一人の家長と被扶養者とが写真と名前入りで記載されており、記載された成員数に応じて、政府から割り当てられる土地の面積や、援助団体から配給される食料や物資の量が決められる。この家族証明は、その数年後に居住確

＊9　難民支援に資金を提供する国家、国際機関、援助団体を指す。
＊10　5年ごとに行われることが多く、事前の通告なしに実施されることもある。
＊11　片論文では、チベット人による書類の捏造や操作について書かれているが、ここではミシェル・ド・セルトー（1985）が都市空間の分析で示したような意味での「戦術」という言葉を用いる。難民が何とか生きていくために、難民当局の管理や統制をかいくぐって行う微抵抗を含意する。

認が行われるまでの間、唯一の身元証明書となる。どちらも物質的には紙にすぎないので、数か月経つと汚れたり、破れたりする。そのため、たいていの難民は家族証明書が汚損しないように、プラスティックやビニールの袋に入れて保管している。ウガンダの国内法では、難民は国民と同等の政治的権利や難民の帰化は認められていないものの、難民の地位があれば、国内における移動の自由は認められており、また、就労も認められている。

　移動管理には新しいテクノロジーが導入されているが、難民に関する正確な情報が収集されているかは疑わしい。個人情報の扱い方について明確なガイドラインが定められておらず、個人情報の管理が杜撰なことも珍しくない。ウガンダでは、難民登録を行う担当官と難民との間の取引によって、身分証明が売り買いされ、多重登録が横行した［村橋 2019］。当局の役人は、新しい家族証明を偽造するにあたり、1人あたりに5万〜10万ウガンダシリング（約1500〜3000円）の賄賂を難民に要求した。難民の側も、配給食料をより多く手に入れるため、家族証明を「水増し」する者が現れた。当局による法外な賄賂の要求にもかかわらず、家族証明と配給カードを10枚も持っている難民もいたほどである。その一方、賄賂の支払いに応じない難民は、より劣悪な環境の難民居住地に移送されたり、食料や物資の配給を拒否されたりした。

　強制移動の管理は、フェンスや鉄条網といった物理的に動かないモノだけでなく、身分証明書という携帯可能なモノを媒介しても行われる。1枚の紙で表される身分証明書は、1枚の紙にすぎないが、越境者を難民というカテゴリーに仕分けるという点で、身分上の境界を作り出すうえで決定的な役割を果たす。身分証明書は、それなしでは難民は配給食料も支援物資も受け取ることができないだけでなく、身の安全も保障されないが、一方で、難民を監視、管理するためのツールでもあり、それをとおして国家と越境者との権力関係が生み出される。人口調査のような一見、中立的に見える実践は、時に暴力的で難民の非－人間化を促すプロセスにもなりうる。それに対し、動物並みの扱いを受けた難民は、監視や管理にあからさまな抗議を示したり、その身分証明書の記録を改竄してシステムの攪乱が生じたりする。[*12]

＊12　今日の「移民・難民危機」のなかで「移民・難民の動物化」が再び注目を集めている
　　　［Vaughan-Williams 2015; 土佐 2017］。

第11章　難民移動とポリティクス——逃避と越境における南スーダン人の身体、感覚、滞留

6 おわりに

　本章では、南スーダン人の逃避と越境の経験を、1990年代と現在を比較しながら、逃避民の身体経験や越境者の移動を抑制するシステムについてとりあげてきた。最後に、これらの事例を、移動者の身体と移動を可能／抑制するモノとの相互作用を分析する。

　南スーダン難民にとっての「歩くこと」は、田舎を歩くことを文化、余暇、趣味、健全の表れと捉えるような西洋近代的な文脈での徒歩とは決定的に異なる。[*13] この地域において、人の移動は長らく徒歩のみで行われてきた。[*14] ひとたび紛争が起こると、人々は軍隊によって苛酷な環境の原野へと追われ、数千キロもの距離を国境に向かって歩き続けなければならなかった。それは、明確な目的地に向かう直線的な旅ではなく、原野をさまよい、漂流しながら断続的に続く移動であった。こうした状況では、川や砂漠といった自然環境が、逃避民の移動を妨げ、道を迷わせ、歩く速度を減速させる景観となった。弱った人間は野生動物の餌食となり、死へといざなわれた。苦難に満ちた逃避行のなかで、移動者は、自分が動物に近い存在へと変容する感覚を得ると同時に、死のリスクを回避し、生き残る術を体得していった。ウォルターズ［2022］の経由政治の概念は、移動者の視点から彼らを取り巻くモノや環境の質感や感覚的な特質に目を向けさせたが、本書でとりあげたデンらの逃避体験は、徒歩による逃避がもたらす身体と環境との感覚的な遭遇と、その移動をとおした身体知の蓄積のあり方を示すものとなっている。

　今日、逃避を手助けする車や、移動先とのつながりを確保する携帯電話を利用できるようになったことで、これまでの内戦期と比べると、死と苦痛の経験は軽減されているかもしれない。

　その一方、人々の逃避と越境の規模と速度は増大、加速化していると言えるだろう。しかし、ウォルターズの議論で十分に注目されていないのは、移動手段や情報通信技術へのアクセスは逃避するすべての人々に平等、公正に分配さ

---

* 13　ただし、旅（travel）の語源が骨折り仕事（travail）であることが示唆するように「近代以前のヨーロッパでは、田舎を歩くことが、貧苦、強制、危険、狂気の表れであった」［アーリ 2005: 119］。
* 14　この地域では、アジアやヨーロッパ、あるいはアフリカの一部地域のように、牛に車を曳かせることや、馬やロバを人の移動に用いることはなかった。つまり、家畜を人の移動に役立てるということは伝統的に行われなかった。

れているわけではないということである。かつて徒歩でしか越境できなかった難民が、自家用車で越境する難民を「自由な旅行者」とみなしているように、難民のモビリティも社会関係に応じて差異化されている。

　クレスウェル［2010］は、こうした社会関係を作り出し、同時に、社会関係によって生み出される滞留のあり方を、モビリティのポリティクス（politics of mobility）と呼んでいるが、その構成要素のひとつである摩擦は、国境と境界と密接にかかわっている。

　国境や境界は、今や、国家の領土の縁を明示する固定的な境界線だけではなく、法制度、物理的な施設、当局や援助活動家など人間と非－人間的アクターが異種混淆的に結びつきながら権力が行使される場となっている。ここでは、移動の管理を媒介する物質的なモノのなかで、とくに身分証明書に注目した。昨今の非正規移民の移動では、身分証明書の欠如が移民と移住先の国との間に立ちふさがる障壁となる。一方、南スーダン難民の場合、国境は身分証明書の発行という空間的、物質的な実践をともなっている。家族証明書や配給カードは、移動先での身分、食料や物資への確保を保障する一方、移動を制御しようとする権力の行使を媒介してもいる。

　強制移動民の逃避と越境における身体とモノとの微細な相互作用に注目することは、人々が経験する移動と滞留を、移動を引き起こす外的な政治経済的な力だけではなく、移動の途上における感覚－物質的な理解を可能にするだろう。

参照文献

アーリ, J. 2015『モビリティーズ——移動の社会学』吉原直樹・伊藤嘉高訳 作品社.

栗本英世 2017「難民を生み出すメカニズム——南スーダンの人道危機」駒井洋監修 人見泰弘編著『難民問題と人権理念の危機——国民国家体制の矛盾』明石書店.

土佐弘之 2017「批判的安全保障研究における動物的転回の意味——ポスト・ヒューマニティの倫理／政治学へ」*Journal of International Cooperation Studies* 25(1): 65–80.

——— 2020『ポスト・ヒューマニズムの政治』人文書院.

ド・セルトー, M. 2021『日常的実践のポイエティーク』山田登志子訳 筑摩書房.

バウマン, Z. 1998『グローバリゼーション——人間への影響』澤田眞治・中井愛子訳 法政大学出版局.

村橋勲 2019「難民登録とインフォーマル・エコノミー——ウガンダの「カード・ゲー

第11章　難民移動とポリティクス——逃避と越境における南スーダン人の身体、感覚、滞留

ム」の実態と影響」『アフリカレポート』57: 80–86.

—— 2021 『南スーダンの独立・内戦・難民——希望と絶望のあいだ』昭和堂.

Agier, M. 2011. *Managing The Undesirables: Refugee Camps and Humanitarian Government.* (trans) David Fernbach. Polity Press.

Bakewell, O. 2011. Conceptualising Displacement and Migration: Processes, Conditions, and Categories. In K. Koser & S. Martin (eds) *The Migration-Displacement Nexus: Patterns, Processes, and Policies,* pp. 14–28. Berghahn.

Cresswell, T. 2010. Towards a Politics of Mobility. *Environment and Planning D: Society and Space* 28: 17–31.

—— 2014. Friction. In P. Adey, D. Bissel, K. Hannam, P. Merriman & M. Sheller (eds) *The Routledge Handbook of Mobilities,* pp. 107–115. Routledge.

Deng, A., B. Deng & B. Ajak with J.A. Bernstein 2005. *They Poured Fire on Us from the Sky: The True Story of Three Lost Boys from Sudan.* Public Affairs.

Hamilakis, Y. (ed) 2018. *The New Nomadic Age: Archaeologies of Forced and Undocumented Migration.* Equinox.

Hicks, D. & S. Mallet 2019. *Lande: The Calais 'Jungle' And Beyond.* Bristol University Press.

Murahashi, I. 2022. Refugee Mobility and Uncertain Lives: Challenges and Agency of South Sudanese Refugees in Uganda. *ASC-TUFS Working Papers* 2: 83–102.

Turton, D. 2003. Conceptualising Forced Migration. *RSC Working Paper* 12. Refugee Studies Center.

Vaughan-Williams, N. 2015. "We are not animals!" Humanitarian Border Security and Zoopolitical Spaces in EUrope. *Political Geography* 45: 1–10.

Walters, W. 2015. Migration, Vehicles, and Politics: Three Theses on Viapolitics. *European Journal of Social Theory* 18(4): 469–488.

—— 2022. Viapolitics: An Introduction. In W. Walters, C. Heller & L. Pezzani (eds) *Viapolitics: Borders, Migration, and the Power of Locomotion.* Duke University Press.

Yi-Neumann, F., A. Lauser, A. Fuhse, & P. J. Bräunlein 2022. *Material Culture and (Forced) Migration: Materializing the Transient.* UCL Press.

あとがき

　なんとか本書の旅路もひと区切りへとたどり着いたようだ。終わったすべて
の旅はよき思い出である。とはいえここまでの道行きは決して平坦なものでは
なかった。

　移動をテーマとする研究者、それも自ら身体を張ってともに移動しながら調
査するスタイルの人類学者たちとともに共同研究を組織しようと編者が構想し
はじめたのは、博士論文をなんとか書き上げ、前所属先の国立民族学博物館に
着任した2018年のことである。私たちは、ただ思弁的に移動を捉えるのでは
なく、自ら大地の起伏を感じ、汗をかきながら移動し続けるその経験を大切に
することを大きな共通項として同志を募っていった。濃淡の差はあれ、この態
度こそ本書全体を貫く主軸である。

　だが2019年10月に本共同研究が開始して間もなく、新型コロナウイルス感
染症の流行によって奇しくも移動をめぐる光景は一変した。編者の調査地であ
るヒマラヤの山岳観光地からはトレッキング客が姿を消し、少なくとも日本の
文脈では自由で恵まれた者の営みであった移動は「不届きな」行為とみなされ
るようになった。その一方では、宅配業者などそれでも移動せざるを得ない
人々の苦境が際立たせられることにもなった。それまで当たり前のものとして
人々を取り巻いていた移動の意味や実践は目の前で読み替えられ、変化して
いったのである。そして私たち自身もまた予定されていた調査を中止し、顔を
合わせることなくオンラインで議論を続けることを余儀なくされた。それは人
類学的探究を通して内面的に理解すべき対象と、そこから問い直されるはずの
私たち自身の枠組みが同時に変化する、いわば第二の「移動論的転回」であっ
た。

　だが同時にこうした状況は、本研究に新たな洞察をもたらすものでもあった。
移民や難民となった人々にとって、大地に引かれた仮想の線に過ぎない国境は
ときに巨大な山脈以上に乗り越えがたいものであり、コロナ下において私たち
もまたそのことをいささかなりとも実感することとなった。それは国家の場当
たり的な政策に翻弄され、マスクや陰性証明といったそれまでは気にもかけな

かったモノによって辛うじて移動の権利を獲得する経験でもあった。いかなる力が移動や滞留を促すのか、移動に対して留まることはどのように意味づけられるのか、あるいは、あるべき公正な移動の権利とはいかなることだろうか。もとよりそのつもりなどなかったとはいえ、単なる「ノマド礼賛」にはとどまらぬ深みへと実感を伴いつつ達することができたのは、不幸中の幸いであったと言えるかもしれない。

＊　　＊　　＊

　本書のもととなった国立民族学博物館共同研究（若手）「モビリティと物質性の人類学」（2019年10月〜2023年3月）は、期間中に合計13回の研究会を開催し、移動することに伴う様々な身体的実践と、それを媒介するインフラや環境の多様なあり方、および移動が持つ文化ごとの意味合いなどをめぐって比較検討を行ってきた。またクロアチア（オンライン）で開催されたIUAES 2020ではパネルを、日本文化人類学会第55回研究大会では分科会を組織して成果を発信し、国内外の研究者との意見交換を実施した。本稿の各章はそうした議論の成果が結実したものである。

　研究会のメンバーは、少なくともこのテーマでは編者の考えうる限り最強の若手人類学者たちであった。知的な貪欲さと自ら移動することに価値を見出すタフさとを兼ね備えた仲間たちとの（しばしばアルコールを介した）対話は、いつも極めて実り多く、なにより楽しいものであった。そして本書も個性あふれる論考ぞろいの力強い一冊になったと自負している。ただし、もし統一感に欠けるような印象を与えたとすれば、それは単に編者の力不足ゆえである。

　序章にも述べた通り本書は旅の完結ではなく、一時の休息であり、各人の思考が描いてきた軌跡の結節点であり、次の一歩を踏み出すための足場である。したがって、これから執筆者それぞれが向かってゆく先にもまたご注目いただければと思う。

＊　　＊　　＊

　ここまでたどり着くことができたのは、ひとえに様々な方々からのお力添えの賜物である。国立民族学博物館のみなさまには本書のもとになった若手共同研究を開催する機会を与えていただき、「若手」の私たちにとっては大きな飛

躍のきっかけとなった。とりわけ八木百合子さんにはご多忙を押して本研究会のホストを務めていただいた。心から感謝申し上げたい。

　人類学者の中谷和人さんには特別講師として濃密な議論を展開していただき、一同にとって大きな刺激となった。京都大学の岩谷彩子先生には分科会のコメンテーターを務めていただき、的確かつ建設的なご指摘を頂戴した。また諸々の事情から本論集への寄稿は叶わなかったものの、鹿児島大学の寺尾萌さんと国立民族学博物館の高木仁さんにはメンバーとして数々の率直で有意義なコメントをいただいた。本書が興味深いものになっているとすれば、先輩・同僚諸氏からの愛ある批判の賜物である。加えて、なんとも頼りない編者を支え、本書の隅々にまで目配りしていただいた春風社の韓智仁さんには先々まで頭が上がらないことだろう。もちろん私たちの研究活動および本書の出版はここに名前を挙げることのできなかった多くの人々、および無数のモノたちのおかげで成立したものである。深く感謝をささげたい。

　そして本書を読んでいただいた読者のみなさま、ささやかなりともこの旅からなにかしら得るものがあったようであれば幸いです。どうもありがとうございました。

2024年2月24日

執筆者を代表して　　古川不可知

執筆者紹介

古川不可知（ふるかわ・ふかち）　序章、第8章、あとがき
九州大学大学院比較社会文化研究院・講師
専門：文化人類学・ヒマラヤ地域研究
主な著作に、『「シェルパ」と道の人類学』（亜紀書房、2020年）、レーン・ウィラースレフ『ソウル・ハンターズ——シベリア・ユカギールのアニミズムの人類学』（奥野克巳、近藤祉秋との共訳、亜紀書房、2018年）、「インフラストラクチャーとしての山道——ネパール・ソルクンブ郡クンブ地方、山岳観光地域における「道」と発展をめぐって」（『文化人類学』83(3)、2018年）など。

土井清美（どい・きよみ）　第1章
二松学舎大学文学部・准教授
専門：文化人類学
主な著作に、『途上と目的地——スペイン・サンティアゴ徒歩巡礼路 旅の民族誌』（春風社、2015年）、「日常に潜む「生きる力」——人類社会の根っこにある宗教」（大村敬一編『「人新世」時代の文化人類学の挑戦——よみがえる対話の力』、以文社、2023年）、「徒歩者的景観——場所・動態・認知」（河合洋尚編『景観人類学——身体・表象・物質性』、華南理工大学出版社、2023年）など。

萩原卓也（はぎわら・たくや）　第2章
東洋大学健康スポーツ科学部・助教
専門：文化人類学・スポーツ人類学
主な著作に、Using Sport to Move on to the Next Stage of Life: The Case of Young Cyclists in Kenya. (W. Shiino & I. Karusigarira (eds) *Youth in Struggles: Unemployment, Politics, Cultures in Contemporary Africa*, Research Institute for Languages and Cultures of Asia and Africa, Tokyo University of Foreign Studies, 2021)、「身体をめぐるまなざしと感覚を基盤とした集団の形成と成形——自転車競技選手として生きるケニアの若者を事例に」（『史苑』82(1)、2022年）など。

片雪蘭（ぴょん・そらん）　第3章
奈良大学社会学部・講師
専門：文化人類学・難民研究
主な著作に、『不確実な世界に生きる難民——北インド・ダラムサラにおけるチベット難民の仲間関係と生計戦略の民族誌』（大阪大学出版会、2020）、Waiting for Papers: Paperwork, Migration, and the Uncertainty of Tibetan Refugees in India（*International Journal of South Asian Studies* 13, 2023）など。

左地亮子（さち・りょうこ）　第4章
東洋大学・准教授
専門：文化人類学・ジプシー／ロマ研究
主な著作に、『現代フランスを生きるジプシー——旅に住まうマヌーシュと共同性の人類学』（世界思想社、2017年）、「主体化と主体の自由を再考する——現代フランスを生きるマヌーシュ女性の民族誌から」（『白山人類学』26、2023年）など。

難波美芸（なんば・みき）　第5章
鹿児島大学グローバルセンター・講師
専門：文化人類学・科学技術の人類学
主な著作に、Becoming a City: Infrastructural Fetishism and Scattered Urbanization in Vientiane, Laos（P. Harvey, C. B. Jensen & A. Morita (eds), *Infrastructures and Social Complexity*, Routledge, 2016)、Material Itineraries of Electric Tuk-Tuks: The Challenges of Green Urban Development in Laos.（*East Asian Science, Technology and Society: An International Journal* 15(2), 2021）など。

西尾善太（にしお・ぜんた）　第6章
立命館大学大学院先端総合学術研究科・専門研究員（PD）
専門：文化人類学・フィリピン地域研究
主な著作に、『ジープニーに描かれる生──フィリピン社会にみる個とつながりの力』（風響社、2022 年）、『現代フィリピンの地殻変動──新自由主義の深化・政治制度の近代化・親密性の歪み』（共編、花伝社、2023 年）など。

橋爪太作（はしづめ・だいさく）　第7章
明治大学・博士研究員
専門：文化人類学・オセアニア地域研究
主な著作に、「社会を持たない人々のなかで社会科学をする──マリリン・ストラザーン『部分的つながり』をめぐって」（『相関社会科学』26、2016 年）、「土地と向き合う人々──ソロモン諸島マライタ島北部における森林伐採の展開と土地－自己知識の真理性について」（『文化人類学』85(2)、2020 年）など。

中野真備（なかの・まきび）　第9章

人間文化研究機構創発センター・研究員／東洋大学アジア文化研究所・特別研究助手

専門：生態人類学・海洋民族学・東南アジア地域研究

主な著作に、「インドネシア・バンガイ諸島のサマ人の外洋漁撈と空間認識」（『アジア・アフリカ地域研究』19(2)、2020年）、「インドネシア・バンガイ諸島サマ人の環境認識——外洋漁撈をめぐる魚類・漁場・目標物の民俗分類」（『東南アジア研究』58(2)、2021年）、「佐渡のイカ釣り漁撈における天文民俗」（『國學院雑誌』122(7)、2021年）など。

中野歩美（なかの・あゆみ）　第10章

中京大学現代社会学部・講師

専門：文化人類学・南アジア地域研究

主な著作に、『砂漠のノマド——カースト社会の周縁を生きるジョーギーの民族誌』（法藏館、2020年）、「複数の生活拠点をつくること——インド北西部の移動民と「定住」実践」（三尾稔編『南アジアの新しい波 上巻——グローバルな社会変動と南アジアのレジリエンス』、昭和堂、2022年）、「「移動民」をめぐる範疇化と応答——ラージャスターン州のジョーギーの事例から」（『南アジア研究』33、2022年）など。

村橋勲（むらはし・いさお）　第11章

静岡県立大学国際関係学部・助教

専門：文化人類学・アフリカ地域研究

主な著作に、『南スーダンの独立・内戦・難民——希望と絶望のあいだ』（昭和堂、2021年）、「〈文化〉の収集における協働と葛藤——南スーダンと難民キャンプにおける現地の人々とのかかわりあい」（栗本英世・村橋勲・伊東未来・中川理編『かかわりあいの人類学』、大阪大学出版会、2022年）、「紛争による人の移動が作り出した地域社会におけるつながりと差異 ——ウガンダの難民居住地における難民と移民のミクロヒストリー」（王柳蘭・山田孝子編『ミクロヒストリーから読む越境の動態』、国際書院、2023年）など。

モビリティと物質性の人類学

2024 年 3 月 25 日　初版発行

編者	古川不可知 ふるかわ・ふかち
発行者	三浦衛
発行所	春風社 *Shumpusha Publishing Co.,Ltd.*

横浜市西区紅葉ヶ丘 53　横浜市教育会館 3 階
〈電話〉045-261-3168　〈FAX〉045-261-3169
〈振替〉00200-1-37524
http://www.shumpu.com　✉ info@shumpu.com

装丁	コバヤシタケシ
印刷・製本	モリモト印刷株式会社